皖籍思想家文库

刘飞跃 主编

庄子 卷

ZHUANGZI JUAN

李季林 著

全国百佳图书出版单位
APTIME
时代出版传媒股份有限公司
安徽人民出版社

图书在版编目(CIP)数据

庄子卷/李季林著.—合肥:安徽人民出版社,2019.9

(皖籍思想家文库 / 刘飞跃主编)

ISBN 978 - 7 - 212 - 10503 - 7

Ⅰ.①皖⋯ Ⅱ.①刘⋯ ②李⋯ Ⅲ.①道家 ②《庄子》—文化、哲学、思想 Ⅳ.①B223.5-49

中国版本图书馆 CIP 数据核字(2019)第 063301 号

皖籍思想家文库·庄子卷

刘飞跃 主编 李季林 著

出 版 人:徐 敏　　　　　　　　　　　责任印制:董 亮

责任编辑:任 济　　　　　　　　　　　封面设计:陈 爽

出版发行:时代出版传媒股份有限公司 http://www.press-mart.com

　　　　　安徽人民出版社 http://www.ahpeople.com

地　　址:合肥市政务文化新区翡翠路 1118 号出版传媒广场八楼　邮编:230071

电　　话:0551 - 63533258　0551 - 63533292(传真)

印　　刷:安徽新华印刷股份有限公司

开本:710mm×1010mm　　1/16　　印张:13　　字数:112 千

版次:2019 年 9 月第 1 版　　2019 年 9 月第 1 次印刷

ISBN 978 - 7 - 212 - 10503 - 7　　　　　定价:28.00 元

绪　论

安徽这片文化沃土，自古就广袤而绵延。她山水秀丽、历史神奇、文化丰厚，先后孕育了道家哲学、建安文学、魏晋玄学、新安理学、徽派朴学、桐城文学、现代新学等，诞生了许多享誉中外的思想家，他们在中国思想发展史上，乃至世界文明史上，都产生过重大的影响，具有独特的思想文化价值。

安徽省委省政府、省委宣传部及学界，历来十分重视安徽的地域性文化研究、文化宣传和文化建设，提出了"文化强省"的战略，在打造"文化安徽"品牌、努力让安徽文化"走出去"、为提升我国的文化软实力和人类精神文明建设服务的同时，也扩大了安徽文化的对外影响。如已经出版的"徽学丛书""安徽文化精要丛书"及《安徽文化史》《安徽历史名人辞典》《朱子全书》《方以智全集》《戴震全书》《朱光潜全集》等。这些分别从安徽文化发展史和安徽个别思想家的角度，进行了开拓性的研究和整理，但是集中展示"皖籍"思想家的思想、文化及其研究成果的文献还没有。

"皖籍思想家文库"则填补了这方面的一个空白。

"皖籍思想家文库"首次较为广泛、系统、集中地展现了两千多年来"皖籍"思想家的思想原貌、文化精髓和研究水平，是一个思想长廊，是"文化安徽"的底蕴体现和实现"文化强省"目标的战略举措，也是安徽对外宣传的重大文化品牌，展示了安徽文化自信的源来，更为主要的是落实了习近平总书记系列讲话精神——传统文化是独特的战略资源，是最深厚的文化软实力；中华优秀传统文化是中华民族的精神命脉，是涵养社会主义核心价值观的重要源泉，也是我们在世界文化激荡中站稳脚跟的坚实根基；要认真汲取其中的思想精华，深入挖掘和阐发其"讲仁爱，重民本，守诚信，崇正义，尚和合，求大同"的时代价值。

"皖籍思想家文库"从政治、经济、文化、教育、哲学、美学、宗教、军事等方面，从众多皖籍思想家中选择了管子、老子、庄子、刘安(《淮南子》)、曹操、嵇康、陈抟、朱熹、朱元璋、方以智、戴震、王茂荫、李鸿章、陈撄宁、陈独秀、陶行知、胡适、朱光潜、宗白华、方东美、王稼祥、赵朴初等22位自先秦至近现代在我国思想史上有重大影响和代表性的"皖籍"思想家，以"文化皖军"方阵的形式，从思想研究"本论"和思想原典"文选"两个方面加以整理、研究，既呈现了其经典的思想，又展示了其研究的水平，使资料性、学术性、现代性得以统一，实现了对优秀传统文化的创造性转化、创新性发展。

这也是本文库的两大特色。

"皖籍思想家文库"所谓的"皖籍"，包括祖籍或本籍在皖。如淮南王刘安，其祖籍为江苏沛县，但刘安一生都在淮南，属于本籍在皖；朱熹是福建人，但他的祖籍为当时的徽州婺源，属于祖籍在皖；宗白华的祖籍是江苏常熟，但是他出生及幼年都在安徽安庆市，属于曾经本籍在皖。

"皖籍思想家文库"由安徽省社会科学院组织本院哲学、史学、文学、经济学、社会学等方面的专家学者负责指导、编撰，并特邀部分省内，乃至全国"皖籍"思想家研究方面的专家学者参与，如《老子》研究专家华中师范大学刘固盛教授，《淮南子》研究专家安徽大学陈广忠教授，宗白华研究专家首都师范大学王德胜教授，陈独秀研究专家安庆师范大学朱洪教授，胡适研究专家安徽大学陆发春教授，方以智研究专家陶清研究员，方东美研究专家余秉颐研究员，朱光潜研究专家钱念孙研究员，管子研究专家安徽省管子研究会龚武先生，曹操研究专家亳州市文化与旅游局赵威先生，陈抟研究专家亳州市陈抟研究会修功军先生，王茂荫研究专家黄山市社会科学联合会陈平民先生，王稼祥研究专家中共安徽省委党史研究室施昌旺先生等。

"皖籍思想家文库"是2017—2018年度中共安徽省委宣传部重大文化建设项目，共22册，包括《管子卷》《老子卷》《庄子卷》《刘安卷〈淮南子〉》《曹操卷》《嵇康卷》《陈抟卷》《朱熹卷》《朱元璋卷》《王茂荫卷》《方以智卷》《戴震卷》《李鸿章卷》《陈独秀卷》《陈撄宁卷》《陶行知卷》《胡适卷》《朱光潜卷》《宗白华卷》《方东美卷》《王稼祥卷》《赵朴初卷》等，每册25万~30万字，包含"本论"和"文选"两部分内容，其中思想家思想研究"本论"部分5万~10万字，思想家思想选录"文选"部分20万字以内，共约550万字。

由于时间仓促、课题容量限制，还有一些重要的皖籍思想家，如桓谭、杨行密、包拯、刘铭传、杨文会等，本辑未能收录，期待续集纳入。

"皖籍思想家文库"的申报、编撰、审阅、出版，分别得到中共安徽省委宣传部的主要领导及安徽省社会科学院、安徽人民出版社有关专家学者及编委和多位编辑的大力支持。

在此，表示衷心的感谢！

书中如有不妥不当之处，敬请读者朋友批评指正。

刘飞跃

2018年12月

绪论

目　录

第三章 庄子思想价值 / 044

附录 《庄子》/ 050

目

录

前　言

按照"皖籍思想家文库"的体例要求，本书《庄子卷》也分为两大部分，即"本论"和《庄子》原典。"本论"部分包括庄子生平简介、庄子思想研究以及庄子思想的价值；《庄子》原典部分，以郭象注、成玄英疏为本，为便于读者阅读和理解，除了给一些生僻字异音字注音、对一些关键词句进行注释外，还参考历代研究《庄子》的学者的观点和思想，在每篇正文之前遴选了该篇的"经典内容"，并归纳出该篇的"篇旨概要"。

本书在第一章"庄子生平简介"中，简述了历代研治《庄子》的学者对庄子本人和《庄子》一书的评价；在第二章中，从庄子崇尚自然的天道思想、心放逍遥的人生哲学、万物一齐的相对主义、法天贵真的法治思想、内圣外王的政治思想、共生共存共享的天人思想、庄子无己与杨朱为我思想比较、庄子对老子思想的创新性发展等八个方面，分别对庄子的思想给予论述；在第三章"庄子思想价值"中，阐述了庄子思想在中国思想史上的地位和影响。

庄子思想丰富、奇特、美妙，既富有哲理又富有形象思维，尤其是其中庄子所特有的语言、语境、逻辑和寓言故事，反映了庄子的哲学思想、政治思想、法治思想、伦理思想、美学思想、养生思想、生态思想等，涉及自然观、社会观、人生观、价值观、认识论、方法论等。

庄子从自然主义、自由主义、相对主义的视角，以道家的"自然"为标准，力行"自律性自由"，承继了老子先进的道文化和批判精神，绵延了老子对被异化的文化、对被异化的文明的批判，对老子的道法自然、无为而治、少私寡欲、福祸相依、美丑相生、柔弱胜刚强、反者道之动等哲学思想、政治思想、伦理思想、美学思想、养生思想、生态思想，均有所继承、发展、创新，形成了独特的庄学：庄子继承了老子以"道法自然"为原则的养生思想，提出了"全生尽年"的主旨，以尊生为前提、以卫生为方法、以乐生为目的，从养形、养气、养精、养心、养德、养神等几个方面展开，形成了其丰富而独特的养生思想理论；庄子承继了老子首创的自然之美、虚静之美等美学思想，进而提出了天、真、和、乐、大、飞、放、适、天籁、自得、心游、心斋、坐忘、无己、至人、真人、真性、纯素、纯粹、静一、天行、物化、无待、无欲、逍遥、自然、朴素、恬淡、大美、共美、众美、自美、至美、至乐、至乐无乐、道通为一、性命之情、恬淡无为、法天贵真等一系列美学范畴，并以"法天贵真"为原则，是天非人、崇真斥伪，描述了天籁之音、君子之美、游鱼之乐等，阐述了其独特的至乐无乐、自由之美，形成了以"逍遥"和"真"为美的相对主义美学思想；庄子"物无贵贱""万物皆化""而物自化""与时俱化"的思想，开启了古代可贵的平等思想、自主意识、自由精神和发展理念，尤其是其中的物我平等、天人合一、与物为春的生态文明思想，以及主张天籁、以自然为美的美学思想等，极富有现代性，体现了新庄子精神。

庄子思想需要我们进行积极的阐释、辩证地扬弃，其中有些跨越时空的、具有当代价值的思想和理念，可以作为构建赋有中国特色的社会主义文化体系的重要元素，进而增强我们民族的文化自信。

新时代，需要新庄子。

与老学、孔学、孟学、荀学一样，在丰富中华传统思想文化的同时，庄学也正在成为一个相对独立的学术方向和学术阵地。

第一章　庄子生平简介

第一节　庄子，古之放者也

庄子（约公元前369年—前286年）：姓庄，名周，字子休，战国时宋国蒙（今安徽蒙城）人，与梁惠王、齐宣王同时，早年曾任漆园吏，后隐居；哲学家，文学家，道家学派的主要代表人物，老子思想的继承和发展者；后世将他与老子并称为"老庄"，将他们的哲学思想合称为"老庄哲学"；著有《庄子》，唐代以后也称《南华真经》。

据《史记·老子韩非列传》记载：庄子，"其学无所不窥，然其要本归于老子之言。故其著书十余万言，大抵率寓言也。作渔父、盗跖、胠箧，以诋訿孔子之徒，以明老子之术。畏累虚、亢桑子之属，皆空语无事实。然善属书离辞，指事类情，用剽剥儒、墨，虽当世宿学不能自解免也。其言洸洋自恣以适己，故自王公大人不能器之。楚威王闻庄周贤，使使厚币迎之，许以为相。庄周笑谓楚使者曰：'千金，重利；卿相，尊位也。子独不见郊祭之牺牛乎？养食之数岁，衣以文绣，以入大庙。当是之时，虽欲为孤豚，岂可得乎？子亟去，无污我。我宁游戏污渎之中自快，无为有国者所羁，终身不仕，以快吾志焉。'……庄子散道德，放论，要亦归之自然。"

庄子深知官场的险恶，他自己也不乐意为官做宰。因此，在婉辞楚威王以重金相邀、以相位相许的时候，庄子所言当是由衷的。

庄子豁达、超脱、高远，视权势、名利、富贵如粪土，主张清静无为、顺应自然，追求精神自由、人格平等和思想独立，是中国古代知识分子的理想人格。

其实，在庄子逍遥的表象下，是他刻骨铭心的愤世嫉俗以及无可奈何的哀怨。因此，在阅读《庄子》时，如果您只是喜悦、欣赏、崇拜，而没有悲愤、心痛、同情，甚至眼里噙着泪，那么说明您还没有读懂庄子。

与庄子同时代或稍后的人评价庄子，也许比我们后人的评价更接近真实的庄子。

庄子的好友惠施说庄子："今子之言，大而无用，众所同去也。"（《庄子·逍遥游》）可知庄子思想的虚无、迂阔，绝非同时代的兵家、法家、纵横家乃至阴阳家的思想那么实用。

庄子后学在《庄子·天下》中以赞许的口吻评说庄子："独与天地精神往来，而不敖倪于万物，不谴是非，以与世俗处。……彼其充实不可以已，上与造物者游，而下与外死生、无终始者为友。"（《庄子·天下》）庄子被描绘成了得道的天人、真人。

与庄子同处于战国中后期、比庄子晚了四十多年的大儒荀子对当时诸家学说的蔽端一一给予了评析："昔宾孟之蔽者，乱家是也。墨子蔽于用而不知文，宋子蔽于欲而不知得，慎子蔽于法而不知贤，申子蔽于势而不知知，惠子蔽于辞而不知实，庄子蔽于天而不知人。故由用谓之道，尽利矣；由欲谓之道，尽嗛矣；由法谓之道，尽数矣；由势谓之道，尽便矣；由辞谓之道，尽论矣；由天谓之道，尽因矣。此数具者，皆道之一隅也。夫道者体常而尽变，一隅不足以举之。曲知之人，观于道之一隅，而未之能识也。故以为足而饰之，内以自乱，外以惑人，上以蔽下，下以蔽上，此蔽塞之祸也。孔子仁知且不蔽，故学乱术足以为先王者也。一家得周道，举而用之，不蔽于成积也。故德与周公齐，名与三王并，此不蔽之福也。"（《荀子·解蔽》）荀子对诸家的评价虽然难免带有儒家的感情色彩，但是确实揭示了各家思想的本质，指出了它们的要害。其中，庄子思想的核心是"法天贵真"，主张因顺自然、清静无为、逍遥自在。然而，说庄子"不知人"，则未免委屈了庄子。庄子是有救人之心的，其方法是坐忘、无己、法天、贵真，进而"与天为一"，即天人合一。

《庄子·让王》评说不食周粟、宁愿饿死于首阳山的伯夷、叔齐二位节士"高节戾行，独乐其志，不事于世。"其实，这也可以用来评介庄子。

庄子，古之放者也，狂言高行，逍遥快志，亘古无二。

庄子当出身于没落的贵族家庭，或是贵族的后裔。

第二节　《庄子》，一曲对天而吟的哀歌

关于《庄子》一书，郭象在其《庄子注》的序言中说："夫庄子者，可谓知本矣，故未始藏其狂言。……为百家之冠……通天地之统，序万物之性，达死生之变，而明内圣外王之道，上知造物无物，下知有物之自造也。其言宏绰，其旨玄妙。"概述了《庄子》的主旨和学术地位。司马迁在其《史记·老子韩非列传》中说："其言洸洋自恣。"评述了《庄子》语言的艺术特征。唐初道士成玄英在其《南华真经疏序》中说："夫庄子者，所以申道德之深根，述重玄之妙旨，畅无为之恬淡，明独化之窅冥……其言大而博，其旨深而远。"从"重玄学"的视角，阐述了《庄子》的要义。

宋代理学家朱熹则戏说庄子是在自说自话："庄子当时亦无人宗之，他只在僻处自说。"（《朱子语类》）

宋代褚伯秀从社会学、庄子撰写《庄子》的缘起评论《庄子》："南华老仙盖病列国战争，习趋隘陋，一时学者局于见闻，以纵横捭阖为能，掠取声利为急，而昧夫自己之天，遂慷慨著书，设为远大之论，以发明至理，开豁人心。"（《南华真经义海纂微》）

宋代林希逸从《庄子》所独具的奥义品评《庄子》："庄子者，其书虽为不经，实天下所不可无者。郭子玄谓其不经而为百家之冠，此语甚公。然此书不可不读，亦最难读。东坡一生文字，只从此悟入。"（《庄子口义》）

宋代事功学派代表叶适从功用上评述《庄子》："自周之书出，世之悦而好之者有四焉：好文者资其辞，求道者意其妙，泊俗者遣其累，奸邪者济其欲。"（《水心文集·庄子》）

明代陆西星从对后世玄学和禅宗的影响评论《庄子》："庄子南华

三十二篇，篇篇皆以自然为宗，以复归于朴为主，盖所以羽翼道德之经旨。其书有玄学，亦有禅学，有世法，亦有出世法，大抵一意贯串，所谓天德王道皆从此出。"（《南华真经副墨》）

明末东林党人陈于廷别具慧眼，窥视到了《庄子》文字后面的旨意："庄子拯世，而非忘世；其为书，求入世，非求出世也。"（《广庄序》）

清代胡文英把庄子与屈原相比，指出其忧国忧民的情怀不在屈原之下："庄子最是深情。人第知三闾之哀怨，而不知漆园之哀怨有甚于三闾也。盖三闾之哀怨在一国，而漆园之哀怨在天下；三闾之哀怨在一时，而漆园之哀怨在万世。昧其指者，笑如苍蝇。"（《庄子独见》）

清末学者王先谦从人生哲学的视角，说：庄子之书为大家提供了"处浊世避患害之术。"（《庄子集解》）

近代学者章太炎把庄子与孔子、墨子相比，说他们之间有天地之别："若夫九流繁会，各于其党，命世哲人，莫若庄氏，逍遥任万物之各适，齐物得彼是之环枢，以视孔墨，犹尘垢也。"（《庄子解故》）

钱穆从《庄子》产生的社会背景和思想内容上，对《庄子》作了高度的概述："《庄子》，衰世之书也。……庄子之学，盖承杨朱而主为我。"（《庄子纂笺》）

罗勉道和鲁迅则分别从叙事方式、文学语言、文艺评论的角度评说《庄子》："风云开阖，神鬼变幻。"（《南华真经循本·释题》）"其文则汪洋辟阖，仪态万方，晚周诸子之作，莫能先也。"（《汉文学史纲要》）

郭沫若从哲学和文学两个方面关注庄子："以思想家而兼文章家的人，在中国古代哲人中，实在是绝无仅有。"（《庄子与鲁迅》）说《庄子》是哲学的文学、文学的哲学。

闻一多在其"庄子"一文中说："庄子是一位哲学家，然而侵入了文学的圣域。"并以诗人的眼光、诗意的语言评述了庄子及其思想：庄子是一位"有思想，有个性，有灵魂的士"；"庄子的著述，与其说是哲学，毋宁说是客中思家的哀呼。他运用思想，与其说是寻求真理，毋宁说是眺望故乡，咀嚼旧梦。"庄子以俗世为客居，怀着神圣的客愁，以"无"处即"无何有之乡"为真正的故乡，终生苦于不能还乡，因此悲歌当泣、远望当归；以"无所为"追求人生的自由和个性，以"无所有"追求人格的平等和尊严；以"逃避自己"的方式追求"个人自由"和精神自我。[1]

傅山不同意司马迁在《史记·孟子荀卿列传》中对庄子的评价"如庄周等又滑稽乱俗"，认为庄子并非"滑稽乱俗"，而是高举个性解放、人格独立思想旗帜的旗手。[2]

也有学者认为："庄子的相对主义也许可以称为相对的相对主义，这种相对主义自我化解了。庄子既不是怀疑论者，也不是相对主义者。是道不可言，不是道不可知，通过心斋与坐忘来体道，达到逍遥游的境界。"[3]

伴随着《庄子》不断地被注释、被解读、被诠释，一门关于庄子及其思想和流变的学说"庄学"就形成了；"庄学"的发展历经了被道化、被玄化、被佛化、被禅化、被儒化、被西化等"非庄化"的过程。而这与《庄子》的思想和中国思想文化发展的时代背景相关。

魏晋时期，玄学兴起，《庄子》成了玄学的重要理论之一。

此后，《庄子》还受到道教的重视，成了道教的理论来源。唐天宝元年，庄子被诏封为南华真人，《庄子》被封为《南华真经》，成了名副其实的道教著作。与孟子和《孟子》一样，庄子和《庄子》也经历了成圣（仙）、成经的过程。

司马迁说庄子著书十万余言，而今本《庄子》仅三十三篇、近八万字，分内篇、外篇、杂篇三部分。《汉书·艺文志》载"《庄子》五十二篇"，被晋代郭象注《庄子》时删去了部分。

宋代以前，一般认为《庄子》全部为庄子所著；从宋代起，多半认为"内篇"为庄子本人所著，而"外篇"和"杂篇"是庄子后学所为。但是，整书的思想基本是一致的。

《庄子》之《逍遥游》中的自由思想、《齐物论》中的平等思想、《养

---

① 闻黎明、侯菊坤编：《闻一多年谱长编》，湖北人民出版社1994年版。
② 傅山：《读诸子》，《傅山全书》第一册，第753页。
③ 安蕴贞：《西方庄学研究》，中国社会科学出版社2012年版。

生主》中缘督为经的养生思想、《山木》中的与时俱化思想、《秋水》中的天道唯真的思想，是其核心内容。

总体而言，庄子的思想可以概括为"五个主义"：政治上，积极的不合作主义；思想上，批判的自由主义；哲学上，绝对的相对主义；伦理上，消极的达观主义；文学上，理性的浪漫主义。

《庄子》开启了中国思想史上的原自然主义哲学、相对主义哲学、生命哲学、德性美学、心学、养生学、寓言学、浪漫主义文学等诸多学说。

《庄子》一书，包含着庄子"自然、自由、自己"的人生哲学、万物一齐的相对主义、"内圣外王"的政治思想，还有奇丽而丰富的寓言故事以及通篇所表现出的浪漫主义的创作方法，无论在哲学上、文学上，还是美学上，都具有极高的研究价值。

《庄子》是一部奇书，是一部天书，更是一曲对天而吟的哀歌。

第二章　庄子思想研究

第一节　庄子崇尚自然的天道思想

一、庄子之"道"

研究庄子，一定要从老子开始。因为虽然庄子著作中有许多他独创的概念，但是其思想中的一些重要的哲学范畴，几乎都是源于老子，如道、德、天、真、玄、虚、静、朴、法天、自化、无为、自然等。

"道"是老子哲学的最高范畴，也是道家、道教哲学的最高范畴。从春秋战国至今，"道"在中国哲学史上经历了道路、道理、道义、道教、天道、人道、王道、霸道、商道、官道、医道、艺道等等，"道"的涵义从一元到多元、从具体到抽象再到具体，在演变过程中日益丰富了。那么，老子"道"的本质是什么？通观《道德经》全书，"道"共出现了75处，在内容上大体可以分为三个部分：物之道、天之道、人之道，即表示万物本源的物之道、表示自然规律的天之道、表示伦理道德的人之道。老子由对现实社会中人道的反思而推演出天道，又以理想化的天道来要求人道，以期达到人道与天道的统一：自然。

庄子继承并发展了老子的"道"。

在《庄子》一书中，"道"共出现了367处，其含义有大"道"、道路、道技、道术、天道、人道、王道、说道、道人、道德、道理等，其中主要的、富有哲学思想的是天道、人道、道德等。

庄子认为"道"是世界万物的本源，它"气"化万物；天道自然无为。庄子进而从"道"的客观性、绝对性、普遍性三个方面进行了论述。

首先，庄子认为"道"是客观的。

《庄子·大宗师》说："夫道，有情有信，无为无形；可传而不可受，可得而不可见。"《庄子·知北游》说："道不可闻也，闻而非也；道不可见，见而非也；道不可言，言而非也。"

即道的存在是真实的、可信的，但是却无为无形，可以心传却不能口授，可以得到却不能看到。

《庄子·知北游》说："天不得不高，地不得不广，日月不得不行，万物不得不昌，此其道欤！"

这是"道"作为"势"或规律的表现；道，无为而又无不为。

《庄子·至乐》借庄子妻子死了却鼓盆而歌的故事，阐述了生死乃道的气化过程，是一种客观的自然现象："然察其始而本无生；非徒无生也，而本无形；非徒无形也，而本无气。杂乎芒芴之间，变而有气，气变而有形，形变而有生。今又变而之死。"庄子由此得出生就是死、死就是生、生死一齐，泯灭了生死的界限，从而滑向了相对主义。

"道"的存在形式是无形无象的。道虽然无形无象，但它的确真实而客观地存在着。

其次，庄子认为"道"是绝对的。

"（夫道）自本自根，未有天地，自古以固存；神鬼神帝，生天生地。在太极之上而不为高，在六极之下而不为深，先天地生而不为久，长于上古而不为老。"（《庄子·大宗师》）

它自己为本，自己为根，自己是自己的根本，在没有天地以前，它自古以来就存在了；它使鬼神灵、使帝神灵；它产生了天和地。它在太极之上而不算高，在六极之下而不算深，先天地而生不算久，长于上古不算老。

"道无终始，物有死生。"（《庄子·秋水》）生物是有限的，道是无限的。

道，是超时空的、无限的、绝对的。道在时间和空间之外。

"夫昭昭生于冥冥，有伦生于无形，精神生于道。……物物者非物。……且道者，万物之所由也。"（《庄子·知北游》）

有形生于无形，形体生于精神，精神生于道。

总之，道是宇宙万物的本源。

再次，庄子认为"道"是普遍的。

关于道的普遍性问题，庄子认为"道"存在于各种客观事物之中，即"道"并不因为事物的大小、贵贱而有所亲疏，而是一"道"同仁。

《庄子·知北游》借庄子与东郭子的一段对话很鲜明地表达了这一观点：

> 东郭子问庄子："所谓道，在哪里？"
>
> 庄子说："无所不在。"
>
> 东郭子说："请举例说明。"
>
> 庄子说："在蝼蚁身上。"
>
> 东郭子诧异道："怎么如此卑下呢？"
>
> 庄子说："在野草里。"
>
> 东郭子越发诧异："怎么更加卑下呢？"
>
> 庄子说："在砖瓦堆里。"
>
> 东郭子更加不解地问："怎么越来越卑下了呢？"
>
> 庄子说："在屎尿里。"
>
> 东郭子终于默然无声了。

道是无时不在、无处不在的；道又是平常的、普遍的。庄子把老子神圣的、至高无上的道"物化"了，好像也"污化"了。

二、庄子之"天"

庄子继承了老子"道法自然"的思想，主张天道自然、无为而治，提倡因任自然、反对人为（伪），以至荀子批评他"蔽于天而不知人"。（《荀子·解蔽》）

《庄子》全书中，"天"共出现了676处，有天下、天地、天人、天命、天道、天理、天德、天子、天民、天伦、天机、天年、天时、天倪、天府、天钧、天乐、天门、天气、青天等，其中以天下、天地、天人、天命、天年、天道等为常见。

那么，什么是"天"？什么是"人"？"天"同于"自然"吗？

《庄子·天地》说："无为为之之谓天。"即以顺应天然、不主观妄为的态度行事，就是道，就是自然。

《庄子·秋水》借河伯与北海若的一段对话，说明所谓"天"就是"天然"、所谓"人"就是"人为"：

> 河伯曰："何谓天？何谓人？"
>
> 北海若曰："牛马四足，是谓天；落马首，穿牛鼻，是谓人。
>
> 故曰：'无以人灭天，无以故灭命，无以得殉名。谨守而勿失，是谓返其真。'"

什么是天然？什么是人为？北海若说："牛马生下来就有四只蹄子，这就是天然；给马头套上辔头、给牛鼻子穿上缰绳，这就是人为。因此：不要以人为破坏天然，不要因故有意伤害性命，不要由于贪心损害名声。牢记这些而不忘怀，就算恢复了你的真情本性。"

庄子接着肯定了圣人"法天贵真，不拘于俗"的率真："事亲以适，不论所以矣；饮酒以乐，不选其具矣；处丧以哀，无问其礼矣。礼者，世俗之所为也；真者，所以受于天也，自然不可易也。故圣人法天贵真，不拘于俗。愚者反此。"（《庄子·渔父》）即养亲以顺意为主，用什么方法无所谓；饮酒意在取乐，用什么样的酒具无关大体；居丧是为了尽哀，行什么样的礼仪无关紧要。礼仪是人为约定俗成的，真情则出于自然，而自然不可改变。因此，圣人效法自然、珍视真情，而不拘泥于习俗。愚昧的人却反其道而行之。

庄子进而借与惠施辩论"人故无情乎"，阐述了"自然"与"益生"这一养生的原则问题：

> 惠子谓庄子曰："人故无情乎？"
>
> 庄子曰："然。"
>
> 惠子曰："人而无情，何以谓之人？"
>
> 庄子曰："道与之貌，天与之形，恶得不谓之人？"

惠子曰："既谓之人，恶得无情？"

庄子曰："是非吾所谓情也。吾所谓无情者，言人之不以好恶内伤其身，常因自然而不益生也。"（《庄子·德充符》）

庄子认为人天生不应该有情欲。可是，没有情欲，人还是人吗？庄子说，他所说的人的"情欲"与惠子等常人所理解的人的"情欲"不同；他所指的人没有"情欲"，是指一个人不因好恶涉足是非而伤害身体，永远顺应自然而不人为地给生命增添什么，即体性而不达情——食色是本性，淫欲是人情。庄子有"情本论"的思想因子。

"自然"是养生的最高原则。不可借"益生"之名，违背自然原则而"伤生"、"害生"。现实生活中，一些人生活好了，便山珍海味地猛吃，以为是"益生"、养生，结果却吃得血压、血糖、血脂"三高"，吃出一身病来。这就违背了"天道自然"的原则，属于不知"道"。

庄子又以"天下有常然"的自然现象，论述了自然界中的万事万物自然天成的道理：

"天下有常然。常然者，曲者不以钩，直者不以绳，圆者不以规，方者不以矩，附离不以胶漆，约束不以纆索。故天下诱然皆生，而不知其所以生；同焉皆得，而不知其所以得。"（《庄子·骈拇》）

自然界中的万事万物都是天然的、自然天成的。所谓天然，就是曲的不因钩尺而自曲，直的不因绳墨而自直，圆的不因圆规而自圆，方的不因矩子而自方，粘合的不因胶漆而粘合，捆绑的不因绳索而捆绑。所以天下万物自然而生却不知道生的原因，得以存在却不知道存在的原因。

这就是"大自然"。

庄子进而批判了违反自然、"乱五色"、"乱五声"的所谓"文明"，甚至提出要"绝圣弃智"。这未免有所偏颇。

第二节　庄子心放逍遥的人生哲学

《庄子》的内容很丰富，其中最根本的是人生哲学。庄子认为人生的理想境界就是全身乐生、精神逍遥、心灵自在，而人生的困苦在于有我、有心、有所待。因此，若想过得逍遥自在，就要坐忘、无己、心放。

《庄子》的"逍遥"类似于今天的"自由"。而我国古代所谓的"自由"，则是"由自"，即从我开去、从我而出。

郭象在《庄子·逍遥游注》的题解中说："夫小大虽殊，而放于自得之场，则物任其性，事称其能，各当其分，逍遥一也。"各当其分，就是适性、本性圆满。

关于"逍遥"，郭象说是"适性"，司马彪说是"无为"，支遁说是"至足"，陆德明说是"自得"，林希逸说是"自在"，我们认为是"心放"——心之自由。

庄子从社会和哲学的高度反思人生，认为人所以困苦，是由于困于物、困于用、困于己、困于功、困于名，困于"有所待"，因此若想游心、游世、游无穷，就必须无物、无用、无己、无功、无名，"无所待"，通过心斋、坐忘、丧我，达到外逍遥于形、内逍遥于心。

关于人的本质以及人生的价值、意义和归宿问题，《庄子·齐物论》中有所涉及："终身役役而不见其成功，苶然疲役而不知其所归，可不哀邪！人谓之不死，奚益？"

是啊，劳而无功，不知所归；生无可期，不死奚益？

《列子·杨朱》问得更直接："人之生也，奚为哉？奚乐哉？"

人生在世，为什么活着？活着有什么乐趣？

中国传统哲学虽然没有西方哲学关于人的本质是神的对象化、是万物之灵、是理性动物、是政治动物、是自由、是虚无、是欲望的集合、是一切社会关系的总和等论述，但是在对道、对天、对人、对己、对生、对性、对命、对力、对理、对心等的论述中，还是表达了人的本质特征是仁、是德、是善、是食色之性、是适性逍遥……。

在人生的价值、意义和归宿问题上，儒家追求的是"仁义""忠孝""修身、齐家、治国、平天下""穷则独善其身，达则兼善天下"等，彰显的是人的社会属性；道家追求的是"自然""适性""至乐""少私寡欲""长生久视"等，偏向于人的自然属性。

的确，崇尚自然、批判时俗，注重个体生命的价值、个体人格的完整和主体意识，并对顺性、独立、自由的精神生活怀着诚挚的敬意和热切的向往，一直是道家人生哲学的特征和传统。

庄子从正面继承了老子"没身""无身""无为"和列子"贵虚"的人生哲学，从反面接续了杨朱"贵己""为我"的人生哲学，提出了处间、无用、无待、无己、全性葆真、明哲保身、至乐逍遥的人生哲学。可以说，庄子是道家人生哲学的集大成者。

庄子吸收、改造了杨朱重生、自保、为我的思想，把杨朱重生、全生的思想发展为养生，把杨朱贵己、为我的思想发展为无己。贵己与无己、为我与忘我（坐忘），形式上对立、矛盾，实质上却是一致的、同一的：庄子无己不是目的，其目的是"保身，全生，养亲，尽年"，深层次上还是"为我"。因为，只有做到无己，才能虚心以应物、虚己以游世，达到全生、保命，进而天地物我一体、万物一齐、逍遥自由的人生境界。

庄子主张全性葆真、无己而不失己、应物而不迷性、独立自由、明哲保身、心放逍遥的思想，可以说或隐或现地贯穿《庄子》全书。

《庄子·逍遥游》和《庄子·秋水》分别说"至人无己"、"大人无己"。"无己"是庄子所追求的理想境界，而达到"无己"境界的至人、大人，则是他所追求的理想人格——绝对自由的化身。无名的圣人、无功的神人，也是庄子所称道的两种理想人格，只是不及无己的至人。

那么，怎么才能做到"无己"呢？

庄子教人处"间"、无用。《庄子·养生主》借"庖丁解牛"的故事，表达了"以无厚入有间"、从而"游刃有余"的思想；《庄子·山木》借山木因为无用得终其天年、家鹅却因为无用而被杀的故事，提出行为处世要处于材与不材之间、有用与无用之间；《庄子·秋水》更是借庄子辞相的故事，表达了不为所用的"无用"思想——有一天，庄子在濮水钓鱼，楚威王派了两位大夫作为使者前去面请庄子。使者说："楚王想聘请您为相，为国效力。"庄子手持鱼竿，没有回头，答道："我听说楚王有一只神龟，已死去三千年了；楚王用布包着、用竹器装着，供奉在庙堂之上。那只神龟是愿意死了而留下骨头让人供奉呢？还是愿意仍然活着而在泥水中摇尾自得呢？"两位大夫答道："当然愿意仍然活着而在泥水中摇尾自得了。"庄子说："你们回去吧！我愿意在泥水中摇尾自得呢。"

庄子还教人"忘"——"坐忘"，即忘形、忘利、忘心，一言一蔽之，忘我、忘己。《庄子·大宗师》借孔子的得意弟子颜回之口说，所谓"坐忘"，就是无视肢体的存在、抛弃聪明才智，同于万物，与大道相通。所谓"忘己"，就是忘却物我、与物为一，忘却天人、与天合一。但是"忘"并不是目的，"坐忘"是为了能够"无己"，而"无己"的最终目的则是"无不己"。

庄子在处理人与己、人与环境的关系时，以现实的态度，坚持"外曲而内直"、外圆而内方的原则：虚己以游世，顺人而不失己，即外化而内不化、应物而不迷性。他说，做善事要远离名声，作恶事要不近刑罚，以"中道"自然为法则，那样就可以全身、可以保命、可以娱乐精神、可以享受天年。又说，"人能虚己以游世，其孰能害之。"（《庄子·山木》）又说，"惟至人乃能游于世而不僻（背），顺人而不失己。"（《庄子·外物》）

同时，庄子对逐物迷性、为己伤物的行为分别给予批评。他把追求物欲而丧失人性、谄媚时俗而丧失人格的人称为"倒置之民"（《庄子·缮性》），惊呼当时的人们莫不追逐物欲而迷失本性，以本性交换物欲为代价：普通百姓以身殉利，士则以身殉名，大夫则以身殉家，圣人则以身殉天下。虽然他们的目的不同，但是他们以伤性、殉命为代价则是相同的。这种警语和批判，与杨朱的"悉天下奉一身，不取也"（《列子·杨朱》）相近，都认识到、肯定了个体生命的价值和意义。

又说，圣人与物相处而不伤物、不侵物，不伤物、不侵物，物也就不伤我、不侵我。这又近似于杨朱学说的"智之所贵，存我为贵；力之所贱，侵物为贱。"（《列子·杨朱》）这种万物一齐的平等观，是庄子"无己"、人不唯贵思想的表现。

庄子"无己"的思想，与老子的"没身"一样，有其产生的社会背景。

《老子》一书好几处讲到亲身贵身、疏名贱利："名与身孰亲？身与货孰多？"（《老子四十四章》）又说"贵以身为天下，若可寄天下；爱以身为天下，若可托天下。"（《老子十三章》）这与杨朱的轻物重生思想相近。

那时，战争频繁，由于连年的征卒和相互之间的残杀，作为民众的个体，他们的生活和生命不但没有保障，相反，作为生命载体的身体却成了引人注目、伤害生命的祸首。诚如《庄子·人间世》所记载的，栎（lì）树因为其形曲质劣、不材、无用而长寿，进而被拜为土地神庙里的社树；支离疏因为貌丑残疾，而免服兵役和徭役，从而全生尽年。因此，老子感叹道："没身不殆"——假如没有了身体，我还有什么危险呢？没有了身体，哪还会担心生命遭受摧残呢？"吾所以有大患者，为吾有身；及吾无身，吾有何患？"（《老子十三章》）这样的发问，不能不骇人听闻、震人心扉。

我们能够想象得出，当时的人们生存环境的险恶。保命、全生，可以说是人们当时所面临的一个最现实的问题。

那么，怎样才能做到"无己"又"顺人而不失己"呢？庄子认为除了"无用"、不为所用，"处间"、处于材与不材之间，没有了形体的羁绊和观念的束缚，还要"无待"：不需要外在的条件，无所凭依；而对于相对峙的矛盾双方，消除对立的局面而达到"无待"的目的，最根本、也是最省力的方法，就是"无己"，即泯己由人、去我顺物，也就是虚心以应物、虚己以游世，游世而不失己。庄子的避世而不忘己、不忘世，游世而不失己，与逍遥而无己是对立的，又是统一的。其忘己、无己是出于不得已，其根本目的是为了存我，进而更好地"有己"。

一个人如果真正能够做到对外"无待"、对内"无己"，那他在精神上就可以绝对独立、心放逍遥、自由自在。

民间有一则关于得道智者的传说：智者说自己得道之前的生活，是每天砍柴、挑水、做饭；得道之后呢，还是每天砍柴、挑水、做饭。有人就问他，那有什么区别呢？智者说，之前砍柴的时候，总想着挑水；挑水的时候，总想着做饭。得道之后呢，砍柴就是砍柴，挑水就是挑水，做饭就是做饭。情系一物，心无旁骛。

其实，智者没有把其中的奥妙说出来：得道之前，砍柴也累，挑水也累，做饭也累；得道之后呢，砍柴也乐，挑水也乐，做饭也乐。因为得道之前，情有所系、心有所累；得道之后，乐道忘我、心放逍遥了。

第三节　庄子万物一齐的相对主义

庄子的重要思想之一，是"贵齐"，即主张齐物我、齐生死、齐是非、齐大小、齐彼此、齐贵贱、齐美丑等，万物一齐。

"万物一齐，孰短孰长？"（《庄子·秋水》）世界万物无所谓大小、无所谓长短，是一样的。

"万物一府，死生同状。"（《庄子·天地》）世界万物是同一个出处，都是出于"道"；生与死是一样的。

关于死生同状的问题，庄子用"妻死鼓盆而歌"、"死而不葬"等故事形象地表达了他异于常人的生死观：

——庄子的妻子死了，好友惠施前来吊唁；庄子正叉开双腿像簸箕一样坐在地上，边敲盆边唱歌。惠施说："你与人家共同生活，人家为你生养子女直至老了、死了，不悲哀不哭泣就已经过分了，现在还敲盆唱歌，不是太不近人情了吗？"

庄子说："不是那么回事。我妻子刚死的时候，我怎么能不悲叹呢？然而仔细想想，她本来就没有生命，不但没有生命，本来连形体也没有；不但没有形体，本来连形成形体的气也没有。道在恍惚之间变化产生了气，气变化产生了形体，有了形体才有生命。现在生命又变化成死亡、回归了。

这一过程就像春夏秋冬四季的运行一样自然。人死了，安静地躺在天地之间这个大屋子里，而我却嗷嗷地在那儿哭她；想想自己那样确实是不懂得天命自然的道理，因此就不哭了。"

——庄子就要死了，弟子们打算用厚礼埋葬他。

庄子说："我以天地为棺椁①，以日月为玉璧，以星辰为珍珠，以万物为葬品。我的陪葬品还不齐备吗？这样自然的天葬不是很好吗？还要什么厚葬！"

弟子们说："我们怕乌鸦、老鹰吃了您。"

庄子说："在地上被乌鸦、老鹰吃，在地下被蝼蛄、蚂蚁吃，从乌鸦、老鹰嘴里夺去给蝼蛄、蚂蚁吃，不是太偏心了吗？"

庄子还通过"梦蝶"、"髑髅说"等故事，论述了他的死生同状、人生如梦甚至死比生还快乐的生死观。

庄子从自然主义出发，认为生与死是平等的，都是一种自然现象，是道及其物化的一个过程。这种观点是正确的。但是其人生如梦、死比生还快乐的思想，则是消极的、不可取的。

"夫天下莫大于秋豪之末，而太山为小；莫寿乎殇子，而彭祖为夭。天地与我并生，而万物与我为一。"（《庄子·齐物论》）天下没有比秋天动物的毫毛末端更大的东西了，而泰山相对却是小的；没有比夭折的婴儿更长寿的了，而寿星彭祖相对却是短命的。天地与我并存，万物与我一体。

"自其异者视之，肝胆楚越也；自其同者视之，万物皆一也。"（《庄子·德充符》）世界万物，从它们不同的角度看，肝与胆之间的距离就像楚国与越国那么遥远；从它们相同的角度看，万物都是一样的。

"以道观之，物无贵贱；以物观之，自贵而相贱；以俗观之，贵贱不在己。"（《庄子·秋水》）从道的角度来看，物体无所谓贵贱；从物体的角度来看，它们各自自以为贵而彼此相贱；从世俗的角度来看，贵贱不取决于我们自己。

"物无非彼，物无非是。自彼则不见，自知则知之。故曰：彼出于是，

---

① 椁（guǒ）：棺外之棺。

是亦因彼。彼是方生之说也。虽然，方生方死，方死方生；方可方不可，方不可方可；因是因非，因非因是。是以圣人不由而照之于天，亦因是也。是亦彼也，彼亦是也。彼亦一是非，此亦一是非。果且有彼是乎哉？果且无彼是乎哉？彼是莫得其偶，谓之道枢。枢始得其环中，以应无穷。是亦一无穷，非亦一无穷也。故曰：莫若以明。"（《庄子·齐物论》）

　　事物没有不是"彼"的，事物没有不是"此"的。自以为是彼，就见不到此，能够自知就懂得了这个道理。因此说，彼产生于此，此也凭借彼。彼此是相对而生的。即随生随死，随死随生；随可随不可，随不可随可；因是而有非，因非而有是。所以圣人不是借助于是非之辩，而是用自然天性来关照它们，就是这个道理。此就是彼，彼就是此。彼有一种是非，此也有一种是非。果然有彼此吗？果然无彼此吗？彼此无法对立起来，这就是道的核心。得到道的核心，而处于彼此循环的中心，就可以应对无穷无尽的争辩。是也是一个无穷，非也是一个无穷。所以说，介入是非，不如明白无是无非。即"齐是非"、无是非。

　　……

　　世界上，万事万物千差万别，根本不存在两个物体是完全一样的。这是客观的事实。正是物质的这种多样性，构成了物质世界的丰富多彩。诚如孟子所说的："物之不齐，物之情也。"（《孟子·滕文公上》）可是，为什么庄子却说物我一样、生死一样、是非一样、贵贱一样、大小一样、彼此一样、美丑一样、"万物一齐"呢？他的理论根据是什么？他的目的是什么？

　　由于现实世界尤其社会生活的极度不齐、不平等、不合理，如"窃钩者诛，窃国者为诸侯"（《庄子·胠箧》）；"彼亦一是非，此亦一是非"（《庄子·齐物论》），彼此自是而相非，纷繁杂乱、无理可言；而作为一介士子，庄子本人也生活穷困，一度以编、卖草鞋度日，甚至还向河监侯借过粮。庄子借子桑之口，以"若歌若哭"的口吻责问，是谁让他如此贫困"父邪！母邪！天乎！人乎！"——因此，庄子想通过"泯彼我，同是非，合成毁，一多少，均大小，参古今，齐生死，同梦觉。忘物之异，证物之同"

（张岱年《中国哲学大纲》）的形式，消除人间的不同，实现人间的大同，至少在精神上获得平等和自由。这就是庄子提倡"万物一齐"思想的动因。

庄子"万物一齐"思想的理论根据，是"道通为一"和"通天下，一气耳。"世界万物都是在道的作用下、通过气而产生的又终归于气；世界万事万物，从大道的角度看，都是一样的：秋毫够小的了，可是与细菌比较起来，却是巨大的；泰山够大的了，可是与宇宙比较起来，是极小的。早逝的婴儿，与即生即灭的菌类相比，是长寿的；活了八百年的寿星彭祖，与已经亿万年的地球相比，是短命的。

庄子提倡"万物一齐"思想的目的，是为了摆脱现实物我、生死、是非、贵贱、名利、大小、彼此、美丑的桎梏，而实现"大同"的"至德之世"。

庄子意识到了人作为个体能力的有限性与客观世界知识的无限性问题：作为个体的人及其认识，是有限的："吾生也有涯，而知也无涯。以有涯随无涯，殆已！"（《庄子·养生主》）这是正确的。然而他由此而否认真理的客观性、主体的能动性以及人类认识客观世界的必然性、必要性和可能性，由齐物我、混同主客体而导出齐是非、"不谴是非"、混淆了真理与谬误的本质区别等，则是不正确的。

在认识上，庄子无限夸大了事物存在、运动变化的相对性，强调了相对的绝对性，否定了事物质的区别和稳定性，滑向了怀疑主义、不可知论和虚无主义。

有人认为庄子"万物一齐"的相对主义，一半是辩证法，一半是诡辩论；从辩证法出发，由于脱离了客观现实而宥于纯粹的概念逻辑，结果往往滑向了诡辩论。这种评价是比较客观的。

庄子的相对主义的"齐物论"，还有怀疑论之嫌。但是，他看到了事物及其关系以及人们认识的相对性，对于我们认识事物、处理事情，有启迪意义。

由庄子"万物一齐"、"万物与我为一"的相对主义，可以导出万物平等、人与万物平等的思想。虽然庄子没有明确提出过君民平等、人人平等的思想，但是却包含着这种平等思想的种子。这是难能可贵的，而且，庄子的人与万物平等的思想比儒家以人为核心、以人为贵的思想，更具有现代生态文明的意义。

第四节　庄子法天贵真的法治思想

庄子继承了老子天道自然、清静、无为的思想，甚至把天道理想化，同时把老子对人道的批判向前推进了一步，并予以彻底否定。庄子提出了顺物自然、应乎自然、法天贵真、无为自治的自然主义政治哲学。

老子在批判人类违背天道自然，从而使道德沦丧、礼法虚伪、文明异化的同时，承认失义而后礼、失礼而后法的事实。虽然在因与果、法与罪的关系上，老子似乎颠倒了顺序，认为"法令滋彰，盗贼多有"（《道德经·五十七章》），但是并没有否定礼法的作用。

老子说"失道而后德，失德而后仁，失仁而后义，失义而后礼。夫礼者，忠信之薄而乱之首。"（《道德经·三十八章》）这里所谓的礼，就是礼乐制度。又说"天网恢恢，疏而不失。"（《道德经·七十三章》）所谓"天网"，就是天之"道"，有三层意义：其一，指自然法则、自然规律，即"天道"，它无处不在，一切自然现象都是自然规律的体现；其二，它代表一种正义，正义对不正义的惩罚是必然的、毫无例外的，正义的彰显可能不是时时的，却是处处的，可能一时有些柔弱，然而正义终将战胜非正义；其三，它代表一张无形的思想观念的法网，它体现了老子对天道和正义的信仰。

庄子高举自然主义的旗帜，主张自然、自由、自治，反对传统的礼法："治，乱之率也，北面之祸也，南面之贼也。"（《庄子·天地》）

庄子以相对主义、齐物论，批判了当时的仁义道德伦理，更批判了刑罚礼法制度，把老子对法治文化的批判，滑向了法律虚无主义，主张绝对的人格平等和精神自由。

在法律上，庄子于老子"道法自然"的基础上，提出了"法天贵真"的思想，即以自然、天性为原则，崇尚赋有自然主义倾向的自然法"天道"，以期实现"天地与我并生，而万物与我为一"（《庄子·齐物论》）以及

"独与天地精神往来，而不敖倪于万物。不谴是非，以与世俗处。"（《庄子·天下》）即人人与共、物我一齐、天人合一、自由自在的的至德之世，即自然之自由、自由之自然。

庄子物我一齐、"法天贵真"、肯定人的自然生存权利的思想，虽然与法国启蒙思想家卢梭的天赋人权、人人生而平等的思想有某些相通之处，但是他们所设置的消除不平等愿望的路径却截然不同：卢梭从客观社会着眼，试图通过社会契约、人民权利的有条件的部分让渡，从而实现社会的平等、公正和个人自由；庄子则从主观自我着眼，以无己、坐忘、泯灭自我的方式，实现自我的内在的精神自由和人格平等，虽然更彻底，但是未免虚幻无力。

庄子"法天贵真"法治思想的形成，历经了三个阶段：无法无天的浑沌世界、无法有天的至德之世、有法伤天的人道社会。

一、无法无天的浑沌世界

《庄子·应帝王》讲述了一个浑沌之死的故事："南海之帝为儵，北海之帝为忽，中央之帝为浑沌。儵与忽时相遇于浑沌之地，浑沌待之甚善。儵与忽谋报浑沌之德，曰：'人皆有七窍以视听食息，此独无，尝试凿之。'日凿一窍，七日而浑沌死。"

庄子借助这则寓言说明，浑沌是一个"天真"的存在，是一个纯粹的"自由之自然"，它生活在一个"无法"而"天真"的世界里，是人类虚伪的文明、异化的文化、伪善的道德使它丧失了生命。

浑沌的世界是一个天人为一、万物一齐、物我两忘的"自然"状态，那里不需要言语、不需要文化、更不需要法律，万物顺性而生，自然而然。

从人类文化史的角度着眼，庄子的无法无天的浑沌世界，应该是一个蛮荒的、蒙昧时期，也可以说是一个纯粹的自然人社会，诚如老子在《道德经·八十章》所说的"甘其食，美其服，安其居，乐其俗"结绳而用之的至治之极。

庄子之所以提出这样一个假想的无法无天的浑沌世界，其实是出于一种激越的感情：因为当时社会现实中的道德礼仪太虚伪、法律刑罚太残酷太不人道，远远不如人类尚未开化的"自然"状态、蛮荒时代。庄子以否定的、回望的方式，批判现实，瞻望未来。

如果从历史发展的角度来看，庄子的历史观是倒退的。

二、无法有天的至德之世

在法与天的关系上，庄子崇天而贬法、崇尚自然而贬低礼俗。他说："礼者，世俗之所为也；真者，所以受于天也，自然不可易也。故圣人法天贵真，不拘于俗。愚者反此，不能法天而恤于人，不知贵真，禄禄而受变于俗，故不足。"（《庄子·渔父》）

圣人"法天贵真"，由于尊道贵德、循道而行，因而能够自由自决，能够效法天的自然、率性而为，如后世魏晋时期玄学家可以"越名教而任自然"；也如德国哲学家康德所言，拥有自由意志的人，跨上自律的骏马，可以"自己为自己立法"。那就是庄子所指称的"内圣"而后的"外王"。

内圣是一种自然的自觉，外王是一种因顺的无为。

庄子主张绝圣去智、远贤勿能，绝圣弃智而天下大治："绝圣弃知，大盗乃止；掷玉毁珠，小盗不起；焚符破玺，而民朴鄙；掊斗折衡，而民不争；殚残天下之圣法，而民始可与论议。"（《庄子·胠箧》）

在社会理想上，庄子向往并设想了一个无法有天的"至德之世"：

"当是时也，山无蹊隧，泽无舟梁；万物群生，连属其乡；禽兽成群，草木遂长。是故禽兽可系羁而游，鸟鹊之巢可攀援而窥。夫至德之世，同与禽兽居，族与万物并。恶乎知君子小人哉！"（《庄子·马蹄》）

"至德之世，不尚贤，不使能，上如标枝，民如野鹿。"（《庄子·天地》）

这是一个大道运行、万物谐和、一切都自然而然的"大自然"乐园，这也是一个"无名"的圣人、"无功"的神人和"无己"的至人都向往的乐土。

三、有法伤天的人道社会

在人道与天道的关系上，庄子羡慕、赞美赋有自然法属性的天道，认为天道公正无私、公平正义，怀疑、批判人为法或人道的虚伪和荒谬，抨击了有法伤天的人道社会。

庄子的这种思想源于老子。老子说"天之道，损有余而补不足；人之道，则不然，损不足以奉有余。"（《道德经·七十七章》）是的，任何使富者越富、穷者越穷的"人之道"，都是违背天道的，都是不人道的。而这种现象在有剥削制度存在的阶级社会是普遍的、恒常的。

作为一位思想家，庄子对这种不合理的社会现象进行了反思，并给以无情批判。

"窃钩者诛，窃国者为诸侯。诸侯之门而仁义存焉，则是非窃仁义圣知邪？"（《庄子·胠箧》）被周王朝和后来的儒家奉为至圣的仁义道德，其实只是权贵们窃取个人利益的工具；而礼法刑罚则是针对平民百姓的，与仁义道德一样，早已沦为权贵们窃取个人利益的筹码。因此，道德和法律都成了庄子抨击的对象。

在人类文明发展的历史进程中，客观地讲，法律的缘起则是保护弱者和受害者的。

庄子认为，法律制度是社会治理的末位工具，甚至是戕害人性、祸乱社会的帮凶。"三军五兵之运，德之末也；赏罚利害，五刑之辟，教之末也；礼法度数，刑名比详，治之末也；钟鼓之音，羽毛之容，乐之末也；哭泣衰绖，隆杀之服，哀之末也。"（《庄子·天道》）"彼曾、史、杨、墨、师旷、工倕、离朱者，皆外立其德，而以爚①乱天下者也，法之所无用也。"（《庄子·胠箧》）

庄子对有法伤天的人道社会的认识和揭示是深刻的，批判是有力的；对于当时的社会现实、法律制度的怀疑是合理的、有根据的。这些体现了庄子思想的平民意识和人道主义精神，富有时代性。

庄子自然自治的法律虚无主义思想，揭示了古代阶级社会法律的虚伪，

---

① 爚（yuè）：火光，照耀。指火光乱飞的样子。

批判了统治者法律的残忍，尤其是其违反人性、扰乱人心、破坏自然的严刑峻法如车裂、凌迟、斩首、宫刑、刖刑等，与其道法自然、无为而治的政治主张是一致的，与其主张轻物重生、恬淡自然、离形去智、自由自在的养生思想相吻合，富有浓郁的人道色彩，有其进步性、现代性。

第五节　庄子内圣外王的政治思想

在政治上，庄子以天道无为、人性自然为基础，继承了老子"道法自然"、"无为而治"的思想，并给予了具体的论述。其主要观点有：绝圣去智，远贤勿能；因任自然，无为而治；君无为而臣有为；因民、配天；藏天下于天下；内圣外王，身在江海而心居魏阙，或身在庙堂而心系山林等。

作为一位思想家和有责任感的知识分子，庄子敏锐地观察到了我们人类社会在发展过程中存在的"文明的异化"问题——由于人性的自私和贪婪，尤其是统治者的贪婪，知识被用于欺诈、权力被用于剥削和掠夺、仁义礼智成了奴役人的工具、而人则沦为了物质的奴隶。

因此，庄子主张绝圣去智、远贤勿能："绝圣弃智而天下大治"。

绝圣弃智，怎么就能够"天下大治"了呢？

庄子没有直接回答这一问题，而是为我们描绘了一个近乎原始神话的无圣无智的"至德之世"：

> "故至德之世，其行填填，其视颠颠。当是时也，山无蹊隧，泽无舟梁；万物群生，连属其乡；禽兽成群，草木遂长。是故禽兽可系羁而游，鸟鹊之巢可攀援而窥。夫至德之世，同与禽兽居，族与万物并。恶乎知君子、小人哉！同乎无知，其德不离；同乎无欲，是谓素朴。素朴而民性得矣。"（《庄子·马蹄》）

在至德之世，人们行为端庄、厚道，目不斜视。那个时候，山中没有路径和隧道，水上没有船只和桥梁；万物群生群长，连乡接里而居；禽兽成群，草木茂盛。禽兽可以牵着同游，鸟窝可以攀树窥探。在那个盛德时代，人们可以与禽兽同居，能够与万物并存。不知道还有君子与小人的区别。

大家都没有智慧，因而不失自然天性；都没有欲望，因而不失纯洁朴素。纯洁朴素就把人们的天性保存下来了。

> "至德之世，不尚贤，不使能，上如标枝，民如野鹿。"（《庄子·天地》）

在至德之世，人们不崇尚贤能，君主无为而治、悠然如枝叶，大地上的民众自由自在、恬然如野鹿。

无圣无智的"至德之世"，当然好。可是，毕竟现实社会中已经存在着圣人、君子。庄子于是便退一步说，实在没办法，圣人、君子要因任自然、无为而治啊。

> "故君子不得已而莅临天下，莫若无为。"（《庄子·在宥》）

> "汝游心于淡，合气于漠，顺物自然而无容私焉，而天下治矣。"（《庄子·应帝王》）

庄子在主张君无为的同时，提倡臣有为：

> "上必无为而用天下，下必有为为天下用，此不易之道也。"（《庄子·天道》）

> "有天道，有人道。无为而尊者，天道也；有为而累者，人道也。主者，天道也；臣者，人道也。"（《庄子·在宥》）

《庄子》君无为而臣有为、君臣异道的思想，是对老子"无为而治"政治思想的发展，对此后的法家韩非、汉初黄老学和《淮南子》等都产生了影响。

庄子的"至德之世"，类似于老子的"小国寡民"，只是桃花源式的乌托邦。

庄子对人类"文明异化"的观察是敏锐的，对人类私有制社会罪恶的揭露是深刻的，其批判也是真挚的，但是他的历史观则有倒退的嫌疑。

有人认为老庄的绝圣弃智思想是反儒家、反文化、反文明的。这说明他们还没有读懂老庄的思想。老庄的绝圣弃智思想，是反周礼而非反儒家，是反异化的文化而非反文化，是反异化的文明而非反文明；老庄的文化和文明，是符合人性的自然主义，也可以称之为原自然主义。

庄子还朴素地意识到了"民"的力量和作用，主张圣人、君子要因民、配天：

> "大人之教，若形之于影，声之于响，有问而应之，尽其所怀，为天下配。……贱而不可不任者，物也；卑而不可不因者，民也。"（《庄子·在宥》）

圣人、君子不可有私欲和成见，而应无为而治，响应天下、顺应民意。

庄子的这种"因民"、"配天"的思想，近似于孟子的"民贵，君轻"的思想，有民本思想的因子。

庄子的另一个政治思想，是主张"藏天下于天下"：

> 夫藏舟于壑，藏山于泽，谓之固矣！然而夜半有力者负之而走，昧者不知也。藏小大有宜，犹有所遁（dùn）。若夫藏天下于天下而不得所遁，是恒物之大情也。（《庄子·大宗师》）

即把小船藏在山沟里，把山藏在大泽里，可以说够安全了。然而三更夜半，有大力士把那船、那山背着驮走了，睡着的人还不知道呢。小东西、大东西藏得如此得当，还是有所丢失。把天下的东西藏在天下，就不会丢失了，这是事物存在的基本状况。

> "以天下为之笼，则雀无所逃。"（《庄子·庚桑楚》）

把天下藏在天下，天下的东西就不会丢失了。以天下为笼子，麻雀还有地方可逃跑吗？藏权于民、藏富于民，权还会丢失吗？富还会丢失吗？以民意、民需为笼子，一心一意为民服务，百姓还会逃跑吗？

诚如《庄子·天下》所言，在"天下大乱，贤圣不明，道德不一"的战国中期，能够做到"判天地之美，析万物之理，察古人之全"的，只有明"内圣外王"之道的"内圣外王"之士。孙嘉淦曰："《大宗师》者，内圣之极功；《应帝王》者，外王之能事也。"（《南华通》）内圣崇"自然"，外王尚"无为"。在庄子而言，内圣只是内圣，外王只是外王。《庄子·天下》提出"内圣外王"之道，内圣而外王，是一种政治理想。

所谓内圣，就是自我之王；所谓外王，就是自我之圣。即无论对内对外，身、心都能够达到全面的独立和自由。

"内圣外王"之士，能在入世中求出世之乐、在出世中得入世之利。如郭象在《庄子注》中对它的注释，"夫圣人虽在庙堂之上，然其心无异于山林之中。"身在庙堂而心在江湖，是一个可以任性而自由的人。

据《高士传》记载：许由，字武仲。尧闻，致天下而让焉，乃退而遁于中岳颍水之阳，箕山之下隐。尧又召为九州长，由不欲闻之，洗耳于颍水滨。时有巢父牵犊欲饮之，见由洗耳，问其故。对曰："尧欲召我为九州长，恶闻其声，是故洗耳。"巢父曰："子若处高岸深谷，人道不通，谁能见子？子故浮游，欲闻求其名誉，污吾犊口。"牵犊上流饮之。

自任者对物，顺物者无对。该做王做王、该禅让禅让，尧做到了任心而无心、顺物而无对，可以"外王"，也可以"内圣"；许由依然心中有"我"，偏于执著，自任而对物，因而在内心还是不自由的，只能"内圣"而不能"外王"。

唐代诗人王维的后半生亦隐亦仕，做到了白居易所说的"大隐住朝市"，达到了"内圣外王"的境界。

那么，什么时候该"内圣"？什么时候该"外王"？

庄子说"天下有道，则与物皆昌；天下无道，则修德就闲。"（《庄子·天地》）如果能够做到这样，也可以算是"内圣外王"了。

后世儒家把庄子的"内圣外王"思想发展为"内以圣人的道德为本，外以王者的仁政为用"，实则小觑了庄子。

第六节　庄子共生共存的天人思想

庄子崇尚天道自然，主张"法天贵真"、率性而为，批判了人道的虚伪，认为人道理应效法天道而归于天道；提出了圣人、神人、至人的人格理想，以及"至德之世"人与万物共生、共存、共享的天人合一、天人与共、协调相处的理想境界，即共生于万物一源的"道"、共存于万物一齐的"世"、共享于天人合一的"自然"；以"道通为一"、"与物为春"为原则，提倡人与自然互为环境、人与万物互为春天，这种原自然主义思想包含着庄子"自然、自由、自己"的人生哲学，以及物我平等、人与自然和平共处、和谐发展的现代生态文明思想。

一、共生于万物一源的"道"

庄子继承了老子道生万物的思想，认为天道自然无为，"气"化万物，是世界万物的本源。道通过"气"化生万物，气"实"则成物，"虚"则归道，"万物一府"。（《庄子·天地》）"人之生，气之聚也，聚则为生，散则为死。……故万物一也。……通天下一气耳。"（《庄子·知北游》）万物归于气，气归于虚，虚归于道，即万物归于道。可见，万物在本源上，是同质的、同一的、同源的。

作为万物灵长的人，也是道生气成的。因此，可以说人与万物、人与天地共生于万物一源的"道"。

庄子天人共生的思想，为人与万物、天地的平等思想提供了理论依据。

二、共存于万物一齐的"世"

庄子的重要思想之一，是"贵齐"，即主张齐物我、齐彼此、齐生死、齐是非、齐贵贱、齐美丑、齐大小等万物一齐的相对主义平等思想。

"万物一齐，孰短孰长？"

（《庄子·秋水》）"万物一府，死生同状。"（《庄子·天地》）

庄子从道生万物和相对主义的视角，进而论述了世间万事万物之彼此、大小、是非、贵贱、美丑、长短、远近、以及物我等的相对性，说明秋豪与太山、殇子与彭祖、肝胆与楚越、天地与我、万物与我等等都是"一齐"的，在"道性"上是平等的，是无差别的。

人有人格，物有物格，道有道格。在人格上，人与人是平等的；在物格上，物与物是平等的；在道格上，人与人平等，人与物平等，人与天平等。

基督教说，在上帝面前，人人平等。佛教说，在佛面前，众生平等。庄子说，在道面前，物我平等。

在庄子的视域里，人与万物、天地共同存在于一个平等的世界上。

庄子的人与万物平等的思想比儒家以人为贵和欧洲文艺复兴以来的"人类中心主义"思想，更具有现代生态文明意义。

三、共享于天人合一的"自然"

《庄子·应帝王》讲述了一个浑沌之死的故事。

庄子借助这则寓言说明：浑沌是一个"天真"的存在，浑沌的世界是一个天人为一、万物一齐、物我两忘的"大自然"状态，那里不需要言语、不需要文化，万物顺性而生，自然而然。

在天人关系上，庄子认为"天与人不相胜也"。（《庄子·大宗师》）

在社会理想上，庄子向往并设想了一个天人合一的"至德之世"："故至德之世，其行填填，其视颠颠。……夫至德之世，同与禽兽居，族与万物并。"（《庄子·马蹄》）

这是一个无设无防、无伤无害、天人合一、万物和谐、自然而然的"大自然"乐园。这是人类朴素、天真、快乐的诗情画意的童年生活。

可是，随着科技的进步、生产的发展、物质的富饶、生命的繁衍，人类无节制的欲望就好像伊甸园里那条引诱亚当和夏娃堕落的蛇，嘶嘶着"人定胜天"的靡靡之音，诱导、异化了人类的行为：我们为了生活得更好，肆意地开采了大山，结果大山不再为我们生长花草树木；我们偷偷地排出的工业污水，污染了河流，河流不再为我们生养鱼虾水产；我们的工厂、车间和车尾冒出的废气，污染了空气，被污染了的空气产生的雾霾伤害了我们的气管和肺；我们的生产和生活排放的大量热气，造成温室效应、产生了厄尔尼诺现象，引发了台风、暴雨、泥石流、干旱等重大的自然灾害；许许多多的物种正在迅速地灭绝，生态环境正在恶化；许许多多的有害物质，正在源源不断地侵蚀、污染着我们人类生存的环境，伤害着我们的身体……。大自然正在无言地报复、惩罚着我们人类。

我们人类应当尊重自然，爱护动物——我们因为要建造房屋和工厂，砍伐树木、平整土地，侵占了动物们赖以生存的森林和草原，破坏了植被。我们应当在高楼大厦上设计出鸟窝、鸟巢、"动物之家"，保留最低限度的森林和草原，让飞禽和走兽们与我们人类一样，有一个可以栖息的地方，最终实现"同与禽兽居，族与万物并"天人共享的"至德之世"：人，与人相忘，与物为春，与天合一。

庄子共生、共存、共享的天人与共、人与自然和谐相处的思想，赋有现代性，为人与万物互为春天、人与自然互为环境、以及人与自然在"位格"上的平等，提供了思想理论支撑；为我们创建现代化生态文明环境、建设美丽家园提供了理念和愿景。

第七节　庄子无己与杨朱为我思想比较

学术界曾有人认为杨朱非道家，其论据之一就是：老、庄屡言没身、无我，推崇"无己"，而杨朱力倡为我，主张"贵己"；《庄子》一书对杨朱及其学说，多有微辞。如果杨朱也是道家，那么，《庄子》抨击杨朱岂不是道家抨击道家、本家相互抨击？这不合情理，也有背史实。

其实，老庄之学的"无己"与杨朱之学的"贵己"，一主无我、一主为我，这只是方法或途径上的差异，他们的目的则是一致的：存我，全生。若说"贵己"是正题，"无己"是反题，那么追求"全生葆真"的境界就是他们的合题。注重个体生命的价值、个体人格的完整，并对独立、自由的精神生活怀着诚挚的敬意和热切的向往，一直是道家人生哲学的特征和传统。在这方面，老子开了先河，杨朱继之，而庄子为其楷模。

一、庄子与杨朱的关系

论述道家的两位重要人物庄子与杨朱的关系，不能不涉及到道家的创始人老子、以及《老子》书和《庄子》书。

关于杨朱与老子的关系，学术界分歧颇多，也分歧已久，归纳起来，除却杨朱非道家论，还有两种重要的论断：其一，以冯友兰先生为代表，认为"老庄皆继杨朱之绪"（《中国哲学史》一册）。这实质上就是把杨朱视为道家学说、学派的创始人。其二，以郭沫若先生为代表认为杨朱是老子的弟子，属于道家。说："杨子是老聃的弟子，《庄子》里面屡次提到，我们不能认为通是寓言。老聃与杨朱的存在（关系）如被抹杀，则彭蒙之师、彭蒙、宋鈃、环渊、庄周等派别不同的道家便全无归属。"（《十批判书·稷下黄老学派的批判》）

我们认为，杨朱是道家学者，并在某些方面受了老子思想的影响，如崇尚道的"自然"及"生生"属性，重视个体生命的存在和主体的价值、直面时俗的批判精神等。有人由他们在这些方面的相近而断言：杨朱是老子的直传弟子，杨朱的"重生"、"为我"思想直接来源于老子的"贵以身为天下，若可寄天下；爱以身为天下，若可托天下。"（《老子》十三章）若仅仅以此而断言杨朱为老子的直传弟子，则就未免有妄论之嫌。实则，《老子》书中的这段话原为杨朱所言，也未可知。从时间上推算，杨朱生活的年代及杨朱学说的风行，当早于孟子而不远，而孟子师于孔子之孙子思。近年研治老子的学者已考定，孔子中青年时曾几次向已近暮年的老子问礼，老子年长于孔子几十岁当无疑。因此，杨朱不及见老子，不是老子的直传弟子。《庄子·应帝王》载"阳子居见老聃"、《庄子·寓言》载"阳子居南之沛，老聃西游于秦，邀于郊。"《列子·黄帝》作"杨朱南之沛，老聃西游于秦，邀于郊。"如果《庄子》的这两段记载为实，那么，阳子居就不是杨朱。在二三十年代的国学界，关于阳子居是否是杨朱、杨朱其人的考辨和论证中，又衍生出"杨朱实即庄周"论。杨朱就是庄子的论说，源于日本的久保天随先生，而后蔡元培先生在他的《中国伦理学史·第八章·（庄子）》中，从音韵学的角度予以论证。蔡先生以杨朱即庄子，固然可以免除许多疑惑，如杨朱何以无书，《孟子》为何批杨而不批庄（当然也没批老子），以及《庄子·天下》《荀子·非十二子》《史记》《汉书》等为什么都没有提及杨朱；但同时，也使一些本来明朗的问题隐晦了，使疑窦更多。先秦及汉的典籍，在同一部书中分别提及杨朱、庄子的，有《庄子》《荀子》《淮南子》等，而只有扬雄的《法言·五百篇》把杨朱与庄子并列："庄、杨荡而不法，墨、晏俭而废礼。"从它们所记载的关于杨朱、庄子的行事看，它们是把杨、庄当作两个人的。最根本的是杨、庄之学虽有相近相同之处，也有很大的差别。杨朱与庄子是不同时期的两个人，勿庸置疑。

关于老、庄与杨朱的关系，学术界所以产生一些分歧，除了史料的缺失、不详和学者自己主观上的爱憎、思想偏向等因素外，还因为一些同志混淆了杨朱与老子、庄子之间的个人关系和杨朱与《老子》《庄子》之书的关系。

从现有的资料分析，在年限上，杨朱生活、活动的时间当在老子之后、庄子之前，杨朱不及见老子，庄子也不及见杨朱；杨朱很可能在《老子》成书之前，当然更在《庄子》之前。从杨朱与《老子》《庄子》之书的关系看，不排除《老子》书中含有杨朱的部分思想或言论。如果冯友兰先生是在这个意义上说："老庄皆继杨朱之绪。"那么，就不能说没有一点道理或根据。

比之杨朱与老子的关系，杨朱与庄子的关系则更为亲近。《庄子》所载关于杨朱的行事有：《庄帝王》言杨朱（作阳子居）见老聃，明白了明王之治在于无为。《寓言》言杨朱（作阳子居）南至沛，遇老聃，得到了为人要谦虚的教训。《山木》言杨朱（作阳子）至宋，宿于逆旅，由自美者不美而领悟行贤者而去其自贤之行而得爱的道理。《骈拇》《胠箧》《徐无鬼》诸篇皆言杨朱与墨子一样，为辩士，其言不可取。《徐无鬼》从"辩"的角度，把当时的学界分为五家，并予以否定，说"天下非有公是也，而各是其所是，天下皆尧也，可乎？……然则儒、墨、杨、秉（公孙龙）四，与夫子（惠施）为五，果孰是邪？"其中《胠箧》篇又说，除去曾参、史鱼的那种孝顺、忠直的品行，"钳杨、墨之口"，排斥仁义，则"天下之德始玄同矣"。

总体而言，《庄子》中的杨朱是被诋毁、被讽刺的对象，而之所以被诋毁、被讽刺的不是杨朱的"为我"的思想，而是作为辩士的辩名析理的行为，且全在外、杂篇，当为庄子学派或后学所为。至于杨朱的重生、自保、反战、为我以及养生的思想，《庄子》不但没有批判，反而予以充分的肯定，有所接受、吸收，如内篇中的《养生主》《人间世》，当是庄子本人所为。

《庄子》把杨朱的重生、全生思想发展为养生，把杨朱的贵己、为我思想发展为无己；贵己与无己、为我与坐忘，形式上对立、矛盾，实质上却是一致的、同一的。"无己"不是目的，其目的是"保身、全生、养亲、尽年"，深层次上，不外乎还是"为我"。因为，只有做到无己，才能虚心以应物、虚己以游世，达到全生、保命，进而天地一体、万物一齐、逍遥自由的人生境界。比之与其它的道家人物，杨朱与庄子或《庄子》在人生哲学上，有更多的相近之外。他们都以"保命，养生，尽年"为人生的目的，以"利生"为行为的原则，同时又坚持"义生"。在生死观上，皆主自然、顺性（庄子亡妻鼓盆而歌，杨朱丧友望门而唱），重视生命的价值和意义。在价值观上，都以维护个体正当的利益为重，等等。宋代理学大师朱熹在其《语录》中说，"列、庄本杨朱之学，故其书多引其语。"这不是凭空而言的。

二、庄子"无己"与杨朱"贵己"的实质

庄子主张"无己"而又不肯失己，以及全生葆真、逐物而不迷性的思想，可以说或隐或现地贯穿《庄子》全书（以下凡引《庄子》，只注篇名）

《逍遥游》和《秋水》分别说"至人无己"、"大人无己"。从其描述的语气和内容可知，去我顺物的"无己"是庄子所追求的理想境界，而达到"无己"境界的至人、大人，则是他所追求的理想人格：绝对自由的化身。那么，怎样才能做到"无己"呢？庄子教人"忘"——坐忘：忘形，忘利，忘心，一言一蔽之，忘己。所谓"坐忘"，《庄子》借孔子的得意弟子颜回之口，说，就是无视肢体的存在、抛弃聪明才智，同于万物，与大道相通（《大宗师》）。所谓"忘己"，就是忘却物我、与物为一，忘却天人、与天合一（《天地》）。但是"忘"并不是目的。"坐忘"是为了能够"无己"，而"无己"的最终目的则是"无不己"。

庄子在处理人与己、人与环境的关系时，以现实的态度，坚持"外曲而内直"的原则：虚己以游世，顺人而不失己，即外化而内不化，应物而不迷性。他说：做善事要远离名声，作恶事要不近刑罚，以"中道"自然

为法则，可以全身、可以保命、可以娱乐精神、可以享受天年（《养生主》）。又说："人能虚己以游世，其孰能害之？"（《山木》）"唯至人乃能游于世而不僻（背），顺人而不失己。"（《外物》）同时，庄子对逐物迷性、为己伤物的行为分别给予批评。把追求物欲而丧失人性、谄媚时俗而丧失人格的人称为"倒置之民"（《缮性》）。惊呼当时的人莫不追逐物欲而迷失本性，以本性交换物欲为代价：普通百姓以身殉利，士则以身殉名，大夫则以身殉家（小国、诸侯势力范围），圣人则以身殉天下。虽然他们的目的不同，但以伤性殉命为代价则是相同的。这种惊悟和批判，与杨朱的"悉天下奉一身不取也"相近，都认识到、并肯定了个体生命的价值和意义。又说，圣人与物相处而不伤物侵物，不伤物侵物，物也就不伤我侵我（《知北游》）。这又近于杨朱学说的"智之所贵，存我为贵；力之所贱，侵物为贱。"这种万物一齐的平等观，是庄子"无己"、人不唯贵思想的表现。

庄子的"无己"思想，与老子的"没身"一样，是有其产生的社会背景的。《老子》一书好几处讲到亲身贵生、疏名贱利："名与身孰亲？身与货孰为（重）？"（《老子》四十四章）又说"贵以身为天下，若可寄天下；爱以身为天下，若可托天下。"（《老子》十三章）这与杨朱的轻物重生思想很相近。那时，战争频繁，由于连年的征卒和相互之间的残杀，作为民众的个体，他们的生活和生命不但没有保障，相反，作为生命载体的身体却成了伤害生命的引人注目的祸首。诚如《庄子·人间世》所记载的，栎树因其形曲质劣、不材、无用而长寿，进而被拜为土地神庙的社树；支离疏因其貌丑残疾，而免服兵役和徭役，从而全生尽年。因而，老子感叹道"没身不殆"：假如没有了身体，我还有什么危险呐？没有了身体，哪还会担心生命遭摧残呐？"吾所以有大患者，为吾有身；及吾无身，吾有何患？"（《老子》十三章）这样的发问，不能不说骇人听闻、震人心扉。我们能够想象得出，当时人们生存环境的险恶。保命、全生，可以说是当时人们所面临的一个最现实的问题。

如果从全生、自保的角度来理解杨朱的"拔一毛利天下而不为"或"义，不入危城，不处军旅，不以天下大利易其胫之一毛。"那么，杨朱"自利"

或利己的思想就无可厚非。所以，在"全生"这一动机上，杨朱的轻物重生、贵己为我与老子的亲身而又"没身"、庄子的不失己的"无己"并没有什么冲突，而恰恰是一致的。

那么，怎样才能做到"无己"、又"顺人而不失己"呢？

庄子认为要无待、处间。对于相对恃、相对待的矛盾双方，消除对立的局面而达到"无恃"的目的，最根本也是最省力的方法，不外乎"无己"，即泯己由人、去我顺物，也就是虚心以应物、虚己以游世，游世而不失己。庄子的避世而不忘己或不忘世、游世而不失己与逍遥而无己，是对立的、又是统一的，其忘己、无己是出于不得已，其根本目的是为了存我、自卫，进而更好地"有己"。

杨朱"为我"思想的基本内容，是轻物重生和全生葆真，或"贵己"。孟子窥视到杨朱贵己、为我思想中无君的成分，或预感到它们有滑向无君的可能，出于维护君君臣臣、尊尊卑卑的等级秩序的动机，指责杨朱轻物重生和全生葆真之说自私自利、无君无序，是禽兽之行。

那么，杨朱"为我"的真义是什么呐？

有人认为，杨朱之"为我"，只是要人反省自求、独善自守而已。其"为我"的真义，乃在于自觉自省，进而做到自治、自立、自重、自爱，并非提倡自利的利己主义；而其为我的第一要义是"存我"。杨朱之所以强调存我，不仅鉴于存我是生物的一种自然本能，也实在是由于时势所迫，出于社会性的生存需求。的确，处于一个权力暴横的时代，人们的生命如同蛾蚁般轻易地被蹂躏。因此，身处"杀人盈野"的环境中，生存或活命，当是现实生活中的首要问题。战国中、前期，各诸侯国相互之间通过兼并战争来兼并土地、扩大势力范围，广征无辜百姓为兵卒，把他们从田间驱逐到相互杀戮的"无义战"的战场上，或干脆变田原为战场，可以说，天灾人祸并在人间。正如《孟子》所描述的："今夫天下之人牧，未有不嗜杀人者也，""今也，制民之产，仰不足以事父母，俯不足以蓄妻子，乐岁终身苦，凶年不免于死亡。"

出于拯人济世的政治目的和现实要求，先秦诸子无不立说献策、竟相风流。孔孟儒家主张王道、仁心、礼制，劝当时的诸侯"民事不可缓也"、"亦有仁义而已矣。"墨家墨子力倡兼爱、非攻，要求人们要利物益群，要友爱互助互惠而不可侵攻、相互伤害残杀。杨朱认为儒、墨之学皆不可取，因为，劝说那些为了各自集团、个人的利益争昏了头的诸侯兼爱、非攻、发仁慈之心、行圣王之道，无异于让剥削者不剥削、压迫者不压迫、统治者不统治、牟利者放弃利益，是不可能的，在当时也是行不通的。杨朱以坚决的不合作态度，力陈自保、自利、自治、自乐的可能和必要。这种思想，立刻受到当时广大民众的欢迎，其学说得以迅速传播，以致"言盈天下"。

冯友兰先生在他的《中国哲学史新编》中，从宏观上对道家的"为我"说作了阶级的分析，说：道家哲学是没落的奴隶主阶级意识的集中表现。"为我"思想贯穿于道家各派之中，不是偶然的。他们失掉了原来的"天堂"，所留下的只有自己的身体、生命和虚名，于是，他们就认为富贵功名都是虚的、是身外之物，唯有身体、生命才是人生最真实的最重要的东西。又因为他们没落了，追求物质享乐的欲望得不到满足，便提倡"寡欲，节欲"，保全自己。客观地讲，这种评价，更适合于庄子和《列子·杨朱篇》，而不太切于老子和杨朱，但也不失为杨朱"为我"说真义的一个注脚。

其实，杨朱"为我"的实质和目的，在客观上，就是"为人"、"为天下"。因为，从逻辑上讲，没有一个个的"我"，也就无所谓一个个的"人"，我是"人人"，人人是"我"；充实、健康的群体是以一个个自由而全面发展的个体为前提的。杨朱看破了当时所谓为他、为人思想的自私、虚伪的一面以及对人对己的破坏性，从人性自私、人性恶的角度，设想倘若人人为己、人人自利自治而不害人，则于人无犯、于己平安，那么，天下就太平了。只是，杨朱的"为我"之"我"，不是你我他中的、各种社会关系总和的"我"，即不再是一个个活生生的现实的"人"，而是一个个封闭的、孤立的、因此也是抽象的个体。杨朱的"人人不利天下，天下治矣"的政治主张，只能说是一种空幻的社会理想。但杨朱"为我"的动机和归宿是"为人"，是济世救人，则是无疑的。

总体而言，庄子包括老子的所谓"无己"、"无我"，正是杨朱的"贵己"、"为我"的极致。从这个意义上讲，杨朱比庄子更敢于从人生的正面肯定人生，因而在当时具有更多的积极意义。

第八节　庄子对老子思想的绵延与发展

如果按年限计算，庄子比老子晚了两百多年，但是在中国思想发展史上跟老子思想最接近的，则非庄子莫属。

庄子对老子思想的继承和发展是多方面的，主要体现在本体论、方法论、人生观、政治思想、伦理思想、美学思想、养生思想、生态思想等方面。

据现有史料记载，最早把老子、庄子并提的是《淮南子》："《道应》者，揽掇遂事之踪，追观往古之迹，察祸福利害之反，考验乎老庄之术，而以合得失之势者也。"（《淮南子·要略》）

比淮南王刘安稍晚的司马迁虽然没有在《史记》中专列"老子庄子列传"一章，但是在其中的"老子韩非列传"中，把老子与庄子并列，并作了比较："其学无所不窥，然其要本归于老子之言。……老子所贵道，虚无，因应变化于无为，故著书辞称微妙难识；庄子散道德，放论，要亦归之自然。"（《史记·老子韩非列传》）说明了庄子思想与老子思想的渊源。

庄子从原自然主义、自由主义、相对主义的视角，以道家的"道德"即"自然"为标准，力行"自律性自由"，延续了老子对异化的周王朝仁义礼乐文化的批判，进而对以孔子为代表的儒家文化予以嘲讽，对老子的道法自然、自然无为、无为而治、少私寡欲、有生于无、福祸相依、美丑相生、上善若水、柔弱胜刚强、反者道之动等哲学思想、政治思想、伦理思想、美学思想、养生思想、生态思想，均有所继承、发展或超越。

本文拟从以下几个主要方面加以阐述：

庄子把老子的"道"本体论发展为道体气用的体用论：庄子把老子最高的抽象的哲学范畴"道"本体论发展为道体气用的体用论，赋予了道以物质的属性，论述了道的本体性、必然性和普遍性，使高高在上、有些虚无缥缈的道落到了实处。老子认为道生万物，"道生一，一生二，二生三，三生万物。"（《道德经》四十二章）"道生之，德畜之。"（《道德经》五十一章）"道者，万物之奥。"（《道德经》六十二章）庄子承认老子所说的道生天地万物、无为无形的特征，"道者，万物之所出也"，同时认为道"有情有信""无所不在"。在回答东郭子关于道在哪里的问题时，庄子说"无所不在"，甚至在蝼蚁里、在稊稗里、在瓦甓里、在屎溺里，有把老子崇高而神圣的道"污名"化的嫌疑。"人之生，气之聚也，聚则为生，散则为死。……通天下一气耳。""夫春气发而百草生，正得秋而万宝成。""杂乎芒芴之间，变而有气，气变而有形，形变而有生，今又变而之死，是相与为春秋冬夏四时行也。""是故天地者，形之大者也；阴阳者，气之大者也；道者为之公。"庄子的道为体、气为用、道气一体、共生万物的思想，丰富、完善了老子的道本论。

庄子把老子的"道德"发展为"道理"：老子说"道生之，德畜之，物形之，势成之。""失道而后德，失德而后仁，失仁而后义，失义而后礼。"德者，得也，得到了道的属性，体现了道；道为体，德为用。庄子没有沿着老子"道——德"这个方向发展，而是沿着"道——理"的方向展开了，说"夫德，和也；道，理也。""知道者必达于理，达于理者必明于权，明于权者不以物害己。"庄子从"道"发展出"理"和"权"，丰富了老子"道"的内容。这从思想上启迪了宋代理学。

庄子把老子的以"无"为本的贵无论发展为有无一齐的齐物论：老子虽然也说过"有无相生"，但是归根是"无，名天地之始；有，名万物之母。""天下万物生于有，有生于无。"老子说："三十辐，共一毂，当其无，有车之用。埏埴以为器，当其无，有器之用。凿户牖以为室，当其无，有室之用。故有之以为利，无之以为用。"老子主张以无为本，以有为用，魏晋时期王弼在《老子注》中发挥了这种思想。庄子延续、丰富了老子重"无"的思想，在《庄子》中"无"出现了863次，其中有意义的范畴有：无为、无用、无穷、无极、无涯、无形、无厚、无我、无物、无己、无名、无功、无事、无情、无言、无知、无常、无私、无欲、无始、无方、无道、无亲、无累、无内、无外、无求、无失、无有、无无、无能者、无所求、无何有等等。庄子同样注重"有"的思想，《庄子》中"有"字出现了809次，其中有意义的范畴有：有有，有无，有始，有封，有常，有待，有分，有涯，有间，有道，有为，有命，有时，有人，有天，有伦，有形，有穷，有所然，有所可等等。在万物的生成问题上，庄子坚持了老子的"天下万物生于有，有生于无"的观点，说"天门者，无有也，万物出乎无有；有不能以有为有，必出乎无有。"但是，庄子又以相对主义为尺度，泯灭了有无、生死、是非、物我、美丑的界限，主张有无、生死、是非、物我、美丑一齐而归于大道，"孰知有无死生之一守者，吾与之为友。"

庄子把老子朴素的辩证法发展为绝对的相对主义：老子《道德经》中富含着丰富而朴素的辩证法思想，认为"有无相生，难易相成，长短相较，高下相倾，音声相和，前后相随""曲则全，枉则直，洼则盈，弊则新，少则得，多则惑""夫唯不争，故天下莫能与之争""反者道之动""物壮则老""坚强者死之徒，柔弱者生之徒""柔弱胜刚强""信言不美，美言不信；善者不辩，辩者不善""祸兮福之所倚，福兮祸之所伏"等。老子是站在客观事物的内生动力、发展的必然趋势和逻辑内在的必然性的高度，认识对立统一规律和矛盾双方的转化；老子并没有说，曲就是全、祸就是福、生就是死，但是指出其中蕴含着一种必然的趋势。它为人们认识事物、改造世界提供了智慧和方法，增强了人们的自信。庄子则从相对主义的视角，夸大了矛盾双方的统一性、泯灭了双方的对立性和事物之间质的区别，把老子朴素的辩证法滑向了齐万物、齐物我、齐是非、齐贵贱、齐生死、齐大小、齐美丑的"万物一齐"的绝对的相对主义、怀疑主义、不可知论和诡辩论，否定了认识的标准、判断的标准、真理的标准，企图以"天均"和"两行"从根本上消解矛盾、超然物外。说："天下莫大于秋毫之末，而泰山为小；莫寿于殇子，而彭祖为夭""以道观之，物无贵贱；以物观之，自贵而相贱""变化齐一，不主故常"。当然，庄子"物无贵贱""万物一齐""万物皆化""而物自化""与时俱化"的思想，开启了古代可贵的平等思想、自主意识、自由精神和发展观念。

庄子把老子的君"无为而治"发展为"君无为而臣有为"：天道自然、

无为而治是老子的政治思想，因而老子对作为统治阶级的君主和理想人格的圣人提出了一系列要求："我无为，而民自化。""圣人无为故无败。""上德无为而无以为。""无为而无不为。"庄子把老子的君主和圣人"无为而治"的思想向前发展了一步，主张"君无为而臣有为"。说："何谓道？有天道，有人道。无为而尊者，天道也；有为而累者，人道也。主者，天道也；臣者，人道也。天道之与人道也，相去远矣，不可不察也。""上必无为而用天下，下必有为为天下用，此不易之道也。"在"天道自然无为"的主题问题上，老子偏向于"无为"，主张无为自化、无为而治；庄子偏向于"自然"，主张"法天贵真"。此后的《吕氏春秋》和《淮南子》继承了庄子特别是庄子后学的这种君无为而臣有为的思想，化解了君与臣、无为与有为逻辑上的矛盾。

庄子把老子的"没身"发展为"无己"：春秋战国时期，由于频繁的战争和繁重的劳役，人们的生命朝不保夕；作为生命的载体，人身成了一个负担和危险品。因此老子感慨道："圣人后其身而身先；外其身而身存。""何谓贵大患若身？吾所以有大患者，为吾有身，及吾无身，吾有何患？""没身不殆。"出于全生、养生、乐生的人生目的，庄子更进了一步，把老子的"没身"发展为"无己"，说："至人无己。""至德不得，大人无己。""大同而无己"。无己，不仅"没身"，还要"没心"。可见，庄子的无己，比之我们现代所提倡的推己及人、先人后己、舍己为人，还要绝对、还要纯粹。

庄子把老子的"不争"发展为"不取"：老子是凡事不争，不争而无不争；庄子是凡事不取，不取也不与。老子以水、天道和圣人的不争之德，说明了不争而无不争的道理："上善若水。水善利万物而不争，处众人之所恶，故几于道。居善地，心善渊，与善仁，言善信，正善治，事善能，动善时。夫唯不争，故无忧。""天之道，不争而善胜。""圣人之道，为而不争。""夫唯不争，故天下莫能与之争。"可见，老子所谓的"不争"，只是一种策略和方法，其目的还是"争"。

庄子则不然，不但不争，还不取，当然也不与。庄子辞相的故事很具有代表性：庄子钓于濮水，楚王使大夫二人往先焉，曰："愿以境内累矣！"庄子持竿不顾，曰："吾闻楚有神龟，死已三千岁矣，王巾笥而藏之庙堂之上。此龟者，宁其死为留骨而贵乎，宁其生而曳尾于涂中乎？"二大夫曰："宁生而曳尾涂中。"庄子曰："往矣！吾将曳尾于涂中。"（《庄子·秋水》）这件事，司马迁在《史记·老子韩非列传》中记述得更传神：楚威王闻庄周贤，使使厚币迎之，许以为相。庄周笑谓楚使者曰："千金，重利也；卿相，尊位也。子独不见郊祭之牺牛乎？养食之数岁，衣以文绣，以入大庙。当是之时，虽欲为孤豚，岂可得乎？子亟去，无污我。我宁游戏污渎之中自快，无为有国者所羁，终身不仕，以快吾志焉。"

可见，庄子的"不取"，是以保身和快志为前提的。庄子以政治上积极的不合作主义"不取"、思想上批判的自由主义"不与"，换取了其人格的独立和精神的自由。庄子以其无待的逍遥，阐述了其自律的自由思想。

庄子把老子"小国寡民"的政治理想发展为"至德之世"的理想王国：老子"小国寡民"的实质，是"甘其食，美其服，安其居，乐其俗"以小农经济自然村落为单位的诸侯小国。诚如孟子"小康社会"的饱食、暖衣、宜居而乐教。在庄子的理想王国"至德之世"，人民"织而衣，耕而食""一而不党，命曰天放""其行填填，其视颠颠""禽兽成群，草木遂长""同与禽兽居，族与万物并"。进而在"无何有之乡"，"彷徨乎无为""逍遥乎寝卧""不夭斤斧，物无害者，无所可用，安所困苦哉！"这种近乎原始自然主义的和乐世界，超然充满名、利、财、货、权、势、食、色、寿、禄的俗世，当然只是庄子精神家园里的自由王国。

庄子把老子"长生久视"的养生理想发展为"安体乐意"的养生思想：在养生观上，老子以"道法自然"为原则，主张虚心、实腹、弱志、强骨，通过"少私寡欲""致虚极，守静笃""归根""复命"，最终实现"长生久视"的目的。庄子继承了老子以"道法自然"为原则的养生思想，进而提出了"法天贵真"的主旨，以尊生为前提、以卫生为方法、以乐生为目的，从养形、养气、养精、养心、养德、养神等几个方面展开，形成了其丰富而独特的养生思想理论。庄子在《庄子·养生主》中说："为善无近名，为恶无近刑。缘督以为经，可以保身，可以全生，可以养亲，可以尽年。"庄子在这里总结出一个人可以保命、全生、尽孝、长寿的方法，就是"缘督为经"，即本篇后面庖丁解牛故事所阐述的道理"顺应自然"。那么，如何才能做到顺应自然、"形全精复，与天为一"？庄子说，要"法天贵真""洒心去欲"，做到清净、无为、守性、节欲，内有所养、外有所防，达到形全、德全、神全、乐全，且总结道"善养生者，若牧羊然，视其后者而鞭之""必静必清，无劳女形，无摇女精，乃可以长生""夫见下贵者，所以长生、安体、乐意之道也。"

庄子把老子辩证主义的美学思想发展为相对主义的美学思想：老子在《道德经》中分别提出了气、象、有、无、虚、实、玄、妙、美、恶（丑）、味、希、和、素朴、自然等美学范畴，提出了美丑相生相依的辩证美学思想，"天下皆知美之为美，斯恶已"，以及大道的生生之美、虚静之美、空无之美、朴素之美等，形成了以"自然"和"无"为美的辩证主义美学思想。

庄子继承了老子首创的自然之美、虚静之美等美学思想，进而提出了天、真、和、乐、大、飞、放、适、天放、天籁、忘适、自得、心游、心斋、坐忘、无己、至人、真人、真性、纯素、纯粹、静一、天行、物化、无待、无欲、逍遥、自然、朴素、恬淡、美好、美恶、大美、共美、众美、自美、至美、至乐、人乐、天乐、心乐、乐意、至乐无乐、道通为一、性命之情、恬淡无为、法天贵真等一系列美学范畴，并以"法天贵真"为原则，是天非人、崇真斥伪，描述了天籁之音、君子之美、游鱼之乐等，阐述了其独特的至乐无乐、自由之美，形成了以"逍遥"和"真"为美的相对主义美学思想，得出了"天地有大美而不言""朴素而天下莫能与之争美""阴阳和静""情莫若率""以乐为和"等美学论断。

庄子把老子的自然主义生态思想发展为人文主义生态思想：老子说"道生一，一生二，二生三，三生万物。"即道生万物，而人是万物中的一份子，因此人与万物同生同源同格，也可以说人与自然互为部分，自然是人的自然、人是自然的人。说"人法地，地法天，天法道，道法自然。"因而从逻辑上可以得出，人法天、人法自然，即人的一切行为应当以天为准则、以自然为准则。说"道大，天大，地大，人亦大。域中有四大，而人居其一焉。"人虽然为天地之间万物之中的灵长，但是人只是宇宙中的一物，并不最为尊贵，更不能以人类为中心，以物为贱、以人胜天。又说"治人事天莫若啬。"啬，就是要节俭、节制，克制欲望，"少私寡欲"。老子天道自然、天人合一的生态哲学思想，赋有反思"人类中心主义"、唯智主义、唯科学主义的现代生态文明意义。庄子继承了老子的这种自然生态哲学思想，并有所发展，提出"天地与我并生，而万物与我为一""万物一齐""与天为徒""与物为春""无以人灭天""天与人不相胜"等富有人文思想的生态理念，对于现代生态文明建设具有启迪意义。

庄子把老子的救世发展为救人：老子从国家的角度，出于救世的目的，对君主、圣人提出了"少私寡欲""无为而治"的要求，主张"以正治国，以奇用兵，以无事取天下。……故圣人云：我无为，而民自化；我好静，而民自正；我无事，而民自富；我无欲，而民自朴。"（《道德经》五十七章）庄子认为救世应当先救人。庄子从个人的角度，出于救人的目的，提出了无知、无欲、无功、无名、无己等救人先"自救"、救人先"救心"的要求，"同乎无知，其德不离；同乎无欲，是谓素朴。素朴而民性得矣。"（《庄子·马蹄》）

在方法上，老子是先圣而后民，即少数先知先觉的圣人通过自我修为而成为圣贤明君，而后他们通过教化而化民成俗；庄子则是人我一齐，圣民同修。如果说老子的主张是分步文明，那么，庄子的主张则是同步文明。

总之，庄子通过创新性继承、创造性转化，绵延并发展了老子的思想，极大地丰富了道家哲学。

第三章　庄子思想价值

　　庄子是中国思想史上的一面彩旗，是中国古代知识分子的理想人格。

　　《庄子》一书，包含着庄子"自然、自由、自我"的人生哲学、万物一齐的相对主义、"独见""坐忘"的直觉主义认识论、"内圣外王"的政治思想、"法天贵真"的法治思想、"与物为春"的生态思想，还有奇丽而丰富的寓言故事、以及通篇所表现出的浪漫主义的创作方法，无论在哲学上、文学上、还是美学上，都具有极高的学术价值。

　　《庄子》在中国思想史上的影响是多方面的、深远的。《庄子》开启了中国思想史上的自然主义哲学、相对主义哲学、生命哲学、德性美学、养生学、心学、寓言学、浪漫主义文学等诸多学说；世人对《庄子》的研究也渐而成为一门相对独立的"庄学"。

第一节　庄学的形成与发展

　　"庄学"的形成与发展，沿着中国思想文化发展史，与道家相依、与"老学"相伴、与儒学相洇、与禅宗相融、与浪漫主义文学相应，但是又有其自身独特的发展轨迹。

　　熊铁基先生主编的《中国庄学史》把庄学分为秦汉时期的庄学、魏晋南北朝时期的庄学、隋唐时期的庄学、宋元时期的庄学、明清时期的庄学等几个部分。

　　其实，庄学在《庄子》形成的过程中就已经有了端倪，即庄学应当包括先秦时期的庄学；庄学的形成与发展，伴随着世人对庄子及其思想的认识、理解和评论。

最早评价庄子思想的当为庄子好友惠施。

惠施说庄子"言大而无用"。是的，庄子以无用为用、以无己全生，以形无用而实有用、此无用而彼有用、人无用而我有用"为用"。庄子以其独特的智慧，为处于险恶境遇中的人们提供了全生、乐生的处事之道。

庄子后学评价庄子是一位得道的至人，近乎天人："独与天地精神往来，而不敖倪于万物，不谴是非，以与世俗处。……彼其充实不可以已，上与造物者游，而下与外死生、无终始者为友。"（《庄子·天下》）

庄子内直而外方，以出世的精神处世，以游世的心态观世，"游于世而不僻，顺人而不失己"，上可与道为友、与天为伴，下可与物为春、与人成俗，为历代仕途失意的知识分子提供了一条可以"回望"人生的路径，为世人提供了一个可以安顿灵魂的精神家园。

相对而言，作为儒家的重要代表人物，荀子说庄子"蔽于天而不知人"，批评庄子"尽因"自然、听天由命，忽视了发挥人的主观能动作用，则未免委屈了庄子。庄子主张顺天道、勿人为，提倡天人合一；注重天道，然而并没有忽视人道，而是企图以天道救赎人道。

战国末期《吕氏春秋》"以道德为标的，以无为为纲纪"，集先秦道家之大成，是先秦道家的代表作；它继承并发展了老子清静无为的政治思想、庄子自然主义的人生哲学。

汉代因为汉武帝采纳了董仲舒的"推明孔氏，抑黜百家"的对策，实施了"罢黜百家，表章六经"即后人总结的"罢黜百家，独尊儒术"的思想策略，道家、法家、阴阳家等旁落。但是以道家为底色的《淮南子》，却继承并发展了庄子的养生思想。

历史上第一个为庄子作传的司马迁在其《史记·老子韩非列传》说庄子："其学无所不窥，然其要本归于老子之言。……'我宁游戏污渎之中自快，无为有国者所羁，终身不仕，以快吾志焉。'"界定了庄学的内容、特质、庄学与老学的关系，刻画了庄子的形象。

魏晋时代，玄学盛行，以《周易》《老子》《庄子》"三玄"为经典，为庄学的发展创造了一个有利的空间，形成了庄学发展的一个顶峰。此时，士人读《庄子》、品《庄子》、注《庄子》蔚然成风，其中阮籍的《达庄论》、嵇康的《养生论》、郭象的《庄子注》影响最大。

唐代，庄子和《庄子》分别经历了一个成神和升经的过程。唐天宝元年，唐玄宗下诏尊庄子为南华真人，尊《庄子》为《南华真经》。此时，注释《庄子》者达二十多种，其中以成玄英《庄子注疏》、陆德明《庄子音义》为著。

宋代理学兴盛，出现了以儒解《庄》和以佛解《庄》的现象。王安石、苏东坡、朱熹等人都对庄子有深入地研究和解读。主要注本有：王雱《南华真经新传》、吕惠卿《庄子义》、林希逸《庄子鬳斋口义》、褚伯秀《南华真经义海纂微》等。

明代，学术由理学衍变为心学。《庄子》的心学思想影响了王阳明心学。《庄子》注本主要有：陆西星《南华真经副墨》、傅山《庄子翼批注》、释德清《庄子内篇注》、方以智《药地炮庄》、焦竑《庄子翼》等。

清代，由于政治和社会原因，思想被禁锢。治庄者多从文字学、训诂学视角对《庄子》作了研究，主要著作有：王夫之《庄子通》《庄子解》，林云铭《庄子因》，刘凤苞《南华雪心编》，宣颖《南华经解》，郭庆藩《庄子集释》，王先谦《庄子集解》等。

民国期间，除了传统的注释、校对之外，还出现了一些专著，主要有：马叙伦《庄子义证》，王叔岷《庄子校诠》，刘文典《庄子补正》，张默生《庄子新释》，蒋锡昌《庄子哲学》等。

二十世纪六十年代和八九十年代，分别出现了两次研究庄子的高峰，研究方法和研究内容均有较大的突破，诠释性著作主要有：钱穆《庄子纂笺》，严灵峰辑《无求备斋庄子集成》，曹础基《庄子浅注》，陈鼓应《庄子今注今译》，方勇、陆永品《庄子诠评》，崔大华《庄子歧解》，陆永品《庄子通解》等；研究性著作主要有：关锋《庄子内篇释解和批判》，《哲学研究》编辑部编《庄子哲学讨论集》，黄山文化书院编《庄子与中国文化》，张恒寿《庄子新探》，刘绍瑾《庄子与中国美学》，崔大华《庄学研究》，刘笑敢《庄子哲学及其演变》，叶舒宪《庄子的文化解析》，颜世安《庄子评传》，熊铁基等《中国庄学史》，陈鼓应《老庄新论》，刘生良《鹏翔无疆——庄子文学研究》，包兆会《庄子生存论美学研究》，陈引驰《庄子精读》等。其中，在二十世纪六十年代，学术界以阶级斗争和阶级分析为标准，认为庄子是没落的奴隶主贵族的代表，庄子哲学被宣判为反动的哲学，其特征是主观主义、虚无主义、怀疑主义、混世主义、滑头主义、悲观主义。

进入二十一世纪，庄学尤其是庄学发展史作为一个相对独立的学术研究对象，得到了系统化的研究，其发展的脉络日渐清晰起来。主要著作有：王博《庄子哲学》，杨国荣《庄子的思想世界》，郑开《庄子哲学讲记》，熊铁基《中国庄学史》，方勇《庄子纂要》《庄子学史》，高深、王德龙《安徽庄学史》，刘固盛、刘韶军、肖海燕《近代中国老庄学》等。

第二节　庄学的影响与价值

伴随着《庄子》不断地被注释、被解读、被诠释，《庄子》对道教、玄学、佛学、儒学、文学、美学、艺术、以及中国知识分子人格等均产生了深刻的影响，其中对道教、玄学、禅宗和浪漫主义文学的影响较大。

庄学的影响、价值与庄学的形成、发展的过程相互依偎。

先秦时期，因为庄子避世和隐逸的思想不合乎时代的需求，庄学的影响甚微。但是，庄子完成了对老子的继承和发展，庄学的理论得以建设。《庄子》中的人生哲学思想丰富了《吕氏春秋》。

秦汉时期，除了在政治思想、人生哲学方面影响了《淮南子》之外，《庄子》中的天人"相类""相通"思想以及自然之气的思想，对汉代儒学的代表人物董仲舒和王充有所影响；东汉末年，道教诞生，《庄子》与《老子》一起成为道教的经典。

魏晋南北朝时期，玄学兴起，《庄子》成为"三玄"之一，"读庄成风，注庄成学，庄学得以勃兴。"（《中国庄学史》）其中以阮籍、嵇康、向秀、郭象等人的庄学思想为代表，特别是郭象的《庄子注》影响深远。而《庄子》对魏晋玄学的影响，也达到了庄学发展的高峰。魏晋玄学出入老庄，从名教与自然、有与无、本与末、体与用、虚与实、形与名、言与意、性与命、才与用、道化与独化等方面，阐述了万物的根本、以及当时社会主要问题的合理性和不合理性，企图以道释儒、调和儒道，其结果多是"外道而内儒"；无论是王弼的"名教本于自然"，还是嵇康的"越名教而任自然"，抑或郭象的"名教即自然"，无不是以"自然"为指向、以"名教"为宗旨，"内圣（自然）"而"外王（名教）"。其中，以王弼的《老子注》、嵇康的《达庄论》、郭象的《庄子注》、张湛的《列子注》影响较大。尤其是郭象把庄子的道化万物、万物一齐的思想发展为万物自生"独化"、"物各有性"、"性各有分"、"天理自然"、"天性所受，各有本分"、贵贱有别而自然安命。这无论在理论上还是实践上都是一种倒退。庄子认为道德是合乎自然的，仁义是属于附赘的、而且是伤害性情的。老庄道家所谓的道德，是指遵循自然的大道及其属性，不同于儒家所倡议的仁义礼乐等。庄子以自然为原则，对于仁义的批判和超越，被魏晋玄学家嵇康发展为"越名教而任自然"。同时，《庄子》对佛教的般若学产生了影响；《庄子》中的隐逸思想和庄子的独立人格对陶渊明及其诗文产生了较大的影响。

隋唐时期，在儒、道、释三教鼎立的背景下，庄学得以继续发展，与老学一起开启了道教的重玄学，并对唐代以李白为代表的浪漫主义文学产生了实质性的影响。唐代李氏王朝因为尊道家老子李耳为宗，庄子也随之沾光，被唐玄宗诏封为南华真人，其书被诏封为《南华真经》。从此，庄子被神话了、成了"神"，《庄子》被经化了、成了"经"。

宋元时期，学者们注重阐发《庄子》的义理，如王雱以儒家的道德性命之学解庄，陈景元将《庄子》与道教的修炼养生方法联系起来，林希逸援理入庄、庄禅并用，褚伯秀把"性命双修"思想与《庄子》会通等，丰富了庄学。

明清时期，伴随着实证思潮兴起，庄学发展到一个求实、证伪阶段。此时，学界注重辨析庄子思想的源流、"考辨《庄子》篇章的真伪等"。陆西星《南华真经副墨》欲合老庄与释氏于一家，释性通《南华发覆》以道德二字概括庄子内外篇之大旨，方以智《药地炮庄》诠以佛理，王夫之作《庄子解》、

《庄子通》，以为"庄生之说，皆可因以通君子之道。"

近代以来，研治庄子的专家学者以西学解庄、以马克思主义哲学解庄、以佛解庄、以庄解庄，或者以庄学关注时代，拓展了庄学研究的范围，深化了庄学研究的主题，勾勒出庄学与进化论思潮、庄学与经世致用思潮、庄学与自由主义、庄学与唯物史观、庄学与科学思想、庄学与现代佛学、庄学与新道家、庄学与现代文艺等诸多关系，揭示了庄学中蕴含的相对主义方法论、直觉主义认识论、万物平等主义、现代生态文明思想、现代养生理念、以及赋有后现代性的原自然主义等，无不显示了庄学丰富的现代性。

庄子的世界正在成为世界的庄子。

在音乐美学上，庄子提出了"天籁"说，即自然之声。它对我国的音乐美学的创作和鉴赏产生了深远的影响。

在绘画艺术上，庄子的以无为有、以无为美的思想，启迪了中国画的以白生墨、以无为有的"留白"技法和意境创作。

庄子以真为美、以德为美、以大为美的美学思想丰富了中国的传统美学。

庄子怪诞、神奇、独特的寓言故事是中国志怪、传奇小说的先声。

庄子与屈原一起，开启了中国古代浪漫主义文学的先河。

庄　子

庄子　著　　李季林　注释

逍遥游　第一

经典内容：怒而飞。飞之至。小知不及大知，小年不及大年。举世誉之而不加劝，举世非之而不加沮。列子御风而行。有所待。无所待。乘天地之正，御六气之辩，以游无穷。至人无己，神人无功，圣人无名。名者，实之宾也。鹪鹩巢于深林，不过一枝；偃鼠饮河，不过满腹。（神人）不食五谷，吸风饮露，乘云气，御飞龙，而游乎四海之外。无何有之乡，广莫之野。彷徨乎无为其侧，逍遥乎寝卧其下。大而无用。无所可用，安所困苦哉！

篇旨概要：本篇是《庄子》的首篇，较为集中地表达了庄子追求自由精神、逍遥人生、理想生活的思想。郭象在《庄子注》本篇的题解中说："夫小大虽殊，而放于自得之场，则物任其性，事称其能，各当其分，逍遥一也。"各当其分，就是适性、本性圆满。关于"逍遥"，郭象说是"适性"，司马彪说是"无为"，支遁说是"至足"，陆德明说是"自得"，林希逸说是"自在"，我们认为是"心放"。庄子从社会和哲学的高度反思人生，认为人所以困苦，是由于困于物、困于用、困于己、困于功、困于名，困于"有所待"，因此若想游心、游世、游无穷，就必须无物、无用、无己、无功、无名，"无所待"，通过心斋、坐忘、丧我，达到外逍遥于形、内逍遥于心。

庄子以无为用，以大为美，以逍遥为乐。大物必存于大处，因此有飞越和迁徙。大因为无用才成为其大，因此，无用便是大用。大者，近于道。虽然万物的大小都是相对的，但是小的就是小的、大的就是大的。那么，如何突破"小"的局限和困惑？庄子说，要"飞"。无论是鱼变鸟而后的高飞，还是蜩鸠的低飞，抑或列子的御风而飞、神人的御龙而飞，都是一种超越和突破，是从有限向无限的迈进，是对绝对自由的向往和追求。中国古代没有"自由"这个范畴，但是有自由的思想，如"逍遥"、"自在"、"适性"、"逸情"等。逍遥"游"就是游"逍遥"，就是一种自由而快乐的"心放"境遇，就是至人之"至心"的自由之旅。

《庄子·天运》曰："逍遥，无为也。"向秀、郭象曰："夫大鹏之上九万，尺鷃之起榆枋，小大虽差，各任其性，苟当其分，逍遥一也。然物之芸芸，同质有待，得其所待，然后逍遥耳。"（《世说新语·文学》）支遁曰："夫逍遥者，明至人之心也。"陆德明曰："《逍遥游》者，篇名，义取闲放不拘、怡适自得。"（《经典释文》）孙嘉淦（gàn）曰："《逍遥游》者，庄子之志也。其求道也高，其阅世也熟；阅世熟则思远害，求道高则入虚无，以为天地并生，万物为一，而徒以有我之故，遂有功名，是生利害，故必无己，然后心大而能自得矣。《齐物论》之丧我，《养生主》之缘督，《人间世》之无用，《德充符》之忘形，《大宗师》之入于天一，《应帝王》之游于无有，皆本诸此，实全书之纲领。"（《南华通》）王雱（pāng）曰："夫道，无方也、无物也，寂然冥运而无形器之累，唯至人体之而无我，无我则无心，无心则不物于物，而放于自得之场，而游乎混茫之庭，其所以为逍遥也。"（《南华真经新传》）

北冥有鱼，其名为鲲①。鲲之大，不知其几千里也。化而为鸟，其名为鹏。鹏之背，不知其几千里也。怒而飞，其翼若垂天之云。是鸟也，海运②则将徙③于南冥。南冥者，天池也。

《齐谐》④者，志怪者也。《谐》之言曰："鹏之徙于南冥也，水击三千里，抟扶摇⑤而上者九万里，去以六月息者也。"野马⑥也，尘埃也，生物之以息相吹也。天之苍苍，其正色邪⑦？其远而无所至极邪？其视下也，亦若是

---

① 冥（míng）：溟，犹如海，广大、溟漠无涯。鲲：鱼子，本为小鱼之名，庄子藉寓言以小为大。

② 海运：龙卷风泛起的海季，六月海潮涌动、巨风骤起，大鹏可以借风从幽冥之地北海飞往启明之方南海。

③ 徙（xǐ）：迁移，流放。

④《齐谐》：齐国记载诙谐怪异故事的书。

⑤ 抟（tuán）扶摇：抟，凭借，围绕；扶摇，旋风。

⑥ 野马：像野马一样的游气、飞扬的尘埃，也有人解释为浮游的水气。

⑦ 正色邪：真正的颜色吗？

则已矣。

且夫水之积也不厚，则其负大舟也无力。覆杯水于坳堂之上，则芥为之舟；置杯焉则胶，水浅而舟大也。风之积也不厚，则其负大翼也无力。故九万里，则风斯在下矣，而后乃今培风①。背负青天而莫之夭阏②者，而后乃今将图南③。

蜩与学鸠④笑之曰："我决起而飞，抢榆枋，时则不至而控于地而已矣，奚以之九万里而南为？"适莽苍者，三飡而反，腹犹果然；适百里者，宿舂粮⑤；适千里者，三月聚粮。之二虫又何知？

小知不及大知，小年不及大年⑥。奚以知其然也？朝菌不知晦朔，蟪蛄不知春秋⑦，此小年也。楚之南有冥灵者，以五百岁为春，五百岁为秋。上古有大椿者，以八千岁为春，八千岁为秋。而彭祖乃今以久特闻，众人匹之，不亦悲乎。

汤之问棘也是已。穷发⑧之北有冥海者，天池也。有鱼焉，其广数千里，未有知其修者，其名为鲲。有鸟焉，其名为鹏，背若太山，翼若垂天之云，抟扶摇羊角⑨而上者九万里，绝云气，负青天，然后图南，且适南冥也。斥鷃⑩笑之曰："彼且奚适也？我腾跃而上，不过数仞而下，翱翔蓬蒿之间，此亦飞之至也。而彼且奚适也！"此小大之辩也。

---

① 培风：凭借着大风。

② 夭阏（è）：夭折，阻止。

③ 图南：图谋南方、朝南方飞去。

④ 蜩（tiáo）与学鸠：蜩，蝉；学鸠，斑鸠。

⑤ 飡（cān）：餐。舂（chōng）：把东西放在石臼或乳钵里捣掉皮壳或捣碎，如舂米、舂药。

⑥ 小知不及大知，小年不及大年：知，智；年，寿命。智慧小的赶不上智慧大的，寿命短的不如寿命长的。

⑦ 朝菌不知晦朔，蟪蛄不知春秋：晦、朔，每月的初日称朔、末日称晦，这里指早晚。早上生晚上就死的菌菇不知道一月的长短，春天生秋天亡的蟪蛄不知道一年的大小。

⑧ 穷发：不长头发，引申为光秃秃的不毛之地。

⑨ 羊角：旋转起来像羊角一样的旋风。

⑩ 斥鷃（yàn）：斥，小池；鷃，小雀。斥鷃，生活在小池泽中的雀鸟。

故夫知效一官，行比一乡，德合一君，而征一国者^①，其自视也亦若此矣。而宋荣子犹然笑之。且举世而誉之而不加劝，举世而非之而不加沮，定乎内外之分，辩乎荣辱之境，斯已矣。彼其于世未数数然也。虽然，犹有未树也。

夫列子御风而行，泠然^②善也，旬有五日而后反。彼于致福者，未数数然也。此虽免乎行，犹有所待者^③也。若夫乘天地之正，而御六气之辩，以游无穷者，彼且恶乎待哉？故曰：至人无己，神人无功，圣人无名。

尧让天下于许由，曰："日月出矣而爝火不息，其于光也，不亦难乎？时雨降矣而犹浸灌，其于泽也，不亦劳乎？夫子立而天下治，而我犹尸之^④，吾自视缺然。请致天下。"

许由曰："子治天下，天下既已治也。而我犹代子，吾将为名乎？名者，实之宾也。吾将为宾乎？鹪鹩巢于深林，不过一枝；偃鼠饮河，不过满腹。归休乎君，予无所用天下为。庖人虽不治庖，尸祝不越樽俎^⑤而代之矣。"

肩吾问于连叔曰："吾闻言于接舆，大而无当，往而不反。吾惊怖其言，犹河汉而无极也。大有迳庭，不近人情焉。"连叔曰："其言谓何哉？"曰："藐姑射之山，有神人居焉，肌肤若冰雪，淖约若处子。不食五谷，吸风饮露，乘云气，御飞龙，而游乎四海之外。其神凝，使物不疵疠而年谷熟。吾以是狂而不信也。"连叔曰："然。瞽者无以与乎文章之观，聋者无以与乎钟鼓之声。岂唯形骸有聋盲哉。夫知亦有之。是其言也，犹时女也。之人也，之德也，将旁礴万物以为一。世蕲乎乱，孰弊弊焉以天下为事^⑥。之人也，物莫之伤，大浸稽天而不溺，大旱金石流、土山焦而不热。是其尘垢秕糠，

①知效，智力可以胜任；行比，行为可以亲近；德合，道德可以迎合；征（zhēng），能力可以取信。

②泠（líng）然：清凉、自然的样子。

③有所待：有所凭借、依靠。

④尸之：尸，庙中神像，形容有其位、无其事，这里为主事、治理。

⑤庖（páo）人：厨子。尸祝：祭祀中的主持。樽俎（zūn zǔ）：古代盛酒、盛肉的器具，这里代指厨子。

⑥世蕲（qí）乎乱，孰弊弊焉以天下为事：蕲，祈求；弊弊，忙碌疲惫的样子。世人祈求（功名利禄）从而使混乱不已，还有谁忙碌疲惫地以天下的治理为己任呢？

将犹陶铸尧舜者也，孰肯以物为事？"

宋人资章甫^①而适诸越，越人断发文身，无所用之。

尧治天下之民，平海内之政，往见四子藐姑射之山、汾水之阳，窅然丧其天下焉^②。

惠子谓庄子曰："魏王贻我大瓠之种，我树之成而实五石。以盛水浆，其坚不能自举也；剖之以为瓢，则瓠落无所容。非不呺然大也，我为其无用而掊之^③。"庄子曰："夫子固拙于用大矣。宋人有善为不龟手之药者，世世以洴澼絖为事^④。客闻之，请买其方百金。聚族而谋曰：我世世为洴澼絖，不过数金。今一朝而鬻^⑤技百金，请与之。客得之，以说吴王。越有难，吴王使之将，冬与越人水战，大败越人，裂地而封之。能不龟手，一也。或以封，或不免于洴澼絖，则所用之异也。今子有五石之瓠，何不虑以为大樽而浮乎江湖，而忧其瓠落无所容？则夫子犹有蓬之心也夫。"

惠子谓庄子曰："吾有大树，人谓之樗^⑥，其大本拥肿而不中绳墨，其小枝卷曲而不中规矩，立之途，匠者不顾。今子之言，大而无用，众所同去也。"庄子曰："子独不见狸狌^⑦乎？卑身而伏，以候敖者；东西跳梁，不辟高下，中于机辟，死于罔罟^⑧。今夫斄牛^⑨，其大若垂天之云；此能为大矣，而不能执鼠。今子有大树，患其无用，何不树之于无何有之乡^⑩，广莫之野，彷徨乎无为其侧，逍遥乎寝卧其下？不夭斤斧，物无害者，无所可用，安所困苦哉！"

---

① 资章甫：资，卖；章甫，古代指帽子。

② 四子：王倪、啮缺、被衣、许由，古代的四位隐士贤人。藐姑射：虚构的仙山、神仙居住的地方。窅（yǎo）然：窅，眼睛眍进去，比喻深远；这里形容惆怅的样子。

③ 瓠（hù）：瓠子，一种瓜果。石（dàn）：是10斗，合100升。呺（xiāo）然：内中空虚的样子。掊（pǒu）：破开，砸破。

④ 龟（jūn）：通"皲"，手足的皮肤冻裂。洴澼絖（píng pì kuàng）：在水上漂洗棉絮。

⑤ 鬻（yù）：卖。

⑥ 樗（chū）：臭椿树。

⑦ 狸狌（lí shēng）：野猫子。

⑧ 罔罟（wǎng gǔ）：用于渔猎的网。

⑨ 斄（lí）牛：牦牛。

⑩ 无何有之乡：虚无的、远离世俗文化的地方，是庄子的理想王国。

齐物论　第二

经典内容：形如槁木，心如死灰。吾丧我。天籁之音。大知闲闲，小知间间。今日适越而昔至。以无有为有。彼亦一是非，此亦一是非。方生方死，方死方生；方可方不可，方不可方可。因是因非，因非因是。是亦一无穷，非亦一无穷。天地一指也，万物一马也。天地与我并生，万物与我为一。物固有所然，物固有所可；无物不然，无物不可。道之所以亏，爱之所以成。道通为一。天下莫大于秋毫之末，而太山为小。毛嫱丽姬，人之所美也，鱼见之深入，鸟见之高飞，麋鹿见之决骤。乘云气，骑日月，而游乎四海之外，死生无变于己。游乎尘垢之外。庄周梦蝶。物化。

篇旨概要：如果"逍遥游"篇表达的是庄子哲学的目的，那么本篇就是方法，是庄子相对主义思想的集中表现。庄子绝对的相对主义思想，超越了老子朴素的辩证法思想，当然，它在演绎出可贵的平等思想的同时，也有滑向怀疑主义、虚无主义的倾向。郭象在《庄子注》本篇的题解中说："夫自是而非彼，美己而恶人，物莫不皆然。然故是非虽异，而彼我均也。"庄子则借北海若之口说："以道观之，物无贵贱；以物观之，自贵而相贱。"（《庄子·秋水》）认为物之不齐是事实，道通为一是境界。庄子贵"齐"（齐者，一也；齐同，同样，平等）主张万物一齐、物我一齐、生死一齐、是非一齐、大小一齐、贵贱一齐、荣辱一齐、美丑一齐、苦乐一齐、觉梦一齐等等。"天地与我并生，万物与我为一。"天地与我并生于"道"，万物与我为一于"气"，这是庄子"齐一"思想的理论基础。那么，庄子为什么贵"齐"呢？因为他所生活的战国时期的社会现实，"圣学不明，道术分裂"，人们"自是而非彼，美己而恶人"，处处"不齐"，滋生了诸多烦恼、困苦、不幸，其中有些是客观存在的，有些是主观"成心"的。庄子认为道本自然、物本自齐，人以"我"之故而有是非彼此之分；"不齐"是社会的动乱之源，其根除的方法是避免主观成见、甚至泯灭主体自我即"丧我"，从而是非两忘、物我一齐、道通为一，进而归于自然、游乎方外。

王雱曰："万物受阴阳而生，我亦受阴阳而生，赋象虽殊而所生同根。惟能知其同根则无我，无我则无物，无物则无累。此庄子所以有《齐物》之篇也。"（《南华真经新传》）

南郭子綦隐机而坐，仰天而嘘，嗒焉似丧其耦①。颜成子游立侍乎前，曰："何居乎？形固可使如槁木，而心固可使如死灰乎？今之隐机者，非昔之隐机者也。"子綦曰："偃，不亦善乎？而问之也。今者吾丧我②，汝知之乎？汝闻人籁而未闻地籁，汝闻地籁而未闻天籁夫③。"子游曰："敢问其方？"子綦曰："夫大块噫气，其名为风。是唯无作，作则万窍怒号。而独不闻之翏翏乎④？山林之畏佳⑤，大木百围之窍穴，似鼻、似口、似耳、似枅⑥、似圈、似臼、似洼者、似污者，激者、謞者、叱者、吸者、叫者、譹者、宎者、咬者，前者唱于而随者唱喁。泠风则小和，飘风则大和，厉风济则众窍为虚。而独不见之调调之刁刁乎？"子游曰："地籁则众窍是已，人籁则比竹是已。敢问天籁？"子綦曰："夫吹万不同，而使其自己也；咸其自取，怒者其谁邪！"

大知闲闲，小知间间，大言炎炎，小言詹詹⑦。其寐也魂交，其觉也形开，与接为构，日以心斗。缦者，窖者，密者。小恐惴惴，大恐缦缦。其发若机括，其司是非之谓也。其留如诅盟，其守胜之谓也。其杀若秋冬，以言其日消也。其溺之所为之，不可使复之也。其厌也如缄，以言其老洫也。近死之心，

---

① 子綦（qí）：姓。隐机：凭几而坐。嘘：吹气。嗒（tà）：懊丧的样子。耦：偶，对方。

② 吾丧我：吾，得道的"我"；我，还没有忘功、忘名、忘己的有见之"我"。吾丧我，我已经脱离了那个偏执的自私的我，达到了无功、无名、无己的境界，已经成了神人、圣人、至人。

③ 人籁：人吹竹排笙箫等而发声、产生的音乐之声。地籁：地窍因风吹而产生的音乐之声。天籁：美妙的自然之音。

④ 大块噫（yī）气：大地的叹息。翏翏（liù）：长风的声音。

⑤ 畏佳（cuī）：古同"巍崔"，高峻。

⑥ 枅（jī）：柱子上的支承大梁的方木，即枓。此指横木上的方孔。

⑦ 大知闲闲，小知间间，大言炎炎，小言詹詹：闲闲，广博的样子；间间，琐碎的样子；炎炎，盛气凌人的样子；詹詹，小辩不休的样子。庄子主张无智、无言、自然。

莫使复阳也。喜怒哀乐，虑叹变慹（zhé），姚佚启态。乐出虚，蒸成菌，日夜相代乎前而莫知其所萌。已乎已乎，旦暮得此，其所由以生乎？

非彼无我，非我无所取。是亦近矣，而不知其所为使。若有真宰，而特不得其眹①。可形已信，而不见其形，有情而无形。百骸、九窍、六藏，赅而存焉，吾谁与为亲？汝皆悦之乎？其有私焉？如是皆有为臣妾乎？其臣妾不足以相治也。其递相为君臣乎？其有真君存焉。如求得其情与不得，无益损乎其真。一受其成形，不亡以待尽，与物相刃相靡，其行尽如驰，而莫之能止，不亦悲乎！终身役役而不见其成功，苶然疲役②而不知其所归，可不哀邪！人谓之不死，奚益？其形化，其心与之然，可不谓大哀乎？人之生也，固若是芒乎？其我独芒，而人亦有不芒者乎？

夫随其成心而师之，谁独且无师乎？奚必知代，而心自取者有之？愚者与有焉。未成乎心而有是非，是今日适越而昔至也，是以无有为有。无有为有，虽有神禹且不能知，吾独且奈何哉？

夫言非吹也，言者有言。其所言者特未定也，果有言邪？其未尝有言邪？其以为异于鷇③音，亦有辨乎，其无辨乎？道恶乎隐而有真伪？言恶乎隐而有是非？道恶乎往而不存？言恶乎存而不可？道隐于小成，言隐于荣华。故有儒墨之是非，以是其所非，而非其所是。欲是其所非而非其所是，则莫若以明。

物无非彼，物无非是。自彼则不见，自知则知之。故曰：彼出于是，是亦因彼。彼是方生之说也。虽然，方生方死，方死方生，方可方不可，方不可方可。因是因非，因非因是。是以圣人不由，而照之于天。彼亦一是非，此亦一是非。果且有彼是乎哉，果且无彼是乎哉？彼是莫得其偶，谓之道枢④。枢始得其环中，以应无穷。是亦一无穷，非亦一无穷。故曰：莫若以明。

---

① 眹（zhèn）：瞳仁；通"朕"，征兆，迹象。

② 苶（nié）然疲役：苶，精神不振；疲役，疲惫无力。

③ 鷇（kòu）：雏鸟孵出时的叫声，原始、天然，有声无辨、不知是非。

④ 道枢（shū）：枢，门的转轴，比喻关键部分。

以指喻指之非指，不若以非指喻指之非指也。以马喻马之非马，不若以非马喻马之非马也。天地一指也，万物一马也^①。可乎可，不可乎不可。道行之而成，物谓之而然。恶乎然？然于然。恶乎不然？不然于不然。物固有所然，物固有所可。无物不然，无物不可。故为是举莛与楹，厉与西施，恢诡谲怪，道通为一^②。其分也，成也。其成也，毁也。凡物无成与毁，复通为一。唯达者知通为一。为是不用，而寓诸庸。庸也者，用也。用也者，通也。通也者，得也。适得而几已。因是已，已而不知其然，谓之道。

劳神明为一，而不知其同也，谓之朝三。何谓朝三？狙公赋芋^③，曰："朝三而暮四。"众狙皆怒。曰："朝四而暮三。"众狙皆悦。名实未亏而喜怒为用，亦因是也。是以圣人和之以是非，而休乎天钧^④。是之谓两行^⑤。

古之人，其知有所至矣。恶乎至？有以为未始有物者^⑥，至矣尽矣，不可以加矣。其次以为有物矣，而未始有封也。其次以为有封也焉，而未始有是非也。是非之彰也，道之所以亏也。道之所以亏，爱之所以成。果且有成与亏乎哉？果且无成与亏乎哉？有成与亏，故昭氏之鼓琴也，无成与亏，故昭氏之不鼓琴也。昭文之鼓琴也，师旷之枝策也，惠子之据梧也。三子之知几乎，皆其盛者也，故载之末年。唯其好之，以异于彼，其好之也，欲以明之彼。非所明而明之，故以坚白之昧终。而其子又以文之纶终，终身无成。若是而可谓成乎，虽我亦成也。若是而不可谓成乎，物与我无成也。是故滑疑之耀^⑦，圣人之所图也。为是不用而寓诸庸，此之谓以明。今且有言于此，不知其与是类乎，其与是不类乎？类与不类，相与为类，

---

① 天地一指也，万物一马也：从道的视角看，天地如同一指，万物如同一马；万物一齐，都是大道的产物。

② 莛（tíng）与楹（yíng），厉与西施，恢诡谲（jué）怪，道通为一：莛，草茎，又同梃，棍棒；楹，房屋前面的柱子；厉，丑，丑女；谲，欺诈。细草与粗柱，丑女与美女，恢宏、诡异、欺诈、奇怪，从道着眼，万物都是一样的。

③ 狙（jū）公赋芋（xù）：狙，古书上说的一种猴子；赋，分；芋，橡子。养猴子的老翁给猴子分橡子。

④ 天钧（jūn）：钧，制陶器所用的转轮。天钧，也作天均，自然的均衡。

⑤ 两行：并行，对立的双方都可以。

⑥ 有以为未始有物者：未始，未尝；有人不认为开始时曾经有物存在。

⑦ 滑疑之耀：滑，滑乱人心，疑，疑惑，耀，炫耀。

则与彼无以异矣。虽然，请尝试言之。有始也者，有未始有始也者，有未始夫未始有始也者①。有有也者，有无也者，有未始有无也者，有未始夫未始有无也者②。俄而有无矣，而未知有无之果孰有孰无也。今我则已有谓矣，而未知吾所谓之果有谓乎，其果无谓乎？

天下莫大于秋毫之末，而太山为小，莫寿于殇子，而彭祖为夭。天地与我并生，而万物与我为一。既已为一矣，且得有言乎？既已谓之一矣，且得无言乎？一与言为二，二与一为三。自此以往，巧历不能得，而况其凡乎？故自无适有以至于三，而况自有适有乎？无适焉，因是已。

夫道未始有封，言未始有常③。为是而有畛也，请言其畛。有左有右，有伦有义，有分有辩，有竞有争，此之谓八德。六合之外，圣人存而不论；六合之内，圣人论而不议；春秋经世先王之志，圣人议而不辩。故分也者，有不分也；辩也者，有不辩也。曰何也？圣人怀之，众人辩之以相示也。故曰：辩也者，有不见也。夫大道不称，大辩不言，大仁不仁，大廉不嗛，大勇不忮④。道昭而不道，言辩而不及，仁常而不成，廉清而不信，勇忮而不成。五者园而几向方矣。故知止其所不知，至矣。孰知不言之辩，不道之道。若有能知，此之谓天府⑤。注焉而不满，酌焉而不竭，而不知其所由来。此之谓葆光⑥。

故昔者尧问于舜曰："我欲伐宗、脍、胥敖，南面而不释然。其故何也？"舜曰："夫三子者，犹存乎蓬艾之间，若不释然，何哉？昔者十日并出，万物皆照，而况德之进乎日者乎？"

---

①有始也者，有未始有始也者，有未始夫未始有始也者：宇宙有个开始，有个未曾开始的"开始"，更有一个未曾开始的"未曾开始"的"开始"。设问宇宙开始之前的再前。这段话论述的是"始终"问题。庄子认为宇宙无始无终。

②有有也者，有无也者，有未始有无也者，有未始夫未始有无也者：宇宙有"有"、有"无"，有未曾有"无"的无，更有未曾有"未曾有无"的无。这段话论述的是"有无"问题。万物生于有，有生于无，无源于道。那道呢？道是无始无终的，恒在的。庄子主张泯灭有无、是非、生死等，而归于一齐。

③道未始有封，言未始有常：大道无所不在、没有彼此的边界，至言无是无非、没有一定的标准。

④大廉不嗛（qiān），大勇不忮（zhì）：大廉不谦逊，大勇不伤害。

⑤天府：天堂，大自然的府堂，心灵的府宅。

⑥葆光：潜藏灵光。息言说以养虚灵之自觉。

啮缺问乎王倪曰："子知物之所同是乎？"曰："吾恶乎知之？""子知子之所不知邪？"曰："吾恶乎知之？""然则物无知邪？"曰："吾恶乎知之？虽然，尝试言之。庸讵①知吾所谓知之非不知邪？庸讵知吾所谓不知之非知邪？且吾尝试问乎汝。民湿寝则腰疾而偏死，鳅然乎哉？木处则惴慄恂惧，猿猴然乎哉？三者孰知正处？民食刍豢，麋鹿食荐，蝍蛆甘带，鸱鸦嗜鼠，四者孰知正味？猿猵狙以为雌，麋与鹿交，鳅与鱼游。毛嫱丽姬，人之所美也；鱼见之深入，鸟见之高飞，麋鹿见之决骤。四者孰知天下之正色哉？自我观之，仁义之端，是非之途，樊然淆乱。吾恶能知其辩？"啮缺曰："子不知利害，则至人固不知利害乎？"王倪曰："至人神矣。大泽焚而不能热，河汉冱②而不能寒，疾雷破山，风振海，而不能惊。若然者，乘云气，骑日月，而游乎四海之外，死生无变于己，而况利害之端乎？"

瞿鹊子问于长梧子曰："吾闻诸夫子，圣人不从事于务，不就利，不违害，不喜求，不缘道，无谓有谓，有谓无谓，而游乎尘垢之外。夫子以为孟浪之言，而我以为妙道之行也。吾子以为奚若？"长梧子曰："是黄帝之所听荧也，而丘也何足以知之。且汝亦大早计，见卵而求时夜，见弹而求鸮炙。予尝为汝妄言之，汝亦以妄听之。奚旁日月，挟宇宙，为其吻合，置其滑涽，以隶相尊？众人役役，圣人愚钝。参万岁而一成纯，万物尽然而以是相蕴。予恶乎知说生之非惑邪？予恶乎知恶死之非弱丧而不知归者邪？丽之姬，艾封人之子也。晋国之始得之，涕泣沾襟，及其至于王所，与王同筐床，食刍豢，而后悔其泣也。予恶乎知夫死者不悔其始之蕲③生乎？梦饮酒者，旦而哭泣；梦哭泣者，旦而田猎。方其梦也，不知其梦也。梦之中又占其梦焉，觉而后知其梦也，且有大觉而后知此其大梦也。而愚者自以为觉，窃窃然知之。君乎，牧乎？固哉！丘也与汝，皆梦也；予谓汝梦，亦梦也。是其言也，其名为吊诡。万世之后，而一遇大圣，知其解者，是旦暮遇之也。"

既使我与若辩矣，若胜我，我不若胜，若果是也，我果非也邪？我胜

---

① 庸讵（jù）：怎么，如何。

② 冱（hù）：闭塞，冻结。

③ 蕲（qí）：祈求，希望。

若，若不吾胜？我果是也？而果非也邪？其或是也？其或非也邪？其俱是也，其俱非也邪？我与若不能相知也。则人固受其黯暗，吾谁使正之？使同乎若者正之，既与若同矣，恶能正之？使同乎我者正之，既同乎我矣，恶能正之？使异乎我与若者正之，既异乎我与若矣，恶能正之？使同乎我与若者正之，既同乎我与若矣，恶能正之？然则我与若与人，俱不能相知也，而待彼也邪。"何谓和之以天倪？"曰："是不是，然不然。是若果是也，则是之异乎不是也亦无辩，然若果然也，则然之异乎不然也亦无辩。化声之相待，若其不相待。和之以天倪①，因之以曼衍，所以穷年也。忘年忘义，振于无竟，故寓诸无竟。"

罔两问景②曰："曩③子行，今子止；曩子坐，今子起。何其无特操与？"景曰："吾有待而然者邪？吾所待又有待而然者邪？吾待蛇蚹蜩翼邪？恶识所以然？恶识所以不然？"

昔者庄周梦为蝴蝶，栩栩然蝴蝶也，自喻适志与，不知周也。俄然觉，则蘧蘧然④周也。不知周之梦为蝴蝶与？蝴蝶之梦为周与？周与蝴蝶，则必有分矣。此之谓物化⑤。

养生主　第三

经典内容：吾生也有涯，而知也无涯。为善无近名，为恶无近刑，缘督以为经，可以保身，可以全生（性），可以养亲，可以尽年。庖丁解牛。桑林之舞。技进乎道。以神遇而不以目视。依乎天理。以无厚入有间。游刃有余。安时而处顺，哀乐不能入也。

篇旨概要：养生主，即养生的主旨，养生之道。郭象在《庄子注》本

---

① 天倪：自然的分际。

② 罔两问景：罔两，影子边的微阴；景，影。

③ 曩（nǎng）：以往，从前，刚才。

④ 蘧蘧（jù）然：惊恐、慌张的样子。

⑤ 物化：万物的转化。也可作"化物"，人变成了物。

篇的题解中说："夫生以养存，则养生者，理之极也。若乃养过其极，以养伤生，非养生之主也。"民国时期的《庄子》研究者则多认为非"养生之主"，而是养"生之主"，善养生之天君、真宰，即养天、养神、养性、养知。

本篇，庄子阐述了自己的人生哲学：全身乐生；其方法是"为善无近名，为恶无近刑，缘督以为经。"遵循大道，因其固然，缘虚而行，安时处顺。

王雱曰："夫齐物者必无我，无我者必无生，无生所以为养生之主，而生之所以存。此庄子作《养生主》篇而次之于《齐物》也。"（《南华真经新传》）王先谦曰："顺事而不滞于物，冥情而不撄其天，此庄子养生之宗主也。"（《庄子集解》）释德清曰："此篇教人养性全生，以性乃生之主也。"（《庄子内篇注》）

吾生也有涯，而知也无涯，以有涯随无涯，殆已！已而为知者，殆而已矣！为善无近名，为恶无近刑，缘督以为经，可以保身，可以全生，可以养亲，可以尽年[①]。

庖丁为文惠君解牛，手之所触，肩之所倚，足之所履，膝之所踦，砉然[②]响然，奏刀騞然，莫不中音；合于桑林之舞，乃中经首之会[③]。文惠君曰："嘻，善哉！技盖至乎此乎？"庖丁释刀对曰："臣之所好者，道也，进乎[④]技矣。始臣之解牛之时，所见无非牛者。三年之后，未尝见全牛也。方今之时，臣以神遇，而不以目视。官知止而神欲行，依乎天理，批大郤，导大窾，因其固然。技经肯綮之未尝，而况大軱乎[⑤]？良庖岁更刀，割也；族庖月更刀，折也。今臣之刀，十九年矣，所解数千牛矣，而刀刃若新发

---

①缘督以为经：督，督脉，顺自然之虚道以为法。养亲：涵养精神，或赡养父母。尽年：享尽天年。

②砉（huā）然：迅速动作的声音；又读 xū，形容皮肉相离的声音。

③桑林之舞：桑林，商汤的乐名，比喻动作优美。经首之会：经首，古代咸池乐名，动作合乎舞蹈节拍。

④进乎：超过了。

⑤技经肯綮（qìng）：技，枝；经，经脉；肯綮，关节联络处。軱（gū）：大骨头。

于硎①。彼节者有间，而刀刃者无厚，以无厚入有间，恢恢乎其于游刃必有余地矣。是以十九年而刀刃若新发于硎。虽然，每至于族，吾见其难为，怵然为戒，视为止，行为迟，动刀甚微，謋然已解，如土委地，提刀而立，为之四顾，为之踌躇满志，善刀而藏之。"文惠君曰："善哉！吾闻庖丁之言，得养生焉。"

公文轩见右师而惊曰："是何人也？恶乎介②也？天与？其人与？"曰："天也，非人也。天之生是使独也，人之貌有与焉。以是知其天也，非人也。

泽雉③十步一啄，百步一饮，不蕲畜乎樊中。神虽王，不善也。

老聃死，秦失吊之，三号而出，弟子曰："非夫子之友邪？"曰："然。""然则吊焉若此，可乎？"曰："然。始也吾以为其人也，而今非也。向吾入而吊焉，有老者哭之，如哭其子；少者哭之，如哭其母。彼其所以会之，必有不蕲言而言，不蕲哭而哭者，是遁天倍情④，忘其所受，古者谓之遁天之刑。适来，夫子时也；适去，夫子顺也。安时而处顺，哀乐不能入也。古者谓是帝之悬解⑤。

指⑥穷于为薪，火传也，不知其尽也。

人间世　第四

经典内容：道不欲杂。德荡乎名，知出乎争。灾人者，人必反灾之。内直而外曲。内直者，与天为徒；外曲者，与人为徒。虚而待物。唯道集虚。虚者，心斋也。知其不可奈何而安之若命，德之至也。乘物以游心，托不得已以养中。形莫若就，心莫若和。意有所至，爱有所亡。来世不可待，往世不可追。临人以德。画地而趋。山木自寇也，膏火自煎也。无用之用。

---

① 硎（xíng）：磨刀石。

② 介：独足。

③ 雉（zhì）：野鸡。

④ 遁天倍情：遁，逃避；倍，背；形容逃避自然、背离人情。

⑤ 帝之悬解：帝，天；悬，倒悬；天然的解脱。人为生死所困，犹如倒悬，如果能忘怀生死，则解除束缚。

⑥ 指：脂，脂膏，可以燃烧照明。

篇旨概要：人间世，即人世间，论述的是关于为人处世的处世之道。本篇的宗旨是：如果不能真正地避世，那就积极地妥协，虚己、无用、顺物、自然，通过游心而游世。庄子所生活的人间社会，诚如他自己所言："方今之时，仅免刑焉。福轻乎羽，莫之知载；祸重乎地，莫之知避。"世无可逃，无处藏身，到处充满着祸患和杀机。那么，如何做到如王夫之所言"涉乱世以自全而全人"？（《庄子解》）庄子认为应当："安之若命"——虚己，随人，顺物，游世。总之：寡欲认命，远害避祸，明哲保身。

郭象在《庄子注》本篇的题解中说："与人群者，不得离人。然人间之变故，世世异宜，唯无心而不自用者，为能随变所适而不荷其累也。"朱得之说："此篇意在内不失己，外不失人，是为立生之道。"（《庄子通义》）杨沂孙说：人间世不外乎处人与处己，"处己之道，在不见有人，不见有人则无处而不自得；处人之道，在不见有己，不见有己则无时而不自安。"（《庄子正读内篇》）

颜回见仲尼，请行。曰："奚之？"

曰："将之卫。"

曰："奚为焉？"

曰："回闻卫君，其年壮，其行独，轻用其国，而不见其过；轻用民死，死者以国量乎泽若蕉①，民其无如矣。回尝闻之夫子曰：治国去之，乱国就之，医门多疾。愿以所闻思其则，庶几其国有瘳乎②！"

仲尼曰："嘻，若殆往而刑耳。夫道不欲杂，杂则多，多则扰，扰则忧，忧而不救。古之至人，先存诸己，而后存诸人。所存于己者未定，何暇至于暴人之所行！且若亦知夫德之所荡，而知之所为出乎哉？德荡乎名，知出乎争。名也者，相轧也；知也者，争之器也。二者凶器，非所以尽行也。且德厚信矼③，未达人气；名闻不争，未达人心。而强以仁义绳墨之言，术

----

① 量乎泽若蕉：量，填满；蕉，草芥。好像草芥填满了沟渠。

② 瘳（chōu）：病愈。

③ 矼（kòng）：诚实。又读 gāng，坚实。

暴人之前者，是以人恶有其美也，命之曰灾人①。灾人者，人必反灾之。若殆为人灾夫。且苟为悦贤而恶不肖，恶用而求有以异？若唯无诏，王公必将乘人而斗其捷，而目将荧之，而色将平之，口将营之，容将形之，心且成之，是以火救火，以水救水，名之曰益多。顺始无穷，若殆以不信厚言，必死于暴人之前矣。且昔者桀杀关逢龙，纣杀王子比干，是皆修其身，以下伛拊人之民，以下拂其上者也。故其君因其修以挤之，是好名者也。昔者尧攻丛枝胥敖，禹攻有扈，国为虚厉，身为刑戮，其用兵不止，其求实无已，是皆求名实者也。而独不闻之乎，名实者，圣人之所不能胜也，而况若乎？虽然，若必有以也，尝以语我来。”

颜回曰：“端而虚，勉而一，则可乎？”

曰：“恶。恶可！夫以阳为充，孔阳，采色不定，常人之所不违，因案人之所感，以求容与其心，名之曰日渐之德不成，而况大德乎？将执而不化，外合而内不訾②。其庸讵可乎！”

“然则我内直而外曲，成而上比。内直者，与天为徒。与天为徒者，知天子之与己，皆天之所子，而独以己言蕲乎而人善之，蕲乎而人不善之邪。若然者，人谓之童子。是之谓与天为徒。外曲者，与人之为徒也。擎跽曲拳③，人臣之礼也，人皆为之，吾敢不为邪？为人之所为者，人亦无疵焉。是之谓与人为徒。成而上比者，与古为徒。其言虽教，谪之实也，古之有也，非吾有也。若然者，虽直而不病。是之谓与古为徒。若是则可乎？”

仲尼曰：“恶，恶可！大多政法而不谍④。虽固亦无罪。虽然，止是耳矣，夫胡可以及化，犹师心者也。”

颜回曰：“吾无以进矣，敢问其方？”

仲尼曰：“斋，吾将语若。有而为之，其易邪。易之者，皞天不宜。”

颜回曰：“回之家贫，唯不饮酒，不茹荤者数月矣。如此，则可以为斋乎？”

---

① 灾人：生灾之人，惹祸的人。

② 外合而内不訾（zī）：訾，希求，称意。表面附和，内心不乐意、不采纳。

③ 擎跽（qíng jì）曲拳：擎，执笏；跽，跪拜；曲拳，抱拳鞠躬。

④ 大多政法而不谍：大，太；政，正；谍，当。法则太多，犹不稳当。

曰："是祭祀之斋，非心斋^①也。"

回曰："敢问心斋？"

仲尼曰："一若志，无听之以耳，而听之以心，无听之以心，而听之以气。听止于耳，心止于符。气也者，虚而待物者也。唯道集虚。虚者，心斋也。"

颜回曰："回之未始得使，实自回也。得使之也，未始有回也。可谓虚乎？"

夫子曰："尽矣。吾语若。若能入游其樊，而无感其名，入则鸣，不入则止。无门无毒^②，一宅而寓于不得已，则几矣。绝迹易，无行地难。为人使易以伪，为天使难以伪。闻以有翼飞者矣，未闻以无翼飞者也。闻以有知知矣，未闻以无知知者也。瞻彼阕者，虚室生白，吉祥止止，夫且不止，是之谓坐驰。夫徇耳目内通，而外于心知，鬼神将来舍，而况人乎！是万物之化也，尧舜之所纽也，伏羲几蘧之所行终，而况散焉者乎！"

叶公子高将使于齐，问于仲尼曰："王使诸梁也甚重。齐之待使者，盖将甚敬而不急。匹夫犹未可动，而况诸侯乎。吾甚栗之。子常语诸梁也，曰：凡事若小若大，寡不道以欢成。事若不成，则必有人道之患。事若成，则必有阴阳之患。若成若不成，而后无患者，唯有德者能之。吾食也，执粗而不臧，爨无欲清之人。今吾朝受命而夕饮冰，我其内热与。吾未至乎事之情，而既有阴阳之患矣。事若不成，必有人道之患。是两也，为人臣者不足以任之，子其有以语我来？"仲尼曰："天下有大戒二，其一命也，其一义也。子之爱亲，命也，不可解于心。臣之事君，义也，无适而非君也，无所逃于天地之间，是之谓大戒。是以夫事其亲者，不择地而安之，孝之至也。夫事其君者，不择事而安之，忠之盛也。自事其心者，哀乐不易施乎前。知其不可奈何而安之若命，德之至也。为人臣子者，固有所不得已。行事之情而忘其身，何暇至于悦生而恶死？夫子其行可矣。丘请复以所闻。凡交，近则必相靡以信，远则必忠之以言。言必或传之，夫传两喜两怒之言，天下之难者也。夫两喜必多溢美之言，两怒必多溢恶之言。凡溢之类

---

①心斋：内心斋戒，"虚的心"，无物无念的心，修心的一种方法、或空明的心境。心斋、坐忘、丧我等等，都是庄子提倡的养生的方法。

②无门无毒：毒，郭象注释为"治"，林希逸注释为"药"；当为垒。不立门户，不设壁垒。

妄，妄则其信之也莫，莫则传言者殃。故法言曰：传其常情，无传其溢言，则几乎全。且以巧斗力者，始乎阳，常卒乎阴，大至则多奇巧。以礼饮酒者，始乎治，常卒乎乱，大至则多奇乐。凡事亦然，始乎谅，常卒乎鄙。其作始也简，其将毕也必巨。夫言者风波也，行者实丧也。风波易以动，实丧易以危。故忿设无由，巧言偏辞。兽死不择音，气息沸然，于是并生心厉。剋核大至，则必有不肖之心应之，而不知其然也。苟为不知其然也，孰知其所终？故法言曰：无迁令，无劝成，过度益也。迁令劝成殆事，美成在久，恶成不及改，可不慎与！且夫乘物以游心，托不得已以养中，至矣。何作为报也？莫若为致命，此其难者。"

颜阖将傅卫灵公太子，而问于遽伯玉曰："有人于此，其德天杀①，与之为无方，则危吾国，与之为有方，则危吾身。其知适足以知人之过，而不知其所以过。若然者，吾奈之何？"遽伯玉曰："善哉问乎！戒之慎之，正汝身也哉。形莫若就，心莫若和。虽然，之二者有患，就不欲入，和不欲出。形就而入，且为颠为灭，为崩为蹶。心和而出，且为声为名，为妖为孽。彼且为婴儿，亦与之为婴儿；彼且为无町畦②，亦与之为无町畦；彼且为无崖，亦与之为无崖。达之入于无疵。汝不知夫螳螂乎，怒其臂以当车辙，不知其不胜任也，是其才之美者也。戒之慎之。积伐而美者以犯之，几矣。汝不知夫养虎者乎，不敢以生物与之，为其杀之之怒也；不敢以全物与之，为其决之之怒也。时其饥饱，达其怒心。虎之与人异类，而媚养己者，顺也；故其杀者，逆也。夫爱马者，以筐盛矢，以蜄盛溺，适有蚉虻仆缘，而拊之不时，则缺衔、毁首、碎胸。意有所至，而爱有所亡。可不慎邪！"

匠石之齐，至乎曲辕，见栎社树③，其大蔽数千牛，絜之百围，其高临山十仞而后有枝，其可以为舟者旁十数。观者如市，匠伯不顾，遂行不辍。弟子厌观之，走及匠石曰："自吾执斧斤以随夫子，未尝见材如此其美也。先生不肯视，行不辍，何邪？"曰："已矣，勿言之矣。散木也，以为舟则沉，

---

① 其德天杀：他的性情刻薄。
② 町畦（tǐng qí）：田界，界限。
③ 栎（lì）社树：古代封土为社，所植树木，称社树。这里指生长在野外的大栎树。

以为棺椁则速腐，以为器则速毁，以为门户则液樠①，以为柱则蠹。是不材之木也，无所可用，故能若是之寿。"匠石归，栎社树见梦曰："汝将恶乎比予哉？若将比予于文木邪？夫柤梨橘柚果蓏之属，实熟则剥，剥则辱，大枝折，小枝泄。此以其能苦其生者也，故不终其天年而中道夭，自掊②击于世俗者也。物莫不若是。且予求无所可用久矣，几死，乃今得之，为予大用。使予也而有用，且得有此大也邪？且也若与予也皆物也，奈何哉其相物也！而几死之散人，又恶知散木？"匠石觉而诊其梦，弟子曰："趣取无用，则为社何邪？"曰："密！若无言，彼亦直寄焉，以为不知己者诟厉也。不为社者，且几有翦乎！且也，彼其所保与众异，以义誉之，不亦远乎？"

南伯子綦游乎商之丘，见大木焉，有异，结驷千乘，隐将芘③其所藾。子綦曰："此何木也哉，此必有异材夫。"仰而视其细枝，则拳曲而不可以为栋梁；俯而见其大根，则轴解而不肯可为棺椁④。咶其叶，则口烂而为伤，嗅之，则使人狂酲⑤三日而不已。子綦曰："此果不材之木也，以至于此其大也。嗟夫，神人以此不材。"

宋有荆氏者，宜楸、柏、桑；其拱把而上者，求狙猴之杙⑥者斩之；三围四围，求高名之丽者斩之；七围八围，贵人富商之家求樿傍⑦者斩之。故未终其天年，而中道已夭于斧斤。此材之患也。故解之以牛之白颡者，与豚之亢鼻者，与人之有痔病者，不可以适河。此皆巫祝以知之矣，所以为不祥也，此乃神人之所以为大祥也。

支离疏者，颐隐于脐，肩高于顶，会撮指天，五管在上，两髀为胁，挫针治繲，足以糊口⑧。鼓筴播精，足以食十人。上征武士，则支离攘臂而

----

① 液樠（mán）：脂液外渗。

② 掊：击打。

③ 芘（bì）：庇护。

④ 棺椁：古代贵族的棺材是双层的，内为棺，外为椁。

⑤ 酲（chéng）：神志不清。

⑥ 杙（yì）：小木桩，拴狙猴。

⑦ 樿（shàn）傍：独板棺木。

⑧ 支离疏：庄子虚构的人物。支离，形体支离破碎；疏，智力不全。比喻其忘形去智。颐：面颊。会撮：发髻。五管：五脏。挫针治繲（jiè）：挫针，持针缝衣；治繲，洗衣。

游于其间。上有大役，则支离以有常疾不受功。上与病者粟，则受三钟与十束薪。夫支离其形者，犹足以养其身，终其天年，由况支离其德者乎！

孔子适楚，楚狂接舆游其门曰："凤兮凤兮，何如德之衰也！来世不可待，往世不可追也。天下有道，圣人成焉；天下无道，圣人生焉。方今之时，仅免刑焉。福轻乎羽，莫之知载；祸重乎地，莫之知避。已乎已乎，临人以德；殆乎殆乎，画地而趋。迷阳迷阳，无伤吾行；吾行却曲，无伤吾足。"

山木自寇也，膏火自煎也。桂可食，故伐之；漆可用，故割之。人皆知有用之用，而莫知无用之用也。

德充符　第五

经典内容：自其异者视之，肝胆楚越也；自其同者视之，万物皆一也。游心于德之和。知（其）不可奈何而安之若命，惟有德者能之。天刑之，安可解？与为人妻，宁为夫子妾者。形全德全。与物为春。德有所长而形有所忘；人不忘其所忘，而忘其所不忘，此谓诚忘。有人之形，无人之情。有人之形，故群于人；无人之情，故是非不得于身。不以好恶内伤其身，常因自然而不益生。

篇旨概要：何谓"德充符"？郭象在《庄子注》本篇的题解中说："德充于内，物应于外，外内玄合，信若符命，而遗其形骸也。"林希逸曰："符，应也。有诸己则可以应诸外。充，足也。德足于己，则随所应而应也。"（《南华真经口义》）孙嘉淦曰："此总承前两篇也。《养生主》去其内忧，《人间世》远其外患，皆为吾德未成，故须内外交养。及功夫既到，心有所得，则德充于内，不养生而死生不变，且德符于外，不远害而利害不撄，人之尽而合于天矣。"（《南华通》）曹础基先生在《庄子浅注》中解释为"道德完美的标志"。

庄子主张贱形贵德，以德为美；通过几则寓言故事说明，一个形残而德全的人，比一个形全而德亏的人要美；鼓励人们在生活中要"德有所长，而形有所忘"，"形"与"情"是德之累，因此要忘形、忘情而充德。它启示我们要树立贵在德行的审美观。

　　鲁有兀者王骀[①]，从之游者，与仲尼相若。常季问于仲尼曰："王骀，兀者也，从之游者，与夫子中分鲁。立不教，坐不议，虚而往，实而归。固有不言之教，无形而心成者邪？是何人也？"仲尼曰："夫子，圣人也。丘也，直后而未往耳。丘将以为师，而况不如丘者乎？奚假鲁国，丘将引天下而与从之。"常季曰："彼兀者也，而王先生，其与庸亦远矣。若然者，其用心也独若之何？"仲尼曰："死生亦大矣，而不得与之变。虽天地覆坠，亦将不与之遗。审乎无假而不与物迁，命物之化而守其宗也。"常季曰："何谓也？"仲尼曰："自其异者视之，肝胆楚越也；自其同者视之，万物皆一也。夫若然者，且不知耳目之所宜，而游心于德之和。物视其所一，而不见其所丧。视丧其足犹遗土也。"常季曰："彼为己，以其知得其心，以其心得其常心。物何为最之哉？"仲尼曰："人莫鉴于流水，而鉴于止水。唯止能止众止。受命于地，唯松柏独也，在冬夏青青。受命于天，唯舜独也正，幸能正生，以正众生。夫保始之征，不惧之实；勇士一人，雄入于九军。将求名而能自要者，而犹若是，而况官天地、府万物，直寓六骸，象耳目，一知之所知，而心未尝死者乎！彼且择日而登假[②]，人则从是也。彼且何肯以物为事乎！"

　　申徒嘉，兀者也，而与郑子产同师于伯昏无人。子产谓申徒嘉曰："我先出则子止，子先出则我止。"其明日，又与合堂同席而坐。子产谓申徒嘉曰："我先出则子止，子先出则我止。今我将出，子可以止乎？其未邪？且子见执政而不违，子齐执政乎？"申徒嘉曰："先生之门，固有执政焉如此哉？子而说子之执政而后人者也？闻之曰：鉴明则尘垢不止，止则不明也。久与贤人处则无过。今子之所取大者，先生也。而犹出言若是，不亦过乎？"子产曰："子既若是矣，犹与尧争善，计子之德，不足以自反邪？"申徒嘉曰：

①　兀（wù）者王骀（tái）：兀，断足。王骀，庄子虚构的人物。
②　登假：假，通"遐"，远。到达高远之处，形容进入超凡绝俗的精神境界。

"自状其过，以不当亡者众；不状其过，以不当存者寡。知不可奈何而安之若命，惟有德者能之。游于羿之彀中，中央者，中地也；然而不中者，命也。人以其全足笑吾不全足者多矣，我怫然而怒，而适先生之所，则废然而反。不知先生之洗我以善邪。吾与夫子游十九年矣，而未尝知吾兀者也。今子与我游于形骸之内，而子索我与形骸之外，不亦过乎？"子产蹴然改容更貌曰："子无乃称^①。"

鲁有兀者叔山无趾，踵见仲尼，仲尼曰："子不谨前，既犯患若是矣，虽今来何及矣！"无趾曰："吾唯不知务而轻用吾身，吾是以亡足。今吾来也，犹有尊足者存，吾是以务全之也。夫天无不覆，地无不载；吾以夫子为天地，安知夫子之犹若是也？"孔子曰："丘则陋矣。夫子胡不入乎，请讲以所闻。"无趾出。孔子曰："弟子勉之，夫无趾，兀者也，犹务学以复补前行之恶，而况全德之人乎？"无趾语老聃曰："孔丘之于至人，其未邪？彼何宾宾以学子为？彼且蕲以諔诡幻怪之名闻，不知至人之以是为己桎梏邪！"老聃曰："胡不直使彼以死生为一条，以可不可为一贯者，解其桎梏，其可乎？"无趾曰："天刑之，安可解？"

鲁哀公问于仲尼曰："卫有恶人焉，曰哀骀它。丈夫与之处者，思而不能去也；妇人见之，请于父母曰：与为人妻，宁为夫子妾者。十数而未止也。未尝有闻其唱者也，常和而已矣。无君之位以济乎人之死，无聚禄以望人之腹，又以恶骇天下。和而不唱，知不出乎四域，且而雌雄合乎前，是必有异乎人者也。寡人召而观之，果以恶骇天下。与寡人处，不至以月数，而寡人有意乎其为人也。不至乎期年，而寡人信之。国无宰，寡人传国焉，闷然而后应，泛而若辞。寡人丑乎，卒授之国。无几何也，去寡人而行。寡人恤焉若有亡也，若无与乐是国也。是何人者也？"仲尼曰："丘也尝使于楚矣，适见豚子食于其死母者，少焉眴若^②，皆弃之而走。不见己焉尔，不得类焉尔。所爱其母者，非爱其形也，爱使其形者也。战而死者，

---

① 子无乃称：乃，如此；称，称谓。你不要这样说了。

② 眴（shùn）若：眴然，受惊的样子。

其人之葬也，不以翣①资；刖者②之履，无为爱之，皆无其本矣。为天子之诸御，不爪翦，不穿耳；娶妻者，止于外，不得复使。形全犹足以为尔，而况全德之人乎？今哀骀它未言而信，无功而亲，使人授己国，唯恐其不受也。是必才全而德不形者也。"哀公曰："何谓才全？"仲尼曰："死生、存亡、穷达、贫富、贤与不肖、毁誉、饥渴、寒暑，是事之变，命之行也。日夜相代乎前，而知不能规乎其始者也，故不足以滑和，不可入于灵府。使之和、豫、通而不失于兑，使日夜无却而与物为春，是接而生时于心者也，是之谓全才。""何谓德不形？"曰："平者，水停之盛也。其可以为法也，内保之而外不荡也。德者，成和之修也。德不形者，物不能离也。"哀公异日以告闵子曰："始也吾以南面而君天下，执民之纪而忧其死，吾自以为至通矣。今吾闻至人之言，恐吾无其实，轻用吾身而亡其国。吾与孔丘，非君臣也，德友而已矣。"

闉跂支离无脤③，说卫灵公，灵公说之；而视全人，其脰肩肩④。瓮盎大瘿说齐桓公，桓公说之；而视全人，其脰肩肩。

故德有所长而形有所忘，人不忘其所忘，而忘其所不忘，此谓诚忘。故圣人有所游，而知为孽，约为胶，德为接，工为商。圣人不谋，恶用知！不斲，恶用胶！无丧，恶用德！不货，恶用商！四者天鬻⑤也。天鬻者，天食也。既受食于天，又恶用人？有人之形，无人之情。有人之形，故群于人；无人之情，故是非不得于身。眇乎小哉，所以属于人也。謷乎大哉，独成其天。

惠子谓庄子曰："人故无情乎？"庄子曰："然。"惠子曰："人而无情，何以谓之人？"庄子曰："道与之貌，天与之形，恶得不谓之人？"惠子曰："既谓之人，恶得无情？"庄子曰："是非吾所谓情也。吾所谓

---

① 翣（shà）：垂挂在棺材两边的装饰品。

② 刖（yuè）者：被砍掉足的人。

③ 闉（yīn）跂支离无脤（shèn）：闉，瓮城（古代城门外层的曲城）的门；脤，古代王侯祭社稷所用的肉。瓮城门外一位跛脚、驼背、缺唇的人，庄子虚构的人物。

④ 其脰（dòu）肩肩：脰，颈，脖子；肩肩，细长的样子。

⑤ 天鬻（yù）：自然的养育。

无情者，言人之不以好恶内伤其身，常因自然而不益生也。"惠子曰："不益生何以有其身？"庄子曰："道与之貌，天与之形，无以好恶内伤其身。今子外乎子之神，劳乎子之精，倚树而吟，据槁梧而瞑。天选子之形，子以坚白鸣。"

大宗师　第六

经典内容：有真人而后有真知。其嗜欲深者，其天机浅。不以心捐道，不以人助天。利害不通，非君子也。天与人不相胜也。死生，命也。相濡以沫，不如相忘于江湖。善吾生者，乃所以善吾死也。藏天下于天下。夫道，有情有信，无为无形，自本自根，自古固存，神鬼神帝，生天生地。杀生者不死，生生者不生。外天下。撄宁。以神为马。安时而处顺，哀乐不能入也。悬解。天地为炉，造化为冶。游乎方外。彷徨乎尘垢之外，逍遥乎无为之业。鱼相造乎水，人相造乎道。鱼相忘乎江湖，人相忘乎道术。天之小人，人之君子；人之君子，天之小人。堕肢体，黜聪明，离形去知，同于大通，此谓坐忘。

篇旨概要：郭象在《庄子注》本篇的题解中说："虽天地之大，万物之富，其所宗而师者无心也。"认为修道、得道、体道的根本，在于"无心"。大道无心而自然。庄子认为，我们人类都应当像古代的真人那样，以天道为宗为师，通过"坐忘"，忘物忘我、生死一如，从而达到天人合一；那样，就可以安时而处顺，身居方内而游乎方外，"彷徨乎尘垢之外，逍遥乎无为之业。"

高塘曰："所主为宗，可法为师。"（《庄子集评》）林希逸曰："大宗师者，道也。犹言圣法天，天法道，道法自然。"（《南华真经口义》）王雱曰："夫德之充者，入于道。道者，天下莫不由之也。虽天地之至大，万物之至多，皆同归而一致矣。此庄子作《大宗师》之篇而所以次之于《德充符》也。"（《南华真经新传》）

知天之所为，知人之所为者，至矣。知天之所为者，天而生也。知人之所为者，以其知之所知，以养其知之所不知，终其天年而不中道夭者，是知之盛也。虽然，有患。夫知有所待而后当，其所待者特未定也。庸讵知吾所谓天之非人乎？所谓人之非天乎？且有真人而后有真知。

何谓真人？古之真人，不逆寡，不雄成，不谋士①。若然者，过而弗悔，当而不自得也。若然者，登高不栗，入水不濡，入火不热。是知之能登假于道②也若此。古之真人，其寝不梦，其觉无忧，其食不甘，其息深深。真人之息以踵，众人之息以喉。屈服者，其嗌言若哇③。其嗜欲深者，其天机浅。

古之真人，不知说生，不知恶死④。其出不欣，其入不距⑤。倏然而往，倏然而来而已矣。不忘其所始，不求其所终，受而喜之，忘而复之。是之谓不以心捐道，不以人助天⑥。是之谓真人。若然者，其心志，其容寂，其颡頯⑦。凄然似秋，暖然似春。喜怒通四时，与物有宜，而莫知其极。故圣人之用兵也，亡国而不失人心；利泽施于万物，不为爱人。故乐通物，非圣人也；有亲，非仁也；天时，非贤也；利害不通，非君子也；行名失己，非士也；亡身不真，非役人也。若狐不偕、务光、伯夷、叔齐、纪他、申徒狄，是役人之役，适人之适，而不自适其适者也⑧。

古之真人，其状义而不朋，若不足而不承，与乎其觚而不坚也，张乎其虚而不华也，邴邴乎其似喜乎！崔乎其不得已乎！滀乎进我色也，与乎止我德也，厉乎其似世乎！謷乎其未可制也，连乎其似好闭也，悗乎忘其

① 真人：全真之人，与神人、至人、圣人一样，是道家的理想人格。不逆寡，不雄成，不谋士：不抗拒寡少，不夸耀成功，不谋求世事。

② 登假于道：假，退；登高致达到大道。

③ 嗌（ài）言若哇：嗌，咽喉窒塞，噎着；哇，吐。（因为理屈词穷）他的话在喉咙里吞吞吐吐，好像要吐出来。

④ 不知说生，不知恶死：说，悦；恶，厌恶。真人生死一齐，物我两忘。

⑤ 欣，欣喜；距，拒绝。出生不欣喜，入死不拒绝。

⑥ 不以心捐道，不以人助天：不以嗜欲之心去捐助自然天道，不以人为之力去干涉天命。

⑦ 颡頯（sǎng kuí）：额头宽阔、貌美。

⑧ 役人之役，适人之适：让别人役使，使别人快乐。不自适其适：不使自己快乐。

言也①。以刑为体，以礼为翼，以知为时，以德为循。以刑为体者，绰乎其杀也；以礼为翼者，所以行于世也；以知为时者，不得已于事也；以德为循者，言其与有足者至于丘也，而人真以为勤行者也。故其好之也一，其弗好之也一。其一也一，其不一也一。其一，与天为徒；其不一，与人为徒。天与人不相胜也②。是之谓真人。

死生，命也；其有夜旦之常，天也；人之有所不得与，皆物之情也。彼特以天为父，而身犹爱之，而况其卓乎！人特以有君为愈乎已，而身犹死之，而况其真乎！泉涸③，鱼相与处于陆，相呴以湿，相濡以沫，不如相忘于江湖。与其誉尧而非桀，不如两忘而化其道。

夫大块载我以形，劳我以生，佚④我以老，息我以死。故善吾生者，乃所以善吾死也。

夫藏舟于壑，藏山于泽，谓之固矣。然而夜半有力者负之而走，昧者不知也。藏大小有宜，犹有所遁，若夫藏天下于天下，而不得所遁，是恒物之大情也。特犯人之形⑤，而犹喜之，若人之形者，万化而未始有极也，其为乐可胜计邪？故圣人将游于物之所不得遁而皆存。善夭善老，善始善终，人犹效之，又况万物之所系，而一化之所待乎？

夫道，有情有信，无为无形，可传而不可受，可得而不可见，自本自根；未有天地，自古以固存；神鬼神帝，生天生地；在太极之先而不为高，在六极之下而不为深，先天地生而不为久，长于上古而不为老。豨韦氏得之，以挈天地。伏羲氏得之，以袭气母⑥。维斗得之，终古不忒。日月得之，终古不息。堪坏得之，以袭昆仑。冯夷得之，以游大川。肩吾得之，以处大山。黄帝得之，以登云天。颛顼得之，以处玄宫。禺强得之，立乎北极。西王母得之，坐乎少广，莫知其始，莫知其终。彭祖得之，上及有虞，下及五伯。

---

① 觚（gū）：古代的一种酒器、礼器；邴邴（bǐng）：喜悦的样子；崔：动的样子；滀（chù）：水集聚的样子；謷（áo）：高傲的样子；悗（mèn）：不经意。

② 天与人不相胜：胜，克，抵触。天与人不相克相胜。

③ 涸（hé）：竭，干枯。

④ 佚（yì）：安逸。

⑤ 犯人之形：成人的形状。

⑥ 气母：元气之母。

傅说得之，以相武丁，奄有天下，乘东维，骑箕尾，而比于列星。

南伯子葵问乎女偊曰："子之年长矣，而色若孺子，何也？"曰："吾闻道矣。"南伯子葵曰："道可得学邪？"曰："恶，恶可！子非其人也。夫卜梁倚有圣人之才，而无圣人之道，我有圣人之道，而无圣人之才。吾欲以教之，庶几其果为圣人乎？不然。以圣人之道，告圣人之才，亦易矣。吾独守而告之，参日而后能外天下。已外天下矣，吾又守之，七日而后能外物。已外物矣，吾又守之，九日而后能外生。已外生矣，而后能朝彻①，朝彻而后能见独②，见独而后能无古今，无古今而后能入于不死不生。杀生者不死，生生者不生。为物无不将也，无不迎也，无不毁也，无不成也。其名为撄宁。撄宁③也者，撄而后成者也。"南伯子葵曰："子独恶乎闻之？"曰："闻诸副墨之子。副墨之子，闻诸洛诵之孙。洛诵之孙，闻之瞻明。瞻明，闻之聂许。聂许，闻之需役。需役闻之于讴。于讴闻之玄冥。玄冥闻之参寥。参寥闻之疑始。"

子祀、子舆、子犁、子来，四人相与语曰："孰能以无为首，以生为脊，以死为尻，孰知生死存亡之一体者，吾与之友矣。"四人相视而笑，莫逆于心，遂相与为友。俄而子舆有病，子祀往问之，曰："伟哉！夫造物者将以予为此拘拘也。曲偻发背，上有五管，颐隐于肩，肩高于项，句赘指天，阴阳之气有沴④。"其心闲而无事，蹁跹而鉴于井，曰："嗟乎，夫造物者又将以予为此拘拘也。"子祀曰："汝恶之乎？"曰："亡，予何恶！浸假而化予之左臂以为鸡，予因以求时夜。浸假而化予之右臂以为弹，予因以求鸮炙。浸假而化予之尻以为轮，以神为马，予因以乘之，岂更驾哉！且夫得者，时也；失者，顺也。安时而处顺，哀乐不能入也，此古之所谓悬解⑤也。而不能自解者，物有结之。且夫物不胜天久矣，吾又何恶焉？"

---

① 朝彻：朝，旦；彻，明。朝彻，形容心境清明洞彻。

② 见独：独，指独一无二的道。见独，洞见独一无二、独立无待的大道。

③ 撄宁：撄，扰。撄宁，撄而宁，扰乱中保持安宁。

④ 句赘指天，阴阳之气有沴（lì）：句赘，发髻；沴，不流畅，不和。

⑤ 悬解：解悬，把倒悬的人解下来，引申为超乎生死。因为人们为生死观念所困，整天像倒立着一样。

俄而子来有病，喘喘然将死，其妻子环而泣之，子犁往问之，曰："叱，避！无怛化①！"倚其户与之语曰："伟哉造物，又将奚以汝为，将奚以汝适？以汝为鼠肝乎？以汝为虫臂乎？"子来曰："父母于子，东西南北，唯命之从。阴阳于人，不翅于父母。彼近吾死而我不听，我则悍矣。彼何罪焉？夫大块载我以形，劳我以生，佚我以老，息我以死。故善吾生者，乃所以善吾死也。今之大冶铸金，金踊跃曰：我且必为镆铘。大冶必以为不祥之金。今一犯人之形，而曰人耳人耳，夫造化者必以为不祥之人。今一以天地为大炉，以造化为大冶，恶乎往而不可哉？"成然寐，蘧然觉。

子桑户、孟子反、子琴张，三人相与为友，曰："孰能相与于无相与，相为于无相为②？孰能登天游雾，挠挑无极，相忘以生，无所终穷？"三人相视而笑，莫逆于心，遂相与为友。莫然有间，而子桑户死，未葬，孔子闻之，使子贡往侍事焉，或鼓琴，相和而歌曰："嗟来桑户乎！嗟来桑户乎！而已反其真，而我犹为人猗③。"子贡趋而进曰："敢问临尸而歌，礼乎？"二人相视而笑，曰："是恶知礼意！"子贡反以告孔子曰："彼何人者邪？修行无有，而外其形骸，临尸而歌，颜色不变，无以命之。彼何人者邪？"孔子曰："彼游方之外者也，而丘游方之内者也。外内不相及，而求使汝往吊之，丘则陋矣。彼方且与造物者为人，而游乎天地之一气。彼以生为附赘悬疣，以死为决疕溃痈④。夫若然者，又恶乎知死生先后之所在？假于异物，托于同体，忘其肝胆，遗其耳目，反复终始，不知端倪。芒然彷徨乎尘垢之外，逍遥乎无为之业。彼又恶能愦愦然为世俗之礼，以观众人之耳目哉！"子贡曰："然则夫子何方之依？"孔子曰："丘，天之戮民⑤也。虽然，吾与汝共之。"子贡曰："敢问其方？"孔子曰："鱼相造乎水，人相造乎道。相造乎水者，穿池而养给。相造乎道者，无事而生定。故曰：鱼相忘乎江湖，人相忘乎道术。"子贡曰："敢问畸人？"曰："畸人者，

---

① 无怛（dá）化：怛，惊惧。不要惊动正在变化的人。

② 相与于无相与，相为于无相为：相交于无心，相助于无为。

③ 猗（yī）：传说中的一种似狗似蛇的动物。这里作叹词，啊。

④ 决疕（huàn）：疕，痛疽；决疕，疮痛溃破，比喻事情的症结得到解决。

⑤ 戮（lù）民：受刑罚的人，谦称。

畸于人而侔于天①。故曰：天之小人，人之君子；人之君子，天之小人也。"

颜回问仲尼曰："孟孙才，其母死，哭泣无涕，中心不戚，居丧不哀，无是三者,以善处丧盖鲁国。固有无其实而得其名者乎？回壹怪之。"仲尼曰："夫孟孙氏尽之矣，进于知矣。唯简之而不得，夫已有所简矣。孟孙氏不知所以生，不知所以死，不知就先，不知就后。若化为物，以待其所不知之化已乎②。且方将化，恶知不化哉？方将不化，恶知已化哉③？吾特与汝其梦未始觉者邪。且彼有骇形而无损心，有旦宅而无情死④。孟孙氏特觉，人哭亦哭，是自其所以乃。且也相与吾之耳矣。庸讵知吾所谓吾之乎！且汝梦为鸟而厉乎天，梦为鱼而没于渊，不识今之言者，其觉者乎，梦者乎？造适不及笑，献笑不及排，安排而去化，乃入于寥天一⑤。"

意而子见许由，许由曰："尧何以资汝？"意而子曰："尧谓我：'汝必躬服仁义，而明言是非。'"许由曰："而奚来为轵？夫尧既已黥汝以仁义，而劓汝以是非矣，汝将何以游夫遥荡、恣睢、转徙之途乎⑥？"意而子曰："虽然，吾愿游于其藩。"许由曰："不然。夫盲者无以与乎眉目颜色之好，瞽者无以与乎青黄黼黻⑦之观。"意而子曰："夫无庄之失其美，据梁之失其力，黄帝之亡其知，皆在炉捶之间耳⑧。庸讵知夫造物者之不息我黥而补我劓，使我乘成以随先生邪？"许由曰："噫！未可知也。我为汝言其大略。

---

① 畸（jī）于人而侔（móu）于天：畸，不正常的，异形的；侔，相齐，合乎。异于人而合于天。

② 若化为物，以待其所不知之化已乎：他被大道化而为物，正等待着不知道的变化而已。

③ 且方将化，恶知不化哉？方将不化，恶知已化哉：况且正要变化，怎能知道不变化呢？正要不变化，怎能知道已经变化了呢？

④ 有骇形而无损心，有旦宅而无情死：旦宅，怛诧；情，精神。孟孙才见到自己母亲的尸体虽然惊惧，但是并不伤心；有所惊惧，但是并没有丧神。

⑤ 造适不及笑，献笑不及排，安排而去化，乃入于寥天一：献笑，自然而笑；排，安排；寥天一，道。内心喜悦来不及笑，自然笑了是来不及安排的，安于大道的安排而去掉因为死亡的变化产生的悲哀，就与寂寥虚空的天道融为一体了。

⑥ 轵（zhǐ）：语气词。黥（qíng）：也称墨刑，古代在犯人脸上刻字并涂墨的一种刑罚。劓（yì）：古代割掉鼻子的一种刑罚。 遥荡：逍遥放荡。恣睢（suī）：放任自得。 转徙：变化。

⑦ 黼黻（fú）：古代礼服上黑与青相间的花纹，比喻华美的服饰。

⑧ 炉捶：陶冶锻炼。

吾师乎！吾师乎！齑①万物而不为义，泽及万世而不为仁，长于上古而不为老，覆载天地、刻雕众形而不为巧。此所游已。"

颜回曰："回益矣！"仲尼曰："何谓也？"曰："回忘仁义矣！"曰："可矣，犹未也。"他日复见曰："回益矣！"曰："何谓也？"曰："回忘礼乐矣！"曰："可矣，犹未也。"他日复见曰："回益矣！"曰："何谓也？"曰："回坐忘矣！"仲尼蹴然曰："何谓坐忘？"颜回曰："堕肢体，黜聪明，离形去知，同于大通。此谓坐忘②。"仲尼曰："同则无好也，化则无常也，而果其贤乎！丘也请从而后也。"

子舆与子桑友，而霖雨十日。子舆曰："子桑殆病矣。"裹饭而往食之，至子桑之门，则若歌若哭，鼓琴曰："父邪母邪？天乎人乎？"有不任其声而趋举其诗焉③。子舆入曰："子之歌诗，何故若是？"曰："吾思乎使我至此极者而弗得也。父母岂欲吾贫哉？天无私覆，地无私载，天地岂私贫我哉？求其为之者而不得也。然而至此极者，命也夫！"

应帝王　第七

经典内容：藏仁以要人，亦得人矣，而未始出于非人。游无何有之乡，处圹垠之野。游心于淡，合气于漠，顺物自然，无容私焉，而天下治。明王之治，功盖天下而似不自己，化贷万物而民弗恃，有莫举名，使物自喜，立乎不测，而游于无有者也。虚而委蛇。应而不藏。亦虚而已。

篇旨概要：本篇设问并回答了作为帝王应当如何作为？庄子认为应当无为、自化："游心于淡，合气于漠，顺物自然，无容私焉，而天下治。"这也体现了庄子无为而治的政治思想。这种我无为而民自治的思想，源于

---

① 齑（jī）：捣碎，细碎。这里指调和。

② 黜（chù）：罢黜，废去。大通：一切无碍，同于大道。　坐忘：忘，达到安适状态的心境。坐忘，是庄子所提倡的一种修养方法，忘形忘知、忘物忘我、忘内忘外，同于大道。

③ 有不任其声而趋举其诗焉：趋，促。因为声音低微而听不清是谁，因为诗句急促而不成调子。

老子："以正治国，以奇用兵，以无事取天下。……故圣人云：我无为，而民自化；我好静，而民自正；我无事，而民自富；我无欲，而民自朴。"（《道德经》五十七章）庄子主张内直而外曲，无己而由人，虚心以应物，虚己以游世。

郭象在《庄子注》本篇的题解中说："夫无心而任乎自化者，应为帝王也。"孙嘉淦曰："《大宗师》者，内圣之极功；《应帝王》者，外王之能事也。"（《南华通》）内圣崇"自然"，外王尚"无为"。《庄子·天下》提出"内圣外王"之道，内圣而外王。

啮缺问于王倪，四问而四不知。啮缺因跃而大喜，行以告蒲衣子。蒲衣子曰："而乃今知之乎？有虞氏不及泰氏。有虞氏，其犹藏仁以要人，亦得人矣，而未始出于非人①。泰氏，其卧徐徐，其觉于于，一以己为马，一以己为牛②，其知情信，其德甚真，而未始入于非人。"

肩吾见狂接舆。狂接舆曰："日中始何以语女？"肩吾曰："告我：君人者，以己出经式义度，人孰敢不听而化诸！"狂接舆曰："是欺德也。其于治天下也，犹涉海凿河，而使蚉负山③也。夫圣人之治也，治外乎？正而后行，确乎能其事者而已矣。且鸟高飞以避矰弋之害，鼷鼠深穴乎神丘之下，以避熏凿之患，而曾二虫之无知！④"

天根游于殷阳，至蓼水⑤之上，适遭无名人而问焉，曰："请问为天下。"无名人曰："去！汝鄙人也，何问之不豫也！予方将与造物者为人，厌则又乘夫莽眇之鸟，以出六极之外，而游无何有之乡，以处圹埌之野⑥。汝又

---

① 藏仁以要人：要，邀，得；标榜仁义以获得人心。　非人：外物；伪善之人。

② 其卧徐徐，其觉于于，一以己为马，一以己为牛：徐徐、于于，安稳、自得的样子；认已是牛是马。

③ 使蚉（wén）负山：蚉，古同"蚊"；就像一只蚊子背起一座大山。

④ 矰（zēng）弋：是古代用来射鸟的拴着丝绳的短箭，因拴着丝绳而能收回再次利用。鼷（xī）鼠：一种小老鼠，亦称"耳鼠"。　神丘：社坛。

⑤ 蓼（liǎo）水：蓼，生长在水边的一种植物，也称水蓼。

⑥ 圹埌（kuàng làng）之野：空旷辽阔的原野。

何帠①以治天下感予之心为？"又复问。无名人曰："汝游心于淡，合气于漠，顺物自然，而无容私焉，而天下治矣。"

阳子居见老聃曰："有人于此，向疾强梁，物彻疏明②，学道不倦。如是者，可比明王乎？"老聃曰："是于圣人也，胥易技系③，劳形怵心者也。且也虎豹之文来田，猿狙之便、执斄④之狗来藉。如是者，可比明王乎？"阳子居蹴然曰："敢问明王之治。"老聃曰："明王之治，功盖天下而似不自己，化贷万物而民弗恃，有莫举名，使物自喜，立乎不测，而游于无有者也。"

郑有神巫曰季咸，知人之生死存亡，祸福寿夭，期以岁月旬日，若神。郑人见之，皆弃而走。列子见之而心醉，归以告壶子，曰："始吾以夫子之道为至矣，则又有至焉者矣。"壶子曰："吾与汝既其文，未既其实，而固得道与？众雌而无雄，而又奚卵焉！而以道与世亢必信，夫故使人得而相女。尝试与来，以予示之。"明日，列子与之见壶子。出而谓列子曰："嘻！子之先生死矣，弗活矣，不以旬数矣！吾见怪焉，见湿灰⑤焉。"列子入，泣涕沾襟，以告壶子。壶子曰："乡⑥吾示之以地文，萌乎不震不正。是殆见吾杜德机⑦也。尝又与来。"明日，又与之见壶子。出而谓列子曰："幸矣！子之先生遇我也。有瘳矣，全然有生矣。吾见其杜权⑧矣。"列子入，以告壶子。壶子曰："乡吾示之以天壤，名实不入，而机发于踵。是殆见吾善者机也。尝又与来。"明日，又与之见壶子。出而谓列子曰："子之先生不齐，吾无得而相焉。试齐，且复相之。"列子入，以告壶子。壶子

① 何帠（yì）：何为，为何？

② 向疾强梁：向，响；敏捷如响，波及屋梁，形容干练、果敢。 物彻疏明：彻，道，大道通明。

③ 胥易技系：胥，古代的小官；易，治。官吏治理为技能所困。

④ 执斄（lí）：斄，狐狸。虎豹因为身上的花纹而招来田猎，猿猴因为敏捷、猎狗因为追逐狐狸而被逮着。

⑤ 湿灰：潮湿或受水的灰烬，比喻没有生机、毫无复燃的希望。

⑥ 乡：向，以前。

⑦ 杜德机：杜，闭塞；闭塞生机，灭迹的状态。这是庄子独创的词语。

⑧ 杜权：权，权变，变动。闭塞中有所变动。

曰："吾乡示之以太冲莫胜。是殆见吾衡气机①也。鲵桓②之审为渊，止水之审为渊，流水之审为渊。渊有九名，此处三焉。尝又与来。"明日，又与之见壶子。立未定，自失而走。壶子曰："追之！"列子追之不及，反以报壶子，曰："已灭矣，已失矣，吾弗及也。"壶子曰："乡吾示之以未始出吾宗。吾与之虚而委蛇，不知其谁何，因以为弟靡③，因以为波流，故逃也。"然后列子自以为未始学而归，三年不出。为其妻爨，食豕如食人④。于事无与亲，雕琢复朴，块然独以其形立。纷而封哉，一以是终。

无为名尸，无为谋府，无为事任，无为知主⑤。体尽无穷，而游无朕，尽其所受于天，而无见得，亦虚而已。至人之用心若镜，不将不迎，应而不藏，故能胜物而不伤。

南海之帝为儵，北海之帝为忽，中央之帝为浑沌⑥。儵与忽时相与遇于浑沌之地，浑沌待之甚善。儵与忽谋报浑沌之德，曰："人皆有七窍，以视听食息，此独无有，尝试凿之。"日凿一窍，七日而浑沌死。

骈拇　第八

经典内容：游心。凫胫虽短，续之则忧；鹤胫虽长，断之则悲。天下有常然。小惑易方，大惑易性。天下莫不以物易其性矣。小人则以身殉利，士则以身殉名，大夫则以身殉家，圣人则以身殉天下。残生伤性。任其性命之情。自得其得，自适其适。

篇旨概要：本篇以前两个字"骈拇"为题，《庄子》外篇杂篇多是这样，有的有意义，有的无意义。"骈拇"指并合的脚趾，跟旁出的歧指和附着

---

① 太冲莫胜：太虚而无征兆。　衡气机：衡，平，心平气稳的机兆。
② 鲵（ní）桓：鲵，俗称"娃娃鱼"；大鱼盘旋。
③ 弟靡：弟，稊，一种茅草；像茅草随风波动一样，没有固定的形状。
④ 爨（cuàn）：炊。食：供养。
⑤ 名尸，名之主；谋府，智谋所聚之处；事任，任事；知主，主于智巧。主张顺物自然。
⑥ 儵忽：表示瞬间的时间。南海北海：表示广漠的空间。　浑沌：表示世界未开的状态，真朴天真的人民。

的赘瘤一样，都是人体上多余的东西，是违逆自然的。那么，什么才是事物所固有的、自然的呢？那就是合乎自然、顺应人性的东西。庄子认为道德是合乎自然的，仁义是属于附赘的、而且是伤害性情的。老庄道家所谓的道德，是指遵循自然的大道及其属性（道法自然），不同于儒家所倡议的仁义礼乐等。庄子以自然为原则，对于仁义的批判和超越，被魏晋玄学家嵇康发展为"越名教而任自然"。

本篇表达了庄子人性自然的人性论思想，阐述了人的行为应当合乎自然、体现人性、顺乎人情，不得为名为利而"残生伤性"、"以物易性"、"失其性命之情"；否则，就会小迷迷方向、大迷迷本性。

陆西星曰："（外篇）盖所以羽翼内篇，而尽其未尽之蕴也。"（《南华真经副墨》）郎懋（mào）学曰："（此篇）大意以仁义为害性。"（《南华经参注》）方虚名曰："此篇言仁义失性。"（《南华真经旁注》）王树柟（nán）曰："外篇十五，皆发明外王之道。……战国之时，孟子专称仁义，以救时君不仁不义之行；庄子则以仁义之行失自然之道，故不能致大同。其说虽不同，而于救世之心则一也。"（《庄子大同说》）

骈拇枝指①出乎性哉，而侈于德；附赘悬疣出乎形哉，而侈于性；多方乎仁义而用之者，列于五藏哉，而非道德之正也。是故骈于足者，连无用之肉也；枝于手者，树无用之指也；多方骈枝于五藏之情者，淫僻于仁义之行，而多方于聪明之用也。

是故骈于明者，乱五色，淫文章，青黄黼黻②之煌煌非乎？而离朱是已。多于聪者，乱五声，淫六律，金石丝竹黄钟大吕之声非乎？而师旷是已。枝于仁者，擢德塞性③，以收名声，使天下簧鼓以奉不及之法，非乎？而曾、史④是已。骈于辩者，垒瓦结绳窜句，游心于坚白同异之间，而敝跬誉无用

---

① 骈（pián）拇枝（qí）指：骈，两物并列、双出；枝，歧。脚的大拇指与食指并联、手的大拇指旁长出一只小指。

② 黼黻（fǔ fú）：泛指礼服上所绣的华美花纹等，引申为文章写的好、有文采等。

③ 擢（zhuó）德塞性：擢，提拔。彰显伪德，闭塞真性。

④ 曾、史：曾参和史䲡的并称，古代视为仁与义的典型人物。

之言，非乎？而杨、墨是已^①。故此皆骈旁枝之道，非天下之至正也。彼正正者，不失其性命之情。

故合者不为骈，而枝者不为跂，长者不为有余，短者不为不足。是故凫^②胫虽短，续之则忧；鹤胫虽长，断之则悲。故性长非所断，性短非所续，无所去忧也。噫！仁义其非人情乎？彼仁人何其多忧也！且夫骈于拇者，决之则泣，枝于手者，龁^③之则啼。二者或有余于数，或不足于数，其于忧一也。今世之仁人，蒿^④目而忧世之患，不仁之人，决性命之情而饕^⑤富贵。故意仁义之非人情乎？自三代以下者，天下何其嚣嚣也。且夫待钩绳规矩而正者，是削其性，待绳约胶漆而固者，是侵其德也。屈折礼乐，呴俞仁义，以慰天下之心者，此失其常然也。天下有常然，常然者，曲者不以钩，直者不以绳，圆者不以规，方者不以矩，附离不以胶漆，约束不以缠索。故天下诱然，皆生而不知其所以生，同焉皆得，而不知其所以得。故古今不二，不可亏也。则仁义奚连连如胶漆缠索，而游乎道德之间为哉？使天下惑也。

夫小惑易方，大惑易性^⑥。何以知其然邪？自虞氏招仁义以挠天下也，天下莫不奔命于仁义，是非以仁义易其性与？

故尝试论之，自三代以下者，天下莫不以物易其性矣。小人则以身殉利，士则以身殉名，大夫则以身殉家，圣人则以身殉天下。故此数子者，事业不同，名声异号，其于伤性以身为殉一也。

臧与谷二人，相与牧羊而俱亡其羊。问臧奚事，则挟筴读书；问谷奚事，则博塞以游^⑦。二人者，事业不同，其于亡羊均也。

伯夷死名于首阳之下，盗跖死利于东陵之上。二人者，所死不同，其于残生伤性均也。奚必伯夷之是，而盗跖之非乎？天下尽殉也。彼其所殉

---

① 敝跬（kuǐ）：跬，半步；用力的样子。 杨、墨：杨朱，道家；墨子，墨家。
② 凫（fú）：一种野鸭子。
③ 龁（hé）：啃。
④ 蒿（hāo）：忧虑不安。
⑤ 饕（tāo）：饕餮（tiè），传说中的一种凶恶贪食的野兽。贪财为饕，贪食为餮。
⑥ 小惑易方，大惑易性：易，改变。小的迷惑会改变方向，大的迷惑会改变性情。
⑦ 挟筴读书：筴，策，竹简。博塞以游：博塞，赌博、掷色子。

仁义也，则俗谓之君子；其所殉货财也，则俗谓之小人。其殉一也，则有君子焉，有小人焉。若其残生损性，则盗跖亦伯夷已，又恶取君子小人于其间哉！

且夫属其性乎仁义者，虽通如曾、史，非吾所谓臧也。属其性于五味，虽通如俞儿，非吾所谓臧也。属其性乎五声，虽通如师旷，非吾所谓聪也。属其性乎五色，虽通如离朱，非吾所谓明也。吾所谓臧者，非仁义之谓也，臧于其德而已矣。吾所谓臧者，非所谓仁义之谓也，任其性命之情而已矣。吾所谓聪者，非谓其闻彼也，自闻而已矣。吾所谓明者，非谓其见彼也，自见而已矣。夫不自见而见彼，不自得而得彼者，是得人之得而不自得其得，适人之适而不自适其适者也[1]。夫适人之适而不自适其适，虽盗跖与伯夷，是同为淫僻也。余愧乎道德，是以上不敢为仁义之操，而下不敢为淫僻之行也。

马蹄　第九

经典内容：一而不党，命日天放。至德之世。山无蹊隧，泽无舟梁；万物群生，连属其乡；禽兽成群，草木遂长。禽兽可系羁而游，鸟鹊之巢可攀援而窥。至德之世，同与禽兽居，族与万物并。同乎无知，其德不离；同乎无欲，是谓素朴。民居不知所为，行不知所之，含哺而熙，鼓腹而游。

篇旨概要：本篇也是以前两个字为题，表达了庄子的人性论和政治思想。庄子反对社会文化对于自然人性的束缚和羁绊，反对通过刑罚杀戮"治天下者之过"，主张依真性、常性生活，任天而放，提出返归自然、无为而治的政治思想。在庄子看来，当时社会的纷争动乱都源于所谓圣人的"治"，因而他主张摒弃仁义和礼乐，取消一切束缚和羁绊，让社会和事物都回到它的自然和本性上去，让人民过上天人合一的、原自然主义的"至德之世"

---

[1] 得人之得而不自得其得，适人之适而不自适其适：适，安适。得到别人首肯的名声而没有得到自己性情的愉悦，让别人满意而未能使自己满意。

的理想生活。文章对于仁义礼乐的虚伪性、蒙蔽性的揭露是深刻的。

陈深曰："此篇专言近世之多事，不若太古之无为，皆圣人毁道德而为仁义之过也。通篇剽削圣人，然其文辞独最，如腾驹野马，迈放不羁。"（《庄子品节》）程以宁曰："此以用智治马而马失其常性，以起用仁义以治民而开民争利之端，反失其常性。"（《南华真经注疏》）王夫之曰："引老子无为自正之说而长言之。"（《庄子解》）是的，本篇以用智治马而马失其常性、用智治民而民失其常性，来反证老子的"我无为而民自化，我好静而民自正，我无事而民自富，我无欲而民自朴"的无为而治的思想。

马，蹄可以践霜雪，毛可以御风寒，龁草饮水，翘足而陆①。此马之真性也。虽有义台、路寝②，无所用之。及至伯乐，曰："我善治马。"烧之剔之，刻之雒之，连之以羁馽，编之以皂栈③，马之死者十二三矣；饥之渴之，驰之骤之，整之齐之，前有橛饰之患，而后有鞭笎④之威，而马之死者已过半矣。陶者曰："我善治埴⑤，圆者中规，方者中矩。"匠人曰："我善治木，曲者中钩，直者应绳。"夫埴、木之性，岂欲中规矩钩绳哉？然且世世称之曰："伯乐善治马，而陶、匠善治埴木。"此亦治天下者之过也。

吾意善治天下者不然。彼民有常性，织而衣，耕而食，是谓同德；一而不党，命曰天放⑥。故至德之世，其行填填，其视颠颠。当是时也，山无蹊隧，泽无舟梁；万物群生，连属其乡；禽兽成群，草木遂长。是故禽兽可系羁而游，鸟鹊之巢可攀援而窥。夫至德之世，同与禽兽居，族与万物并，恶乎知君子小人哉！同乎无知，其德不离；同乎无欲，是谓素朴。素朴而民性得矣。及至圣人，蹩躠为仁，踶跂为义，而天下始疑矣；澶漫为

---

① 龁：吃。翘足而陆：翘，扬起；陆，跳。

② 义台、路寝：高台，大屋。

③ 皂（zào）栈：皂，马槽；栈，马卧的木板。

④ 笎（cè）：同"策"。

⑤ 埴（zhí）：粘土。

⑥ 一而不党，命曰天放：党，偏私；命，名。浑然一体而不偏私，这就叫自然放任。

乐，摘僻为礼，而天下始分矣①。故纯朴不残，孰为牺尊！白玉不毁，孰为圭璋②！道德不废，安取仁义！性情不离，安用礼乐！五色不乱，孰为文采！五声不乱，孰应六律！夫残朴以为器，工匠之罪也；毁道德以为仁义，圣人之过也。

夫马，陆居则食草饮水，喜则交颈相靡，怒则分背相踶③。马知已此矣。夫加之以衡扼，齐之以月题④，而马知介倪、阉扼、鸷曼、诡衔、窃辔⑤。故马之知而态至盗者，伯乐之罪也。夫赫胥氏之时，民居不知所为，行不知所之，含哺而熙，鼓腹而游，民能以此矣。及至圣人，屈折礼乐以匡天下之形，县跂⑥仁义以慰天下之心，而民乃始踶跂好知，争归于利，不可止也。此亦圣人之过也。

胠箧　第十

经典内容：盗亦有道乎？天下之善人少而不善人多，圣人之利天下也少而害天下也多。圣人不死，大盗不止。窃钩者诛，窃国者为诸侯；诸侯之门，而仁义存焉。鱼不可脱于渊，国之利器不可以示人。绝圣弃知。大巧若拙。至德之世。上诚好知而无道，则天下大乱矣。

篇旨概要：本篇的主题是引用老子的"圣人不死，大盗不止"，宣扬绝圣弃智的主张，涉及到认识论和政治思想。圣人是榜样，知识是智慧。为什么要绝圣弃智呢？因为圣智礼法的设立本来是为了防止、惩罚盗贼的，

---

①　蹩躠（bié xiè）：用力的样子。踶跂（zhì qí）：夸耀自恃的样子。澶（chán）漫：漫溢，放纵。摘僻：拳曲手足。谓自加拘束。

②　圭璋（guī zhāng）：古代礼玉之一种，诸侯朝王以圭，朝后执璋。也作"珪璋"。

③　分背相踶（dì）：踶，踢。背对背相互踢腿。

④　衡扼：亦作衡轭"，衡、轭是同义词，是架在牲口脖子上、并与辕相连的部件。月题：马额上的佩饰，其形似月。

⑤　介倪、阉扼、鸷曼、诡衔、窃辔：介倪，犹睥睨，侧目而视。阉扼（yīn è）：谓马曲颈脱轭。鸷（zhì）：抵突，形容马性猛戾不驯欲狂突以去其羁勒。诡衔：吐出马嚼。窃辔：摆脱笼头。形容马被逼变得狡猾、暴戾了。

⑥　县跂（xiàn qí）：悬挂于高处而令人仰慕。

如今却"绳小民有余，防大盗不足"，并被盗贼所利用、为害人民，因此不如废除。表达了庄子对于黑暗的政治、虚伪的道德、以及"窃钩者诛，窃国者为诸侯；诸侯之门，而仁义存焉"丑恶的实现的激愤和憎恶。

有人认为老庄的绝圣弃智思想是反儒家、反文化、反文明的。这说明他们还没有读懂老庄的思想。老庄的绝圣弃智思想，是反周礼而非反儒家，是反异化的文化而非反文化，是反异化的文明而非反文明；老庄的文化和文明，是符合人性的自然主义，也可以称之为原自然主义。

杨起元曰："至圣至智，反为盗资；绝圣弃智，天下自安。通篇一意。"（《南华经品节》）

将为胠箧、探囊、发匮之盗而为守备，则必摄缄、縢，固扃、鐍，此世俗之所谓知也①。然而巨盗至，则负匮、揭箧、担囊而趋，唯恐缄、縢、扃、鐍之不固也。然则向之所谓知者，不乃为大盗积者也？

故尝试论之，世俗之所谓知者，有不为大盗积者乎？所谓圣者，有不为大盗守者乎？何以知其然邪？昔者齐国邻邑相望，鸡狗之音相闻，罔罟之所布，耒耨之所刺，方二千馀里②。阖四境之内，所以立宗庙社稷，治邑、屋、州、闾、乡曲者，曷尝不法圣人哉！然而田成子一旦杀齐君而盗其国，所盗者岂独其国邪？并与其圣知之法而盗之。故田成子有乎盗贼之名，而身处尧、舜之安，小国不敢非，大国不敢诛，十二世有齐国。则是不乃窃齐国，并与其圣知之法，以守其盗贼之身乎？

尝试论之，世俗之所谓至知者，有不为大盗积者乎？所谓至圣者，有不为大盗守者乎？何以知其然邪？昔者龙逢斩，比干剖，苌弘胣，子胥靡，故四子之贤而身不免乎戮③。故盗跖④之徒问于跖曰："盗亦有道乎？"跖

---

① 胠箧（qūqiè）：意为撬开箱箧，后亦用为盗窃的代称。縢（téng）：缄，束，绳索。扃（jiōng）：从外面关门的闩、钩等，扃键；作动词，上闩，关门。鐍（jué）：箱子上安锁的环状物，动词锁固。

② 罔罟（wǎng gǔ）指渔猎的网具。耒耨（lěi nòu）：犁与锄，泛指农具。

③ 胣（chǐ）：刳肠、裂腹。戮（lù）：杀害。

④ 盗跖（zhí）：传说中的大盗，实为当时一位奴隶起义头目。

曰："何适而无有道邪？夫妄意室中之藏，圣也；入先，勇也；出后，义也；知可否，知也；分均，仁也。五者不备而能成大盗者，天下未之有也。"由是观之，善人不得圣人之道不立，跖不得圣人之道不行；天下之善人少而不善人多，则圣人之利天下也少而害天下也多。

故曰："唇竭则齿寒，鲁酒薄而邯郸围①，圣人生而大盗起。"掊击②圣人，纵舍盗贼，而天下始治矣。夫川竭而谷虚，丘夷而渊实。圣人已死，则大盗不起，天下平而无故矣。圣人不死，大盗不止。虽重圣人而治天下，则是重利盗跖也。为之斗斛③以量之，则并与斗斛而窃之；为之权衡以称之，则并与权衡而窃之；为之符玺以信之，则并与符玺而窃之；为之仁义以矫之，则并与仁义而窃之。何以知其然邪？彼窃钩者诛，窃国者为诸侯；诸侯之门，而仁义存焉，则是非窃仁义圣知邪？故逐于大盗，揭诸侯，窃仁义并斗斛、权衡、符玺之利者，虽有轩冕之赏弗能劝，斧钺④之威弗能禁。此重利盗跖而使不可禁者，是乃圣人之过也。

故曰："鱼不可脱于渊，国之利器不可以示人。"彼圣人者，天下之利器也，非所以明天下也。故绝圣弃知，大盗乃止；掷玉毁珠，小盗不起；焚符破玺，而民朴鄙；掊斗折衡，而民不争；殚残天下之圣法，而民始可与论议。擢乱六律，铄绝竽瑟，塞瞽旷之耳，而天下始人含其聪矣；灭文章，散五采，胶离朱之目，而天下始人含其明矣；毁绝钩绳而弃规矩，攦⑤工倕之指，而天下始人有其巧矣。故曰："大巧若拙。"削曾、史之行，钳杨、墨之口，攘弃仁义，而天下之德始玄同⑥矣。彼人含其明，则天下不铄矣；人含其聪，则天下不累矣；人含其知，则天下不惑矣；人含其德，则天下不僻矣。彼曾、史、杨、墨、师旷、工倕、离朱，皆外立其德，而以爚⑦乱天下者也，法之

---

① 鲁酒薄而邯郸围：因为鲁国的酒寡淡而导致赵国的邯郸被围困。

② 掊（pǒu）：用手扒土。

③ 斗、斛（hú）：十升为一斗，五斗为一斛。

④ 斧、钺（yuè）：斧、钺通常被联称，二者的形制相似，都是用来劈砍的长兵器。

⑤ 攦（lì）：折断，扭转。

⑥ 玄同：冥默中与道混同为一；相一致，混同。

⑦ 爚（yuè）：火光乱飞，照耀。

所无用也。

子独不知至德之世乎？昔者容成氏、大庭氏、伯皇氏、中央氏、栗陆氏、骊畜氏、轩辕氏、赫胥氏、尊卢氏、祝融氏、伏羲氏、神农氏，当是时也，民结绳而用之，甘其食，美其服，乐其俗，安其居，邻国相望，鸡狗之音相闻，民至老死而不相往来。若此之时，则至治已。今遂至使民延颈举踵曰"某所有贤者"，赢粮而趣之，则内弃其亲而外去其主之事，足迹接乎诸侯之境，车轨结乎千里之外，则是上好知之过也。上诚好知而无道，则天下大乱矣。何以知其然邪？夫弓、弩、毕、弋、机变之知多，则鸟乱于上矣；钩饵、罔、罟、罾笱^①之知多，则鱼乱于水矣；削格、罗落、罝罘^②之知多，则兽乱于泽矣；知诈渐毒、颉滑坚白、解垢同异之变多，则俗惑于辩矣。故天下每每大乱，罪在于好知。故天下皆知求其所不知而莫知求其所已知者，皆知非其所不善而莫知非其所已善者，是以大乱。故上悖日月之明，下烁山川之精，中堕四时之施，惴耎^③之虫，肖翘之物，莫不失其性。甚矣，夫好知之乱天下也！自三代以下者是已。舍夫种种之民而悦夫役役之佞，释夫恬淡无为而悦夫啍啍之意^④，啍啍已乱天下矣。

在宥 第十一

经典内容：在宥天下。乐其性是不恬也，苦其性是不愉也；不恬不愉，非德也。天下之大，不足以赏罚。君子不得已而临位天下，莫若无为；无为也而后安其性命之情。贵以身于为天下，则可以托天下；爱以身于为天下，则可以寄天下。无撄人心。绝圣弃知而天下大治。无劳汝形，无摇汝精，乃可以长生。慎汝内，闭汝外，多知为败。入无穷之门，游无极之野；与日月参光，与天地为常。浮游不知所求，猖狂不知所在。乱天之经，逆

---

① 罾笱（zēng gǒu）：捕鱼的工具。

② 罝罘（jū fú）：泛指捕兽的网。

③ 惴耎（zhuì ruǎn）：虫蠕动的样子。

④ 啍啍（tūn tūn）之意：多言的样子。

物之情，玄天弗成。心养，无为，自化。大同而无己，无己而恶乎得有有？睹有者昔之君子，睹无者天地之友。一而不可不易者，道也；神而不可不为者，天也。无为而尊者，天道也；有为而累者，人道也。

篇旨概要："在"是自在的意思，"宥"是宽容的意思；在宥，就是悠游自在、宽容自得，顺物自然。本篇的主旨是反对人为、提倡自然，阐述了无为而治的思想。本篇末尾一段文字"何谓道？有天道，有人道。无为而尊者，天道也；有为而累者，人道也。主者，天道也；臣者，人道也。相去远矣，不可不察也。"有人认为这段文字文意肤浅、与本篇主旨相违，亦与庄子精神不合，当为后儒所附加。其实，这可能是后期庄学修正了庄子思想，把老子的无为思想向前推进了一步，主张君无为而臣有为——《淮南子》就继承了这一思想。

陈深曰："此篇通论治天下之道，只在无为，末又自无为说到有为，又自有为复于无为，开阖变化，入神出天。"（《庄子品节》）方潜曰："（此篇）《老子》无为之旨，而《应帝王》之意也。"（《南华经解》）

闻在宥^①天下，不闻治天下也。在之也者，恐天下之淫其性也；囿之也者，恐天下之迁其德也。天下不淫其性，不迁其德，有治天下者哉！

昔尧之治天下也，使天下欣欣焉人乐其性，是不恬也。桀之治天下也，使天下瘁瘁焉人苦其性，是不愉也。夫不恬不愉，非德也。非德也而可长久者，天下无之。人大喜邪，毗^②于阳；大怒邪，毗于阴。阴阳并毗，四时不至，寒暑之和不成，其反伤人之形乎！使人喜怒失位，居处无常，思虑不自得，中道不成章，于是乎天下始乔诘卓鸷^③，而后有盗跖、曾、史之行。故举天下以赏其善者不足，举天下以伐其恶者不给。故天下之大，不足以赏罚。自三代以下者，匈匈焉终以赏罚为事，彼何暇安其性命之情哉？而

---

① 在宥：在，自在；宥，宽容。悠游自在，宽容自得。

② 毗（pí）：表示邻连，与…相邻；附和等。

③ 乔诘卓鸷（zhì）：乔诘，意气不平，骄傲自大；卓鸷，行有不平，卓尔不凡。

且说①明邪，是淫于色也；说聪邪，是淫于声也；说仁邪，是乱于德也；说义邪，是悖于理也；说礼邪，是相于技也；说乐邪，是相于淫也；说圣邪，是相于艺也；说知邪，是相于疵也。天下将安其性命之情，之八者，存可也，亡可也。天下将不安其性命之情，之八者乃始脔卷伧囊②，而乱天下也。而天下乃始尊之惜之，甚矣天下之惑也！岂直过而去之邪，乃斋戒以言之，跪坐以进之，鼓歌以舞之，吾若是何哉？故君子不得已而临位天下，莫若无为。无为也而后安其性命之情。故贵以身于为天下，则可以托天下；爱以身于为天下，则可以寄天下。故君子苟能无解其五藏，无擢③其聪明，尸居而龙见，渊默而雷声，神动而天随，从容无为而万物炊累焉。吾又何暇治天下哉！

崔瞿问于老聃曰："不治天下，安藏人心？"老聃曰："汝慎无撄人心④。人心排下而进上，上下囚杀，淖约柔乎刚强，廉刿雕琢，其热焦火，其寒凝冰，其疾俯仰之间，而再抚四海之外，其居也渊而静，其动也悬而天，贲骄而不可系者，其唯人心乎！昔者黄帝始以仁义撄人之心，尧舜于是乎股无胈⑤，胫无毛，以养天下之形，愁其五藏以为仁义，矜其血气以规法度，然犹有不胜也。尧于是放驩兜于崇山，投三苗于三峗，流共工于幽都，此不胜天下也夫。施及三王，而天下大骇矣。下有桀、跖，上有曾、史，而儒墨毕起，于是乎喜怒相疑，愚知相欺，善否相非，诞信相讥，而天下衰矣。大德不同，而性命烂漫矣；天下好知，而百姓求竭矣。于是乎斫⑥锯制焉，绳墨杀焉，锤凿决焉，天下脊脊大乱，罪在撄人心。故贤者伏处太山嵁岩之下，而万乘之君忧栗乎庙堂之上。今世殊死者相枕也，桁杨者相推也，刑戮者相望也，而儒墨乃始离跂攘臂乎桎梏之间，意甚矣哉！其无愧而不知耻也

---

① 说：悦。

② 脔（luán）卷伧囊：脔卷，拘束忍性的样子；伧囊，高声喧哗的样子。

③ 擢（zhuó）：提拔。

④ 无撄（yīng）人心：撄，扰乱，纠缠。不要扰乱人心。

⑤ 胈（bá）：股上的小毛。

⑥ 斫（zhuó）：大锄，引申为用刀、斧等砍。～伐，～丧（sàng），比喻摧残、伤害，特指因沉溺酒色而伤害身体。

甚矣。吾未知圣知之不为桁杨椄槢也，仁义之不为桎梏、凿枘^①也，焉知曾、史之不为桀、跖嚆矢^②也？故曰：绝圣弃知而天下大治。"

黄帝立为天子十九年，令行天下，闻广成子在于空同之上，故往见之，曰："我闻吾子达于至道，敢问至道之精？吾欲取天地之精，以佐五谷，以养民人。吾又欲官阴阳以遂群生。为之奈何？"广成子曰："而所欲问者，物之质也。而所欲官者，物之残也。自而治天下，云气不待族而雨，草木不待黄而落，日月之光，益以荒矣，而佞人之心翦翦者，又奚足以语至道？"黄帝退，捐天下，筑特室，席白茅，闲居三月，复往邀之，广成子南首而卧，黄帝顺下风，膝行而进，再拜稽首而问曰："闻吾子达于至道，敢问治身奈何而可以长久？"广成子蹷然而起，曰："善哉问乎！来，吾语汝至道。至道之精，窈窈冥冥；至道之极，昏昏默默，无视无听，抱神以静。形将自正，必静必清。无劳汝形，无摇汝精，乃可以长生。目无所见，耳无所闻，心无所知，汝神将守形，形乃长生。慎汝内，闭汝外，多知为败。我为汝遂于大明之上矣，至彼至阳之原也，为汝入于窈冥之门矣，至彼至阴之原也。天地有官，阴阳有藏，慎守汝身，物将自壮。我守其一以处其和，故我修身千二百岁矣，吾形未尝衰。"黄帝再拜稽首曰："广成子之谓天矣！"广成子曰："来，吾语汝。彼其物无穷而人皆以为有终，彼其物无测而人皆以为有极。得吾道者，上为皇而下为王，失吾道者，上见光而下为土。今夫百昌，皆生于土，而反于土。故余将去汝，入无穷之门，以游无极之野。吾与日月参光，吾与天地为常。当我缗乎？远我昏乎？人其尽死，而我独存乎？"

云将东游，过扶摇之枝，而适遭鸿蒙，鸿蒙方将拊髀雀跃而游。云将见之，倘然止，贽然立，曰："叟何人邪？叟何为此？"鸿蒙拊髀雀跃不辍，对云将曰："游。"云将曰："朕愿有问也。"鸿蒙仰而视云将曰："吁！"云将曰："天气不合，地气郁结，六气不调，四时不节。今我愿合六气之精，以育群生，为之奈何？"鸿蒙拊髀雀跃掉头曰："吾弗知，吾弗知。"

---

① 椄槢、凿枘：椄槢，木尖；凿枘，榫眼榫头。圣智的作用象枷锁、木尖一样，只能加强残酷的统治；仁义成了加固桎梏的关键。

② 嚆（hāo）矢：嚆，呼叫；嚆矢，响箭，比喻信号。曾、史之流是暴君强盗出现的信号。

云将不得问。又三年，东游过有宋之野，而适遭鸿蒙，云将大喜，行趋而进曰："天忘朕邪，天忘朕邪？"再拜稽首，愿闻于鸿蒙。鸿蒙曰："浮游不知所求，猖狂不知所往。游者鞅掌①，以观无妄。朕又何知！"云将曰："朕也自以为猖狂，而百姓随予所往。朕也不得已于民。今则民之放也，愿闻一言。"鸿蒙曰："乱天之经，逆物之情，玄天弗成。解兽之群，而鸟皆夜鸣，灾及草木，祸及昆虫，噫！治人之过也。"云将曰："然则吾奈何？"鸿蒙曰："意，毒哉！仙仙乎归矣！"云将曰："吾遇天难，愿闻一言。"鸿蒙曰："意，心养。汝徒处无为，而物自化。堕尔形体，吐尔聪明，伦与物忘，大同乎涬溟，解心释神，莫然无魂。万物云云，各复其根。各复其根而不知，浑浑沌沌，终身不离。若彼知之，乃是离之。无问其名，无窥其情，物故自生。"云将曰："天降朕以德，示朕以默，躬身求之，乃今也得。"再拜稽首，起辞而行。

世俗之人，皆喜人之同乎己，而恶人之异于己也。同于己而欲之，异于己而不欲者，以出乎众为心也。夫以出于众为心者，曷尝出乎众哉？因众以宁所闻，不如众技众矣，而欲为人之国者，此揽乎三王之利，而不见其患者也。此以人之国侥幸也，几何侥幸而不丧人之国乎？其存人之国也，无万分之一；其丧人之国也，一不成而万有余丧矣。悲夫，有土者之不知也。夫有土者，有大物也。有大物者，不可以物物，而不物故能物物②。明乎物物者之非物也，岂独治天下百姓而已哉？出入六合，游乎九州，独往独来，是谓独有③。独有之人，是谓至贵。

大人之教，若形之于影，声之于响。有问而应之，尽其所怀，为天下配。处乎无响，行乎无方，挈汝适复之，挠挠以游无端。出入无旁，与日无始，颂论形躯，合乎大同。大同而无己，无己而恶乎得有有④？睹有者昔之君子，睹无者天地之友。

---

① 鞅掌：失容，引申为放任随便。

② 不物故能物物：非物而物物的，只能是道。

③ 独有：独一无二，只有这样的人才能与大道往来。

④ 大同而无己，无己而恶乎得有有：有有，谓有物。一同游于无始无终的大道之中，忘掉了自我，哪里还会看到有什么万物呢？

贱而不可不任者，物也；卑而不可不因者，民也①；匿而不可不为者，事也；粗而不可不陈者，法也；远而不可不居者，义也；亲而不可不广者，仁也；节而不可不积者，礼也；中而不可不高者，德也；一而不可不易者，道也；神而不可不为者，天也。故圣人观于天而不助，成于德而不累，出于道而不谋，会于仁而不恃，薄于义而不积，应于礼而不讳，接于事而不辞，齐于法而不乱，恃于民而不轻，因于物而不去。物者莫足为也，而不可不为。不明于天下者，不纯于德。不通于道者，无自而可。不明于道者，悲夫！何谓道？有天道，有人道。无为而尊者，天道也；有为而累者，人道也。主者，天道也；臣者，人道也。相去远矣，不可不察也。

天地　第十二

经典内容：君天下，无为也。古之畜天下者，无欲而天下足，无为而万物化，渊静而百姓定。无为为之之谓天，无为言之之谓德，爱人利物之谓仁，不同同之之谓大，行不崖异之谓宽，有万不同之谓富。万物一府，死生同状。王德之人。以人受天。治，乱之率也。富则多事，寿则多辱。天下有道，则与物皆昌；天下无道，则修德就闲。忘乎物，忘乎天，其名为忘己；忘己之人，是之谓入于天。有机事者必有机心。吾非不知，羞而不为也。以天下誉之，得其所谓，謷然不顾；以天下非之，失其所谓，傥然不受。明白入素，无为复朴，体性抱神，以游世俗之间者。至德之世，不尚贤，不使能，上如标枝，民如野鹿。趣舍滑心，使性飞扬。

篇旨概要：本篇以"天地"开始，然而并非是论述天地缘由的自然哲学，而是阐述天地无私、自然无为，进而导出至德之世、无为自治。甚至提出，治是乱之首。庄子认为万物源于天地，天地源于气，气源于道。道为万物之源。但这不是本篇的主要内容。本篇的主旨在于阐述了庄子无为而治的政治思想、忘己的人生哲学、以及"机"之用的技术哲学思想等。

① 任：依凭。因：随顺。

陆西星曰："此篇言王者法天，天法道，道法自然，故其所论圣德圣智，一以无为自然为宗。"（《南华真经副墨》）方虚曰："言道本自然，不可杂以机巧，人不肯晓，而反以乱道。"（《南华真经旁注》）王夫之曰："此篇畅言无为之旨，有与《应帝王》篇相发明者。于外篇中，斯为邃矣。"（《庄子解》）

天地虽大，其化均也；万物虽多，其治一也；人卒虽众，其主君也。君原于德而成于天，故曰：玄古之君天下，无为也，天德而已矣。以道观言而天下之君正，以道观分而君臣之义明，以道观能而天下之官治，以道泛观而万物之应备。故通于天地者，德也；行于万物者，道也；上治人者，事也；能有所艺者，技也。技兼于事，事兼于义，义兼于德，德兼于道，道兼于天。故曰："古之畜天下者，无欲而天下足，无为而万物化，渊静而百姓定。"记曰："通于一而万事毕，无心得而鬼神服。"

夫子曰：夫道，覆载万物者也。洋洋乎大哉！君子不可以不刳心①焉。无为为之之谓天，无为言之之谓德，爱人利物之谓仁，不同同之之谓大，行不崖异之谓宽，有万不同之谓富。故执德之谓纪，德成之谓立，循于道之谓备，不以物挫志之谓完。君子明于此十者，则韬乎其事心之大也，沛乎其为万物逝也。若然者，藏金于山，藏珠于渊，不利货财，不近富贵，不乐寿，不哀夭，不荣通，不丑穷，不拘一世之利以为己私分，不以王天下为己处显，显则明。万物一府，死生同状。

夫子曰：夫道，渊乎其居也，寥乎其清也。金石不得无以鸣。故金石有声，不考不鸣。万物孰能定之？夫王德之人，素逝而耻通于事，立之本原，而知通于神，故其德广。其心之出，有物采之。故形非道不生，生非德不明。存形穷生，立德明道，非王德者邪？荡荡乎忽然出，勃然动，而万物从之乎！此之谓王德之人。视乎冥冥，听乎无声，冥冥之中，独见晓焉。无声之中，独闻和焉。故深之又深，而能物焉。神之又神，而能精焉。故其与万物接也，至无而供其求，时骋而要其宿，大小长短修远。黄帝游乎赤水之北，登乎

① 刳（kū）心：刳，剖开、挖空；刳心，澄清内心的杂念。

昆仑之丘，而南望还归，遗其玄珠，使知索之而不得，使离朱索之而不得，使吃诟索之而不得也。乃使象罔，象罔得之。黄帝曰："异哉，象罔乃可以得之乎？"

尧之师曰许由，许由之师曰啮缺，啮缺之师曰王倪，王倪之师曰被衣。尧问于许由曰："啮缺可以配天乎？吾藉王倪以要之。"许由曰："殆哉圾乎天下。啮缺之为人也，聪明睿知，给数以敏，其性过人，而又乃以人受天。彼审乎禁过，而不知过之所由生。与之配天乎？彼且乘人而无天。方且本身而异形，方且尊知而火驰，方且为绪使，方且为物胲，方且四顾而物应，方且应众宜，方且与物化而未始有恒。夫何足以配天乎？虽然，有族有祖，可以为众父，而不可以为众父父。治，乱之率也，北面之祸也，南面之贼也。"

尧观乎华，华封人曰："嘻，圣人！请祝圣人，使圣人寿。"尧曰："辞。""使圣人富。"尧曰："辞。""使圣人多男子。"尧曰："辞。"封人曰："寿富多男子，人之所欲也，汝独不欲，何邪？"尧曰："多男子则多惧，富则多事，寿则多辱。是三者，非所以养德也，故辞。"封人曰："始也我以汝为圣人邪，今然君子也。天生万民，必授之职。多男子而授之职，则何惧之有？富而使人分之，则何事之有？夫圣人鹑居而鷇食，鸟行而无彰①。天下有道，则与物皆昌，天下无道，则修德就闲，千岁厌世，去而上仙，乘彼白云，至于帝乡，三患莫至，身常无殃，则何辱之有？"封人去之，尧随之曰："请问。"封人曰："退已。"

尧治天下，伯成子高立为诸侯。尧授舜，舜授禹，伯成子高辞为诸侯而耕，禹往见之，则耕在野。禹趋就下风，立而问焉，曰："昔尧治天下，吾子立为诸侯，尧授舜，舜授予，而吾子辞为诸侯而耕，敢问其故何也？"子高曰："昔尧治天下，不赏而民劝，不罚而民畏。今子赏罚而民且不仁，德自此衰，刑自此立，后世之乱，自此始矣。夫子盍行邪！无落吾事。"

---

① 鹑居而鷇（kòu）食，鸟行而无彰：鷇，待母鸟喂食的幼鸟。象鹑一样居无定所、象幼鸟一样仰食而足，象鸟儿飞过一样没有痕迹。

侣侣^①乎耕而不顾。

泰初有无，无有无名。一之所起，有一而未形。物得以生谓之德，未形者有分，且然无间，谓之命。留动而生物，物成生理，谓之形。形体保神，各有仪则，谓之性。性修反德，德至同于初，同乃虚，虚乃大，合喙鸣。喙鸣合，与天地为合，其合缗缗，若愚若昏，是谓玄德，同乎大顺。

夫子问于老聃曰："有人治道若相放，可不可，然不然。辩者有言曰：'离坚白若县宇。'若是，则可谓圣人乎？"老聃曰："是胥易技系，劳形怵心者也^②。执狸之狗成思，猿狙之便自山林来。丘！予告若，而所不能闻与而所不能言。凡有首、有趾、无心、无耳者众，有形者与无形无状而皆存者尽无。其动，止也；其死，生也；其废，起也。此又非其所以也。有治在人，忘乎物，忘乎天，其名为忘己。忘己之人，是之谓入于天。"

将闾勉见季彻曰："鲁君谓勉也曰：请受教。辞不获命，既已告矣，未知中否，请尝荐之。吾谓鲁君曰：必服恭俭，拔出公忠之属，而无阿私。民孰敢不辑？"季彻局局然笑曰："若夫子之言于帝王之德，犹螳螂之怒臂以当车轶，则必不胜任矣。且若是，则其自为处危，其观台多物，将往投迹者众。"将闾勉觑觑^③然惊曰："勉也茫若于夫子之所言矣。虽然，愿闻先生之言其风也。"季彻曰："大圣之治天下也，摇荡民心，使之成教易俗，举灭其贼心，而皆进其独志。若性之自为，而民不知其所由然。若然者，岂兄尧舜之教民，溟涬然弟之哉。欲同乎德而心居矣。"

子贡南游于楚，反于晋，过汉阴，见一丈人，方将为圃畦^④，凿隧而入井，抱瓮而出灌，搰搰然用力甚多，而见功寡。子贡曰："有械于此，一日浸百畦，用力甚寡而见功甚多，夫子不欲乎？"为圃者仰而视之曰："奈何？"曰："凿木为机，后重前轻，挈水若抽，数如泆汤，其名为槔。"为圃者忿然作色

---

① 侣侣（yì）：用力耕种的样子。

② 胥易技系，劳形怵心者也：胥，小官吏；易，更换职位；技系，为技艺所牵累。劳形，身体劳顿；怵心，心神不宁。象官府中供役使的小吏那样轮换任职，象有技艺的工匠那样为技巧所累。

③ 觑觑（qù）：惊恐的样子。

④ 圃畦（qí）：畦，田园中分成的小区，畦田、菜畦；古代称田五十亩为一畦。圃畦，种田。

而笑曰:"吾闻之吾师,有机械者必有机事,有机事者必有机心。机心存于胸中,则纯白不备。纯白不备,则神生不定。神生不定者,道之所不载也。吾非不知,羞而不为也。"子贡瞒然惭,俯而不对,有间,为圃者曰:"子奚为者邪?"曰:"孔丘之徒也。"为圃者曰:"子非夫博学以拟圣,於于以盖众,独弦哀歌以卖名声于天下者乎?汝方将忘汝神气,堕汝形骸,而庶几乎!而身之不能治,而何暇治天下乎?子往矣,无乏吾事。"

子贡卑陬①失色,琐琐然不自得,行三十里而后愈。其弟子曰:"向之人何为者邪?夫子何故见之变容失色,终日不自反邪?"曰:"始以为天下一人耳,不知复有夫人也。吾闻之夫子,事求可,功求成,用功少,见功多者,圣人之道。今徒不然。执道者德全,德全者形全,形全者神全,神全者圣人之道也。托生与民并行,而不知其所之。茫乎淳备哉!功利机巧必忘夫人之心。若夫人者,非其志不之,非其心不为,虽以天下誉之,得其所谓,骜然不顾;以天下非之,失其所谓,傥然不受②。天下之非誉,无益损焉。是谓全德之人哉!我之谓风波之民。"反于鲁,以告孔子。孔子曰:"彼假修浑沌氏之术者也。识其一不知其二,治其内不治其外。夫明白入素,无为复朴,体性抱神,以游世俗之间者,汝将固惊邪。且浑沌氏之术,予与汝何足以识之哉?"

谆芒将东之大壑,适遇苑风于东海之滨。苑风曰:"子将奚之?"曰:"将之大壑。"曰:"奚为焉?"曰:"夫大壑之为物也,注焉而不满,酌焉而不竭。吾将游焉!"苑风曰:"夫子无意横目之民乎?愿闻圣治。"谆芒曰:"圣治乎?官施而不失其宜,拔举而不失其能,毕见其情事而行其所为,行言自为而天下化。手挠顾指,四方之民莫不俱至,此之谓圣治。""愿闻德人。"曰:"德人者,居无思,行无虑,不藏是非美恶。四海之内,共利之之谓悦,共给之之谓安。怊乎若婴儿之失其母也,傥乎若行而失其道也。财用有余而不知其所自来,饮食取足而不知其所从,此谓德人之容。""愿闻神人。"曰:"上神乘光,与形灭亡,是谓照旷。致命尽情,

---

① 卑陬(zōu):陬,隅,因自卑而退居一隅,拳缩,惭愧的样子。
② 傥(tǎng)然不受:无心的样子,没受影响。

天地乐而万事销亡，万物复情，此之谓混冥。"

门无鬼与赤张满稽观于武王之师，赤张满稽曰："不及有虞氏乎！故离此患也。"门无鬼曰："天下均治而有虞氏治之邪？其乱而后治之与？"赤张满稽曰："天下均治之为愿，而何计以有虞氏为！有虞氏之药疡也，秃而施发，病而求医。孝子操药以修慈父，其色憔然，圣人羞之。至德之世，不尚贤，不使能，上如标枝，民如野鹿。端正而不知以为义，相爱而不知以为仁，实而不知以为忠，当而不知以为信，蠢动而相使不以为赐。是故行而无迹，事而无传。"

孝子不谀其亲，忠臣不谄其君，臣、子之盛也。亲之所言而然，所行而善，则世俗谓之不肖子；君之所言而然，所行而善，则世俗谓之不肖臣。而未知此其必然邪？世俗之所谓然而然之，所谓善而善之，则不谓之导谀之人也！然则俗故严于亲而尊于君邪？谓己导人，则勃然作色；谓己谀人，则怫①然作色。而终身导人也，终身谀人也，合譬饰辞聚众也，是终始本末不相坐。垂衣裳，设采色，动容貌，以媚一世，而不自谓导谀；与夫人之为徒，通是非，而不自谓众人，愚之至也。知其愚者，非大愚也；知其惑者，非大惑也。大惑者，终身不解；大愚者，终身不灵。三人行而一人惑，所适者，犹可致也，惑者少也；二人惑则劳而不至，惑者胜也。而今也以天下惑，予虽有祈向，不可得也。不亦悲乎！大声不入于里耳，折杨、皇华，则嗑然而笑。是故高言不止于众人之心；至言不出，俗言胜也。以二缶钟惑，而所适不得矣。而今也以天下惑，予虽有祈向，其庸可得邪！知其不可得也而强之，又一惑也！故莫若释之而不推。不推，谁其比忧！厉之人，夜半生其子，遽取火而视之，汲汲然唯恐其似己也②。

百年之木，破为牺尊，青黄而文之，其断在沟中，比牺尊于沟中之断，则美恶有间矣，其于失性一也。跖与曾、史，行义有间矣，然其失性均也。且夫失性有五：一曰无色乱目，使目不明；二曰五声乱耳，使耳不聪；三

---

① 怫（fú）：愤怒的样子。
② 厉之人：丑人。遽（jù）：仓促，惊慌。汲汲然：急切的样子。

曰五臭熏鼻，困惾中颡①；四曰五味浊口，使口厉爽；五曰趣舍滑心②，使性飞扬。此五者，皆生之害也。而杨、墨乃始离跂自以为得，非吾所谓得也。夫得者困，可以为得乎？则鸠鸮之在于笼也，亦可以为得矣。且夫趣舍声色以柴其内，皮弁鹬冠、搢笏绅修，以约其外。内支盈于柴栅，外重墨缴，睆睆然在墨缴之中，而自以为得，则是罪人交臂历指，而虎豹在于囊槛，亦可以为得矣！

天道 第十三

经典内容：虚静恬淡、寂寞无为者，万物之本也。素王之道。朴素而天下莫能与之争美。与人和者，谓之人乐；与天和者，谓之天乐。上必无为而用天下，下必有为为天下用。礼法度数，治之末也。人之所治也，安能治人！一曲之人。君子不仁则不成，不义则不生。放德而行，循道而趋。

篇旨概要：天道，天运行的规律。庄子认为天道无为，天道是人道的依据，人道应当效法天道，尤其做帝王的更应当以天道为行事的原则，"虚静恬淡，寂寞无为"；主张"法天贵真"。其中君道无为、臣道有为的思想，与"在宥"篇末段的论述相近，当为庄子后学或庄子晚期的思想。

陈深曰："此篇明君道之无为。"（《庄子品节》）恨亭净挺曰："无为自正，无欲自化，天之道也。"（《漆园指通》）陈寿昌曰："天道无为，以虚静自然为本，人心失其自然，即以害道。唯圣人之心，不为物累，不与利迁，如如自在，乃得大定之境。"（《南华真经正义》）

天道运而无所积，故万物成；帝道运而无所积，故天下归；圣道运而无所积，故海内服。明于天，通于圣，六通四辟于帝王之德者，其自为也，昧然无不静者矣。圣人之静也，非曰静也善，故静也，万物无足以铙心者，

---

① 颡（sǎng）：脑门，额头。
② 趣舍滑心：趣，取；滑，乱。取舍乱心。顺心则取，违情则舍。

故静也。水静则明烛须眉，平中准，大匠取法焉。水静犹明，而况精神！圣人之心静乎，天地之鉴也，万物之镜也。夫虚静恬淡，寂漠无为者，天地之平而道德之至，故帝王圣人休焉。休则虚，虚则实，实者伦矣。虚则静，静则动，动则得矣。静则无为，无为也，则任事者责矣。无为则俞俞，俞俞者忧患不能处，年寿长矣。夫虚静恬淡，寂寞无为者，万物之本也。明此以南乡，尧之为君也；明此以北面，舜之为臣也。以此处上，帝王天子之德也；以此处下，玄圣素王之道也。以此退居而闲游，江海山林之士服；以此进为而抚世，则功大名显而天下一也。静而圣，动而王，无为也而尊，朴素而天下莫能与之争美。夫明白于天地之德者，此之谓大本大宗，与天和者也；所以均调天下，与人和者也。与人和者，谓之人乐；与天和者，谓之天乐。

庄子曰："吾师乎，吾师乎！齑^①万物而不为戾；泽及万世而不为仁；长于上古而不为寿；覆载天地、刻雕众形而不为巧。"此之谓天乐。故曰：知天乐者，其生也天行，其死也物化。静而与阴同德，动而与阳同波。故知天乐者，无天怨，无人非，无物累，无鬼责。故曰：其动也天，其静也地，一心定而王天下；其鬼不祟，其魂不疲，一心定而万物服。言以虚静推于天地，通于万物，此之谓天乐。天乐者，圣人之心以畜天下也。

夫帝王之德，以天地为宗，以道德为主，以无为为常。无为也，则用天下而有余；有为也，则为天下用而不足。故古之人贵夫无为也。上无为也，下亦无为也，是下与上同德。下与上同德则不臣。下有为也，上亦有为也，是上与下同道。上与下同道则不主。上必无为而用天下，下必有为为天下用。此不易之道也。故古之王天下者，知虽落天地，不自虑也；辩虽雕万物，不自说也；能虽穷海内，不自为也。天不产而万物化，地不长而万物育，帝王无为而天下功成。故曰：莫神于天，莫富于地，莫大于帝王。故曰：帝王之德配天地。此乘天地驰万物而用人群之道也。

本在于上，末在于下；要在于主，详在于臣，三军五兵之运，德之末也；赏罚利害，五刑之辟，教之末也；礼法度数，形名比详，治之末也；钟鼓

---

① 齑（jī）：捣碎，粉碎。

之音，羽旄之容，乐之末也；哭泣衰绖，隆杀之服，哀之末也。此五末者，须精神之运，心术之动，然后从之者也。末学者，古人有之，而非所以先也。君先而臣从，父先而子从，兄先而弟从，长先而少从，男先而女从，夫先而妇从。夫尊卑先后，天地之行也，故圣人取象焉。天尊地卑，神明之位也；春夏先，秋冬后，四时之序也；万物化作，萌区有状，盛衰之杀，变化之流也。夫天地至神，而有尊卑先后之序，而况人道乎！宗庙尚亲，朝廷尚尊，乡党尚齿，行事尚贤，大道之序也。语道而非其序者，非其道也。语道而非其道也，安取道！

是故古之明大道者，先明天而道德次之，道德已明而仁义次之，仁义已明而分守次之。分守已明而形名次之，形名已明而因任次之，因任已明而原省次之，原省已明而是非次之，是非已明而赏罚次之，赏罚已明而愚知处宜，贵贱履位，仁贤不肖袭情。必分其能，必由其名，以此事上，以此畜下，以此治物，以此修身，知谋不用，必归其天。此之谓大平①，治之至也。故书曰："有形有名。"形名者，古人有之，而非所以先也。古之语大道者，五变而形名可举，九变而赏罚可言也。骤而语形名，不知其本也；骤而语赏罚，不知其始也。倒道而言，忤道而说者，人之所治也，安能治人！骤而语形名赏罚，此有知治之具，非知治之道。可用于天下，不足以用天下。此之谓辩士，一曲之人也。礼法数度，形名比详，古人有之，此下之所以事上，非上之所以畜下也。

昔者舜问于尧曰："天王之用心何如？"尧曰："吾不敖无告，不废穷民，苦死者，嘉孺子而哀妇人，此吾所以用心也。"舜曰："美则美矣，而未大也。"尧曰："然则何如？"舜曰："天德而出宁，日月照而四时行，若昼夜之有经，云行而雨施矣！"尧曰："胶胶扰扰乎！子，天之合也；我，人之合也。"夫天地者，古之所大也，而黄帝、尧、舜之所共美也。故古之王天下者，奚为哉？天地而已矣！

孔子西藏书于周室，子路谋曰："由闻周之征藏史有老聃者，免而归居，夫子欲藏书，则试往因焉。"孔子曰："善。"往见老聃，而老聃不许，

---

① 大平：太平。

于是繙十二经以说。老聃中其说，曰："大谩^①，愿闻其要。"孔子曰："要在仁义。"老聃曰："请问：仁义，人之性邪？"孔子曰："然，君子不仁则不成，不义则不生。仁义真人之性也，又将奚为矣？"老聃曰："请问：何谓仁义？"孔子曰："中心物恺，兼爱无私，此仁义之情也。"老聃曰："意，几乎后言。夫兼爱，不亦迂乎！无私焉，乃私也。夫子若欲使天下无失其牧乎？则天地固有常矣，日月固有明矣，星辰固有列矣，禽兽固有群矣，树木固有立矣。夫子亦放德而行，循道而趋，已至矣！又何偈偈乎揭仁义，若击鼓而求亡子焉！意，夫子乱人之性也。"

士成绮见老子而问曰："吾闻夫子圣人也，吾固不辞远道而来，愿见，百舍重趼而不敢息。今吾观子，非圣人也。鼠壤有馀蔬，而弃妹之者，不仁也；生熟不尽于前，而积敛无崖。"老子漠然不应。士成绮明日复见，曰："昔者吾有刺于子，今吾心正却矣，何故也？"老子曰："夫巧知神圣之人，吾自以为脱焉。昔者子呼我牛也而谓之牛，呼我马也而谓之马。苟有其实，人与之名而弗受，再受其殃。吾服也恒服，吾非以服有服。"士成绮雁行避影，履行，遂进而问："修身若何？"老子曰："而容崖然，而目冲然，而颡頯^②然，而口阚然，而状义然，似系马而止也。动而持，发也机，察而审，知巧而睹于泰，凡以为不信。边竟有人焉，其名为窃。"

夫子曰："夫道，于大不终，于小不遗，故万物备。广广乎其无不容也，渊乎其不可测也。形德仁义，神之末也，非至人孰能定之！夫至人有世，不亦大乎！而不足以为之累。天下奋柄而不与之偕，审乎无假而不与利迁，极物之真，能守其本，故外天地，遗万物，而神未尝有所困也。通乎道，合乎德，退仁义，宾礼乐，至人之心有所定矣。"

世之所贵道者，书也。书不过语，语有贵也。语之所贵者，意也，意有所随。意之所随者，不可以言传也，而世因贵言传书。世虽贵之，我犹不足贵也，为其贵非其贵也。故视而可见者，形与色也；听而可闻者，名与声也。悲夫！世人以形色名声为足以得彼之情。夫形色名声，果不足以

---

① 大谩：太漫，太繁琐。

② 頯（kuí）：颧骨。颡頯然，前额突出的样子。

得彼之情，则知者不言，言者不知，而世岂知之哉！

桓公读书于堂上，轮扁斲①轮于堂下，释椎凿而上，问桓公曰："敢问公之所读者，何言邪？"公曰："圣人之言也。"曰："圣人在乎？"公曰："已死矣。"曰："然则君之所读者，古人之糟魄②已矣！"桓公曰："寡人读书，轮人安得议乎！有说则可，无说则死！"轮扁曰："臣也，以臣之事观之。斲轮，徐则甘而不固，疾则苦而不入，不徐不疾，得之于手而应于心，口不能言，有数存焉于其间。臣不能以喻臣之子，臣之子亦不能受之于臣，是以行年七十而老斲轮。古之人与其不可传也死矣，然则君之所读者，古人之糟魄已夫！"

天运　第十四

经典内容：至仁无亲。以敬孝易，以爱孝难。至乐。太和万物。圣也者，达于情而遂于命也。东施效颦。名，公器也，不可多取。逍遥，无为也。正者，正也。相濡以沫，不若相忘于江湖。性不可易，命不可变，时不可止，道不可壅。不与化为人，安能化人！

篇旨概要：本篇开头十五问，胜于屈原的《天问》，是对诸多自然现象的哲学追问。"天运"就是天道运行，其规律是周而复始、自然而然。人道应当效法天道。"天有六极五常，帝王顺之则治，逆之则凶。"《庄子》的"天地"、"天道"、"天运"三篇，都涉及到了"天"即自然，认为"天"是自然的、客观的、运动的、发展的，人们行事要以"天"为准则，要效法天，即"法天"。

王雱曰："夫无为者，天之妙道也。天道之止于无为，则其道所以不为神。唯能无为而为之，然后道妙而神矣。此庄子因作《天运》篇。"（《南华真经新传》）文如海曰："天者，自然之称也；运者，转之不息也。"（《南

---

① 斲（zhuó）：大锄，引申为用刀、斧等砍。

② 糟魄：糟粕，古人遗言。

华邈》）陆西星曰："此篇所论天地帝王之道，贵无为而贱有为，重道德而轻仁义，篇篇一旨，但阖辟变化，如风云之卷舒，千态万状，令人应接不暇。"（《南华真经副墨》）刘凤苞曰："《天运》篇是发明道之自然，而体道者泯其迹象，行道者合乎时宜。"（《南华雪心编》）杨起元曰："此篇欲人于运化中求真宰，以立君道之准。"（《南华经品节》）王夫之曰："此篇之旨，以自然为宗。天地之化，无非自然。"（《庄子解》）

"天其运乎？地其处乎？日月其争于所乎？孰主张是？孰维纲是？孰居无事推而行是？意者其有机缄而不得已邪？意者其运转而不能自止邪？^①云者为雨乎？雨者为云乎？孰隆施是？孰居无事淫乐而劝是？风起北方，一西一东，有上彷徨，孰嘘吸是？孰居无事而披拂是？敢问何故？"巫咸祒曰："来！吾语女。天有六极五常，帝王顺之则治，逆之则凶。九洛^②之事，治成德备，监照下土，天下戴之，此谓上皇。"

商太宰荡问仁于庄子。庄子曰："虎狼，仁也^③。"曰："何谓也？"庄子曰："父子相亲，何为不仁！"曰："请问至仁。"庄子曰："至仁无亲^④。"太宰曰："荡闻之，无亲则不爱，不爱则不孝。谓至仁不孝，可乎？"庄子曰："不然，夫至仁尚矣，孝固不足以言之。此非过孝之言也，不及孝之言也。夫南行者至于郢，北面而不见冥山，是何也？则去之远也。故曰：以敬孝易，以爱孝难；以爱孝易，以忘亲难；忘亲易，使亲忘我难；使亲忘我易，兼忘天下难；兼忘天下易，使天下兼忘我难。夫德遗尧、舜而不为也，利泽施于万世，天下莫知也，岂直太息而言仁孝乎哉！夫孝悌仁义，忠信贞廉，此皆自勉以役其德者也，不足多也。故曰：至贵，国爵

---

①天其运乎？……：天是运转在上吗？地是宁静在下吗？日月是在同一个轨迹上相互追逐吗？是谁让它们这样的？是谁维持着它们这样的？是谁闲居无事而推行着这样？猜想其中有机关促使它们不得不这样？猜想它们是由于运转惯性而不得不这样？这一段反问或设问，是沿着无神论的方向对天地日月运行现象的追问，表现了朴素的怀疑主义思想。

②九洛：九州。

③虎狼，仁也：虎狼（母子之间）也有仁爱。

④至仁无亲：最高的仁爱是没有偏爱。

并焉；至富，国财并焉；至愿，名誉并焉。是以道不渝。"

北门成问于黄帝曰："帝张咸池之乐①于洞庭之野，吾始闻之惧，复闻之怠，卒闻之而惑，荡荡默默，乃不自得。"帝曰："汝殆其然哉！吾奏之以人，徽之以天，行之以礼义，建之以太清。夫至乐者，先应之以人事，顺之以天理，行之以五德，应之以自然，然后调理四时，太和万物。四时迭起，万物循生。一盛一衰，文武伦经。一清一浊，阴阳调和，流光其声，蛰虫始作，吾惊之以雷霆。其卒无尾，其始无首。一死一生，一愤一起，所常无穷，而一不可待。汝故惧也。吾又奏之以阴阳之和，烛之以日月之明。其声能短能长，能柔能刚，变化齐一，不主故常。在谷满谷，在坑满坑。途隙守神，以物为量。其声挥绰，其名高明。是故鬼神守其幽，日月星辰行其纪。吾止之于有穷，流之于无止。予欲虑之而不能知也，望之而不能见也，逐之而不能及也。傥然立于四虚之道，倚于槁梧而吟：'目知穷乎所欲见，力屈乎所欲逐，吾既不及，已夫！'形充空虚，乃至委蛇②。汝委蛇，故怠。吾又奏之以无怠之声，调之以自然之命。故若混逐丛生，林乐而无形，布挥而不曳，幽昏而无声。动于无方，居于窈冥，或谓之死，或谓之生；或谓之实，或谓之荣。行流散徙，不主常声。世疑之，稽于圣人。圣也者，达于情而遂于命也。天机不张而五官皆备。此之谓天乐，无言而心悦。故有炎氏为之颂曰：'听之不闻其声，视之不见其形，充满天地，苞裹六极。'汝欲听之而无接焉，而故惑也。乐也者，始于惧，惧故祟；吾又次之以怠，怠故遁；卒之以惑，惑故愚；愚故道，道可载而与之俱也。"

孔子西游于卫，颜渊问师金曰："以夫子之行为奚如？"师金曰："惜乎！而夫子其穷哉！"颜渊曰："何也？"师金曰："夫刍狗之未陈也，盛以箧衍，巾以文绣，尸祝斋戒以将之。及其已陈也，行者践其首脊，苏者取而爨之。

---

① 张咸池之乐：张，演奏。咸池，是古代中国神话中日浴之处，也是专供仙女洗澡的地方。咸池之乐，是古代的雅乐"六舞"《云门》、《咸池》、《大韶》、《大夏》、《大濩》、《大武》之一。其中前四个属"文舞"，后两个为"武舞"。文舞时，歌舞者手里拿着乐器"龠"（排箫）和鸟羽"翟"；武舞时，歌舞者手里握着武器干（盾）戚（斧）。其中每一部乐舞都有比较明确的主题，用以表彰某个圣明先王的伟大功德。如《咸池》，歌颂唐尧之大德彰明于天下。

② 委蛇（wēi yí）：一种传说中的动物，人头蛇身，两个头。形容蜿蜒曲折；拐来拐去，意同逶迤。

而已将复取而盛以箧衍，巾以文绣，游居寝卧其下，彼不得梦，必且数眯焉。今而夫子亦取先王已陈刍狗，聚弟子游居寝卧其下。故伐树于宋，削迹于卫，穷于商周，是非其梦邪？围于陈蔡之间，七日不火食，死生相与邻，是非其眯邪？夫水行莫如用舟，而陆行莫如用车。以舟之可行于水也，而求推之于陆，则没世不行寻常。古今非水陆与？周鲁非舟车与？今蕲^①行周于鲁，是犹推舟于陆也！劳而无功，身必有殃。彼未知夫无方之传，应物而不穷者也。且子独不见夫桔槔^②者乎？引之则俯，舍之则仰。彼，人之所引，非引人也。故俯仰而不得罪于人。故夫三皇五帝之礼义法度，不矜于同而矜于治。故譬三皇五帝之礼义法度，其犹柤^③梨橘柚邪！其味相反而皆可于口。故礼义法度者，应时而变者也。今取猿狙而衣以周公之服，彼必龁啮挽裂，尽去而后慊。观古今之异，犹猿狙之异乎周公也。故西施病心而颦其里，其里之丑人见而美之，归亦捧心而颦其里。其里之富人见之，坚闭门而不出；贫人见之，挈^④妻子而去之走。彼知颦美，而不知颦之所以美。惜乎，而夫子其穷哉！"

孔子行年五十有一而不闻道，乃南之沛^⑤见老聃。老聃曰："子来乎？吾闻子，北方之贤者也！子亦得道乎？"孔子曰："未得也。"老子曰："子恶乎求之哉？"曰："吾求之于度数，五年而未得也。"老子曰："子又恶乎求之哉？"曰："吾求之于阴阳，十有二年而未得。"老子曰："然，使道而可献，则人莫不献之于其君；使道而可进，则人莫不进之于其亲；使道而可以告人，则人莫不告其兄弟；使道而可以与人，则人莫不与其子孙。然而不可者，无它也，中无主而不止，外无正而不行。由中出者，不受于外，圣人不出；由外入者，无主于中，圣人不隐。名，公器^⑥也，不可多取。仁义，

---

① 蕲（qí）：同"祈"，祈求。
② 桔槔：古代利用杠杆原理制作的一种汲水的机械工具。
③ 柤（zhā）：同"楂"，山楂。
④ 挈：携带。
⑤ 沛：古代楚国的一个地方。
⑥ 公器：公用的东西。

先王之遽庐①也，止可以一宿而不可以久处。觏而多责②。古之至人，假③道于仁，托宿于义，以游逍遥之墟，食于苟简④之田，立于不贷之圃。逍遥，无为也；苟简，易养也；不贷，无出也。古者谓是采真之游。以富为是者，不能让禄；以显为是者，不能让名。亲权者，不能与人柄，操之则栗，舍之则悲，而一无私鉴，以窥其所不休者，是天之戮民⑤也。怨、恩、取、与、谏、教、生、杀八者，正之器也，唯循大变无所湮者为能用之。故曰：正者，正也。其心以为不然者，天门⑥弗开矣。"守故不变则失正矣。

孔子见老聃而语仁义。老聃曰："夫播穅眯目，则天地四方易位矣，蚊虻噆肤，则通昔不寐矣。夫仁义憯然⑦，乃愤吾心，乱莫大焉。吾子使天下无失其朴，吾子亦放风而动，总德而立矣！又奚杰然若负建鼓而求亡子者邪？夫鹄不日浴而白，乌不日黔而黑。黑白之朴，不足以为辩；名誉之观，不足以为广。泉涸，鱼相与处于陆，相呴以湿，相濡以沫，不若相忘于江湖。"

孔子见老聃归，三日不谈。弟子问曰："夫子见老聃，亦将何规哉？"孔子曰："吾乃今于是乎见龙。龙合而成体，散而成章，乘乎云气而养乎阴阳。予口张而不能嗋⑧，予又何规老聃哉！"子贡曰："然则人固有尸居而龙见，雷声而渊默，发动如天地者乎？赐亦可得而观乎？"遂以孔子声见老聃。

老聃方将倨堂而应微曰："予年运而往矣，子将何以戒我乎？"子贡曰："夫三王、五帝之治天下不同，其系声名一也。而先生独以为非圣人，如何哉？"老聃曰："小子少进！子何以谓不同？"对曰："尧授舜，舜授禹，禹用力而汤用兵，文王顺纣而不敢逆，武王逆纣而不肯顺，故曰不同。"

老聃曰："小子少进！余语汝三皇、五帝之治天下。黄帝之治天下，使民心一，民有其亲死不哭而民不非也。尧之治天下，使民心亲，民有为

---

① 遽庐：古代传递公文的人或往来官员途中暂居的地方。

② 觏而多责：觏，见。看见的人都会议论。

③ 假：借。

④ 苟简：苟且简略。

⑤ 戮民：受刑戮的人，该杀的人。

⑥ 天门：天机之门。心之灵府。

⑦ 憯然：憯，惨；狠毒的样子。

⑧ 嗋（xié）：合拢。

其亲杀其杀而民不非也。舜之治天下，使民心竞，民孕妇十月生子，子生五月而能言，不至乎孩而始谁，则人始有夭矣。禹之治天下，使民心变，人有心而兵有顺，杀盗非杀，人自为种而天下耳；是以天下大骇，儒、墨皆起。其作始有伦，而今乎妇女，何言哉！余语汝：三皇、五帝之治天下，名曰治之，而乱莫甚焉。三皇之知，上悖日月之明，下睽^①山川之精，中堕四时之施。其知憯于蛎虿之尾，鲜规之兽，莫得安其性命之情者，而犹自以为圣人，不可耻乎？其无耻也！"子贡蹴蹴^②然立不安。

孔子谓老聃曰："丘治《诗》、《书》、《礼》、《乐》、《易》、《春秋》六经，自以为久矣，孰知其故矣，以奸者七十二君，论先王之道而明周、召之迹，一君无所钩用。甚矣！夫人之难说也，道之难明邪！"老子曰："幸矣，子之不遇治世之君也！夫六经，先王之陈迹也，岂其所以迹哉！今子之所言，犹迹也。夫迹，履之所出，而迹岂履哉！夫白鶂^③之相视，眸子不运而风化^④；虫，雄鸣于上风，雌应于下风而风化。类自为雌雄，故风化。性不可易，命不可变，时不可止，道不可壅。苟得其道，无自而不可；失焉者，无自而可。"

孔子不出三月，复见，曰："丘得之矣。乌鹊孺，鱼傅沫，细要者化，有弟而兄啼。久矣，夫丘不与化为人！不与化为人，安能化人！"老子曰："可。丘得之矣。"

刻意　第十五

经典内容：恬淡寂漠，虚无无为，此天地之平而道德之质也。圣人之生也天行，其死也物化。其寝不梦，其觉无忧，其神纯粹，其魂不罢，虚无恬淡，乃合天德。纯粹而不杂，静一而不变，淡而无为，动而以天行，

---

① 睽（kuí）：睁眼看着。这里指损害。

② 蹴蹴（cù）：心神不安。

③ 鶂（yì）：鶂，一种水鸟，形似鸬鹚。

④ 风化：雌雄感应而受孕。

此养神之道也。纯素之道，唯神是守。能体纯素，谓之真人。

篇旨概要：本篇虽然名为"刻意"，但是它所倡导的却是"勿刻意"。本篇是《养生主》、《大宗师》、《天道》等篇养生思想的延续，其主旨论述了养生重在养神贵精，"纯素之道，唯神是守"，圣人"恬淡寂漠，虚无无为"与天地合德；其方法是勿刻意、任自然，虚无恬淡、与天合一。

文如海曰："刻者，削也；意者，心之用也。"（《南华邈》）王雱曰："夫虚静寂寞之道废，则矫削僻异之行所以兴，此世俗之忘于无为而灭天矣。此庄子因而作《刻意》篇。"（《南华真经新传》）杨起元曰："通篇论养神之道，以静虚无为为宗。"（《南华经品节》）

刻意尚行，离世异俗，高论怨诽，为亢①而已矣。此山谷之士，非世之人，枯槁赴渊者之所好也。语仁义忠信，恭俭推让，为修而已矣。此平世之士，教诲之人，游居学者之所好也。语大功，立大名，礼君臣，正上下，为治而已矣。此朝廷之士，尊主强国之人，致功并兼者之所好也。就薮②渊，处闲旷，钓鱼闲处，无为而已矣。此江海之士，避世之人，闲暇者之所好也。吹呴呼吸，吐故纳新，熊经鸟申③，为寿而已矣。此导引之士，养形之人，彭祖寿考者之所好也。若夫不刻意而高，无仁义而修，无功名而治，无江海而闲，不导引而寿，无不忘也，无不有也。淡然无极，而众美从之，此天地之道，圣人之德也。

故曰：夫恬淡寂漠，虚无无为，此天地之平，而道德之质也。故曰：圣人休休焉则平易④矣。平易则恬淡矣。平易恬淡，则忧患不能入，邪气不能袭，故其德全而神不亏。故曰：圣人之生也天行，其死也物化⑤。静而与阴同德，

---

① 为亢：为了清高。

② 薮（sǒu）：生长着很多草的湖泽；人或物聚集的地方。

③ 熊经鸟申：经，悬挂；申，伸。熊倒挂于树枝，鸟伸颈以鸣。后来成为道教气功养生的修炼方法。

④ 平易：易，平坦。平坦开阔，比喻性情温和宁静、态度和蔼谦逊。

⑤ 天行：天道运行。 物化：万物变化。

动而与阳同波。不为福先，不为祸始。感而后应，迫而后动，不得已而后起。去知与故，循天之理。故无天灾，无物累，无人非，无鬼责。其生若浮[1]，其死若休。不思虑，不豫谋。光矣而不耀，信矣而不期。其寝不梦，其觉无忧。其神纯粹，其魂不罢[2]。虚无恬淡，乃合天德。故曰：悲乐者，德之邪也；喜怒者，道之过也；好恶者，德之失也。故心不忧乐，德之至也；一而不变，静之至也；无所于忤[3]，虚之至也；不与物交，淡之至也；无所于逆，粹之至也。故曰：形劳而不休则弊，精用而不已则劳，劳则竭。水之性，不杂则清，莫动则平；郁闭而不流，亦不能清；天德之象也。故曰：纯粹而不杂，静一而不变，淡而无为，动而以天行，此养神之道也。

夫有干越之剑者，押而藏之，不敢用也，宝之至也。精神四达并流，无所不极，上际于天，下蟠[4]于地，化育万物，不可为象，其名为同帝。纯素之道，唯神是守。守而勿失，与神为一。一之精通，合于天伦。野语有之曰："众人重利，廉士重名，贤士尚志，圣人贵精。"故素也者，谓其无所与杂也；纯也者，谓其不亏其神也。能体纯素，谓之真人。

缮性　第十六

经典内容：以恬养知。德，和也；道，理也。当是时也，阴阳和静，鬼神不扰，四时得节，万物不伤，群生不夭，人虽有知，无所用之，此之谓至一。当是时也，莫之为而常自然。世丧道矣，道丧世矣，世与道交相丧也。乐全之谓得志。古之所谓得志者，非轩冕之谓也，谓其无以益其乐而已矣。丧己于物，失性于俗者，谓之倒置之民。

篇旨概要：缮性，即缮情复性，其方法是以恬养知。本篇虽然名为"缮

---

① 其生若浮：活着好像在漂浮、浮动。

② 其魂不罢：罢，疲。魂魄不倦。

③ 无所于忤（wǔ）：没有什么违逆的。

④ 蟠：遍及。

性"，但是它所倡导的却是"勿缮性"。修缮性情，那是儒家的思想，道家是反对修缮自然本性的。所以本篇的主旨是勿修缮、任自然。"丧己于物，失性于俗"的倒置之民，头朝下、脚朝上，倒立着认识世界，颠倒了上下、混淆了轻重、背反了物我、错待了苦乐，因此是庄子批判的对象。

王雱曰："夫矫削僻异之行，非出于人之天真而生于世俗之伪心，伪心用则正性所以失，正性失而不悟其自失，复欲以伪而完治矣。此庄子因而作《缮性》篇。"（《南华真经新传》）陈深曰："此篇言俗学障性，俗思乱明，唯知与恬交相养，而后得其性。"（《庄子品节》）

缮性于俗学[①]，以求复其初；滑欲于俗思[②]，以求致其明；谓之蔽蒙之民。古之治道者，以恬养知。知生而无以知为也，谓之以知养恬。知与恬交相养，而和理出其性。夫德，和也；道，理也。德无不容，仁也；道无不理，义也；义明而物亲，忠也；中纯实而反乎情，乐也；信行容体而顺乎文，礼也。礼乐偏行，则天下乱矣。彼正而蒙己德，德则不冒。冒则物必失其性也。古之人，在混芒之中，与一世而得淡漠焉。当是时也，阴阳和静，鬼神不扰，四时得节，万物不伤，群生不夭，人虽有知，无所用之，此之谓至一[③]。当是时也，莫之为而常自然。

逮[④]德下衰，乃燧人、伏羲始为天下，是故顺而不一；德又下衰，及神农、黄帝始为天下，是故安而不顺。德又下衰，及唐、虞始为天下，兴治化之流，泄淳散朴。离道以善，险德以行，然后去性而从于心。心与心识，知而不足以定天下，然后附之以文，益之以博。文灭质，博溺心，然后民始惑乱，无以反其性情而复其初。由是观之，世丧道矣，道丧世矣，世与道交相丧也。道之人何由兴乎世，世亦何由兴乎道哉？道无以兴乎世，世无以兴乎道，虽圣人不在山林之中，其德隐矣。隐故不自隐。古之所谓隐士者，非伏其

①缮性于俗学：缮，治，以俗学修缮本性。

②滑（gǔ）欲于俗思：滑，乱。以俗思扰乱性情。

③至一：最高的最完美的境界。

④逮：等到。

身而弗见也，非闭其言而不出也，非藏其知而不发也，时命大谬也。当时命而大行乎天下，则反一无迹；不当时命而大穷乎天下，则深根宁极而待：此存身之道也。古之行身者，不以辩饰知，不以知穷天下，不以知穷德，危然处其所而反其性已，又何为哉？道固不小行，德固不小识。小识伤德，小行伤道。故曰：正己而已矣。乐全之谓得志。

古之所谓得志者，非轩冕①之谓也，谓其无以益其乐而已矣。今之所谓得志者，轩冕之谓也。轩冕在身，非性命也，物之傥来②，寄者也。寄之，其来不可圉，其去不可止。故不为轩冕肆志，不为穷约趋俗，其乐彼与此同，故无忧而已矣！今寄去则不乐。由之观之，虽乐，未尝不荒也。故曰：丧己于物，失性于俗者，谓之倒置之民。

秋水　第十七

经典内容：得而不喜，失而不忧。自细视大者不尽，自大视细者不明。道人不闻，至德不得，大人无己。以道观之，物无贵贱；以物观之，自贵而相贱；以俗观之，贵贱不在己。因其所大而大之，则万物莫不大；因其所小而小之，则万物莫不小；因其所有而有之，则万物莫不有；因其所无而无之，则万物莫不无；因其所然而然之，则万物莫不然；因其所非而非之，则万物莫不非。万物一齐。道无终始，物有死生。不以物害己。天在内，人在外，德在乎天。牛马四足，是谓天；落马首，穿牛鼻，是谓人。无以人灭天，无以故灭命，无以得殉名。谨守而勿失，是谓反其真。时势适然。视死若生。知穷之有命，知通之有时，临大难而不惧者，圣人之勇也。井底之蛙。使蚊负山。以管窥天，以锥指地。邯郸学步。宁生而曳尾涂中。子非鱼，安知鱼之乐？

篇旨概要："逍遥游"、"齐物论"、"养生主"、"秋水"、"山木"，

---

① 轩冕：指古时大夫以上官员的车乘和冕服，后引申为借指官位爵禄。
② 傥（tǎng）来：偶然得来。

可谓《庄子》的五大名篇。本篇与"齐物论"篇遥相呼应，赋有丰富的人生哲学和相对主义认识论，当为庄子自著。

本篇通过河神河伯与海神北海诺之间的河海问答、孔子游于匡、井底之蛙、邯郸学步、庄子辞相、鹓鶵北徙、濠梁之辩等寓言故事，阐述了人不可自大自多、自是自己、乐生恶死、怨天尤人、非命责时、名利伤生，而应当与道为一、万物一齐、丧我无己、得失两忘、生死同状、安时知命、乐天返真。其全篇的中心思想就是："无以人灭天，无以故灭命，无以得殉名。谨守而勿失，是谓反其真。"

宋代马定国给予《庄子》的"秋水"很高的评价，说："吾读漆园书，《秋水》一篇足；安用十万言，磊落载其腹。"（《读庄子》）明代陈深评论"秋水"篇："近道莫如水，故以河海起喻。《庄子》书有迂阔者，有荒唐者，有愤懑（mèn）者，语皆未平；独此篇说义理，阔大精详，有前圣所未发，而后儒所不及闻者。"（《庄子品节》）清代刘凤苞则评论道："《秋水》一篇，体大思精，文情恣肆。"（《南华雪心编》）今人方勇先生认为本篇"论证了万物大小、是非的无限相对性和人生贵贱、荣辱的极端无常性，旨在要人息伪还真，顺应自然，不为追求名位、富贵等而伤害天然本性。"（《庄子译注》）这些可谓得"秋水"之真。

另，本篇开篇首句"秋水时至，百川灌河"之"秋水"，是否当为"夏水"？因为无论是黄河、淮河、济水，只有夏季才有这样汪洋恣肆的水势。历史上，好像没有秋河，也就没有秋河之水"秋水"之说。当然，"秋水"也可权作庄子的寓言用语。

秋水时至，百川灌河。泾流之大，两涘渚崖之间[①]，不辩牛马。于是焉河伯欣然自喜，以天下之美为尽在己；顺流而东行，至于北海，东面而视，不见水端。于是焉河伯始旋其面目，望洋向若而叹曰："野语有之曰：闻

---

① 两涘（sì）渚（zhǔ）崖：涘，厓，崖，涯，水边；渚，水中小块的陆地。两岸诸洲。

道百，以为莫己若者①。我之谓也。且夫我尝闻少仲尼之闻而轻伯夷之义者，始吾弗信；今我睹子之难穷也，吾非至于子之门则殆矣，吾长见笑于大方之家。②"

北海若曰："井蛙不可以语于海者，拘于虚也；夏虫不可以语于冰者，笃于时也；曲士不可以语于道者，束于教也。今尔出于崖涘，观于大海，乃知尔丑③，尔将可与语大理矣。天下之水，莫大于海：万川归之，不知何时止而不盈；尾闾泄之，不知何时已而不虚；春秋不变，水旱不知。此其过江河之流，不可为量数。而吾未尝以此自多者，自以比形于天地，而受气于阴阳，吾在于天地之间，犹小石小木之在大山也。方存乎见少，又奚以自多！计四海之在天地之间也，不似礨空④之在大泽乎？计中国之在海内，不似稊米⑤之在大仓乎？号物之数谓之万，人处一焉；人卒九州，谷食之所生，舟车之所通，人处一焉。此其比万物也，不似豪末之在于马体乎？五帝之所连，三王之所争，仁人之所忧，任士之所劳，尽此矣！伯夷辞之以为名，仲尼语之以为博。此其自多也，不似尔向之自多于水乎？"

河伯曰："然则吾大天地而小毫末，可乎？"

北海若曰："否。夫物，量无穷，时无止，分无常，终始无故。是故大知观于远近，故小而不寡，大而不多：知量无穷。证向今故，故遥而不闷，掇而不跂⑥：知时无止。察乎盈虚，故得而不喜，失而不忧：知分之无常也。明乎坦途，故生而不悦，死而不祸：知终始之不可故也。计人之所知，不若其所不知；其生之时，不若未生之时；以其至小，求穷其至大之

---

　　①闻道百，以为莫己若者：莫己若，莫若己。听到的道理多了，就以为没有人能比得上自己了。

　　②我尝闻少仲尼之闻而轻伯夷之义者：我曾经听说有人小看孔子的学识而轻视伯夷的义行。子之难穷：您难以穷尽。吾非至于子之门则殆矣：我如果没有到您这儿一趟，那就危险了。

　　③丑：浅陋，局限。

　　④礨（lěi）空：蚂蚁洞，一说小土堆。

　　⑤稊（tí）米：稊，稗子一类的草，子实像糜子。

　　⑥证向今故，故遥而不闷，掇而不跂：证，验证；向，察明；故，古；掇，收拾；跂，祈求。验证察明了古今变化无穷的必然，因此对于遥远的过去的事情就不会感到厌倦，对于触手可及的来日就没有什么可祈求的了。

域，是故迷乱而不能自得也。由此观之，又何以知毫末之足以定至细之倪，又何以知天地之足以穷至大之域！"

河伯曰："世之议者皆曰：至精无形，至大不可围。是信情乎？"

北海若曰："夫自细视大者不尽，自大视细者不明。夫精，小之微也；垺，大之殷也①：故异便，此势之有也。夫精粗者，期于有形者也；无形者，数之所不能分也；不可围者，数之所不能穷也。可以言论者，物之粗也；可以意致者，物之精也；言之所不能论，议之所不能察致者，不期精粗焉。是故大人之行：不出乎害人，不多仁恩；动不为利，不贱门隶②；货财弗争，不多辞让；事焉不借人，不多食乎力，不贱贪污；行殊乎俗，不多辟异；为在从众，不贱佞谄；世之爵禄不足以为劝，戮耻不足以为辱；知是非之不可为分，细大之不可为倪③。闻曰：道人不闻，至德不得，大人无己。约分之至也。"

河伯曰："若物之外，若物之内，恶至而倪贵贱？恶至而倪小大？"

北海若曰："以道观之，物无贵贱；以物观之，自贵而相贱；以俗观之，贵贱不在己。以差观之，因其所大而大之，则万物莫不大；因其所小而小之，则万物莫不小。知天地之为稊米也，知毫末之为丘山也，则差数睹矣。以功观之，因其所有而有之，则万物莫不有；因其所无而无之，则万物莫不无。知东西之相反而不可以相无，则功分定矣。以趣观之，因其所然而然之，则万物莫不然；因其所非而非之，则万物莫不非。知尧、桀之自然而相非，则趣操睹矣。

"昔者尧、舜让而帝，之、哙④让而绝；汤、武争而王，白、公争而灭。由此观之，争让之礼，尧、桀之行，贵贱有时，未可以为常也。梁丽⑤可以冲城而不可以窒穴，言殊器也；骐骥骅骝⑥一日而驰千里，捕鼠不如狸狌，

---

① 夫精，小之微也；垺（fú），大之殷也：垺，郭，外城，形容极大；殷，大。精细是小中之小，巨垺是大中之大。

② 动不为利，不贱门隶：门隶，家奴。行为不为谋利，也不轻视家奴。

③ 倪：标准，辨别。

④ 之、哙：燕王哙将王位禅让给了宰相子之，燕国却灭亡了。

⑤ 梁丽：栋梁。栋梁可以撞击城墙，却不能堵塞穴孔。

⑥ 骐骥骅骝（qí jì huá liú）：都是古代的良马。

言殊技也；鸱鸺^①夜撮蚤，察毫末，昼出瞋目而不见丘山，言殊性也。故曰：盖师是而无非，师治而无乱乎？是未明天地之理，万物之情者也。是犹师天而无地，师阴而无阳，其不可行明矣！然且语而不舍，非愚则诬也！帝王殊禅，三代殊继。差其时，逆其俗者，谓之篡夫；当其时，顺其俗者，谓之义徒。默默乎河伯，女恶知贵贱之门，小大之家！"

河伯曰："然则我何为乎？何不为乎？吾辞受趣舍，吾终奈何？"

北海若曰："以道观之，何贵何贱，是谓反衍；无拘而志，与道大蹇。何少何多，是谓谢施；无一而行，与道参差。严乎若国之有君，其无私德；繇繇^②乎若祭之有社，其无私福；泛泛乎其若四方之无穷，其无所畛域^③。兼怀万物，其孰承翼？是谓无方。万物一齐，孰短孰长？道无终始，物有死生，不恃其成。一虚一满，不位乎其形。年不可举，时不可止。消息盈虚，终则有始。是所以语大义之方，论万物之理也。物之生也，若骤若驰。无动而不变，无时而不移。何为乎，何不为乎？夫固将自化。"

河伯曰："然则何贵乎道邪？"

北海若曰："知道者必达于理，达于理者必明于权，明于权者不以物害己。至德者，火弗能热，水弗能溺，寒暑弗能害，禽兽弗能贼。非谓其薄之也，言察乎安危，宁于祸福，谨于去就，莫之能害也。故曰：天在内，人在外，德在乎天。知天人之行，本乎天，位乎得，蹢躅而屈伸，反要而语极。"

曰："何谓天？何谓人？"

北海若曰："牛马四足，是谓天；落马首，穿牛鼻，是谓人。故曰：无以人灭天，无以故灭命，无以得殉名。谨守而勿失，是谓反其真。"

夔怜蚿，蚿怜蛇^④，蛇怜风，风怜目，目怜心。夔谓蚿曰："吾以一足趻踔而行，予无如矣。今子之使万足，独奈何？"蚿曰："不然。子不见夫唾者乎？喷则大者如珠，小者如雾，杂而下者不可胜数也。今予动吾天机，

---

① 鸱鸺（chī xiū）：猫头鹰。

② 繇繇（yáo）：自得貌。繇，通悠。

③ 畛（zhěn）域：界限。

④ 夔（kuí）怜蚿（xiān），蚿怜蛇：夔，神话传说中的一足兽。蚿，多足虫，也叫千足虫。怜，爱慕。夔以少足而企羡多足，故怜蚿；蚿以有足而羡无足，故怜蛇。

而不知其所以然。"蚿谓蛇曰:"吾以众足行,而不及子之无足,何也?"蛇曰:"夫天机之所动,何可易邪?吾安用足哉!"蛇谓风曰:"予动吾脊胁而行,则有似也。今子蓬蓬然起于北海,蓬蓬然入于南海,而似无有,何也?"风曰:"然,予蓬蓬然起于北海而入于南海也,然而指我则胜我,蝤我亦胜我①。虽然,夫折大木,蜚大屋者,唯我能也。"故以众小不胜为大胜也。为大胜者,唯圣人能之。

孔子游于匡,宋人围之数匝,而弦歌不辍。子路入见,曰:"何夫子之娱也?"孔子曰:"来,吾语汝。我讳穷久矣,而不免,命也;求通久矣,而不得,时也。当尧、舜而天下无穷人,非知得也;当桀、纣而天下无通人,非知失也;时势适然。夫水行不避蛟龙者,渔父之勇也;陆行不避兕虎②者,猎夫之勇也;白刃交于前,视死若生者,烈士之勇也;知穷之有命,知通之有时,临大难而不惧者,圣人之勇也。由,处矣!吾命有所制矣!"无几何,将甲者进,辞曰:"以为阳虎也,故围之;今非也,请辞而退。"

公孙龙问于魏牟曰:"龙少学先王之道,长而明仁义之行;合同异,离坚白;然不然,可不可③;困百家之知,穷众口之辩;吾自以为至达已。今吾闻庄子之言,茫焉异之,不知论之不及与?知之弗若与?今吾无所开吾喙④,敢问其方?"公子牟隐几太息⑤,仰天而笑曰:"子独不闻夫埳井之鼃⑥乎?谓东海之鳖曰:'吾乐与!出跳梁乎井干之上,入休乎缺甃之崖。赴水则接腋持颐,蹶泥则没足灭跗。还虾蟹与蝌蚪,莫吾能若也。且夫擅一壑之水,而跨跱埳井之乐,此亦至矣。夫子奚不时来入观乎?'东海之鳖左足未入,而右膝已絷矣。于是逡巡而却,告之海曰:'夫千里之远,

---

①指我则胜我,蝤(qiú)我亦胜我:蝤,古书上指天牛的幼虫。指,手向之;蝤,足蹴之。人用手指挡我,我不能吹断它,人的手指胜过了我;人用足蹴我,我不能吹断它,人的足胜过了我。

②兕(sì)虎:兕,古书上所说的雌犀牛。兕虎,泛指猛兽。

③合同异,离坚白;然不然,可不可:使同与异相合,让坚硬与白色相离;把别人认为不是那样的让它成为那样,把别人认为不可能的让它成为可能。

④喙(huì):鸟兽的长嘴,这里借指人的嘴。

⑤隐几太息:隐,依靠;几,矮桌子。依着书桌叹息。

⑥鼃(wā):蛙。

不足以举其大；千仞之高，不足以极其深。禹之时，十年九潦，而水弗加益；汤之时，八年七旱，而崖不为加损。夫不为顷久推移，不以多少进退者，此亦东海之大乐也。'于是埳井之鼃闻之，适适然惊，规规然自失也。且夫知不知是非之竟，而犹欲观于庄子之言，是犹使蚊负山，商蚷驰河①也，必不胜任矣。且夫知不知论极妙之言，而自适一时之利者，是非埳井之鼃与？且彼方蹴黄泉而登大皇②，无南无北，奭然四解，沦于不测；无东无西，始于玄冥，反于大通。子乃规规然而求之以察，索之以辩，是直用管窥天，用锥指地也，不亦小乎？子往矣！且子独不闻夫寿陵余子之学行于邯郸与？未得国能，又失其故行矣，直匍匐而归耳。今子不去，将忘子之故，失子之业。"公孙龙口呿而不合，舌举而不下，乃逸而走。

庄子钓于濮水③。楚王使大夫二人往先焉，曰："愿以境内累矣④！"庄子持竿不顾，曰："吾闻楚有神龟，死已三千岁矣。王巾笥⑤而藏之庙堂之上，此龟者，宁其死为留骨而贵乎？宁其生而曳尾于涂中乎？"二大夫曰："宁生而曳尾涂中。"庄子曰："往矣！吾将曳尾于涂中。"

惠子相梁，庄子往见之，或谓惠子曰："庄子来，欲代子相。"于是惠子恐，搜于国中，三日三夜。庄子往见之，曰："南方有鸟，其名鹓雏，子知之乎？夫鹓雏发于南海而飞于北海，非梧桐不止，非练实不食，非醴泉不饮⑥。于是鸱得腐鼠，鹓雏过之，仰而视之曰：'吓！'今子欲以子之梁国而吓我邪？"

庄子与惠子游于濠梁⑦之上。庄子曰："儵鱼出游从容，是鱼之乐也。"惠子曰："子非鱼，安知鱼之乐？"庄子曰："子非我，安知我不知鱼之乐？"

---

① 使蚊负山，商蚷（jù）驰河：商蚷，一种小虫子。让蚊子背起大山，让虫子商蚷在大河上奔驰。

② 蹴（cī）黄泉而登大皇：蹴，蹈，踩着。下蹬黄泉，上攀苍天。

③ 濮水：俗谓之父水，今安徽芡河上游。

④ 愿以境内累矣：愿意用整个国家让您操劳，许以相位。

⑤ 巾笥（sì）：巾箱，以巾包裹、藏入箱箧。

⑥ 非练实不食，非醴（lǐ）泉不饮：练实，竹子开花后结的果实，也称"竹米"；醴，甜酒。不是竹米不吃，不是甘泉不喝。

⑦ 濠（háo）梁：濠，濠水，今安徽省凤阳县境内。濠水之上的桥梁。

惠子曰："我非子，固不知子矣；子固非鱼也，子之不知鱼之乐，全矣！"

庄子曰："请循其本。子曰'汝安知鱼之乐'云者，既已知吾知之而问我。我知之濠上也。"

至乐　第十八

经典内容：天下有至乐无有哉？今奚为奚据？奚避奚处？奚就奚去？人之生也，与忧俱生。寿者昏昏，久忧不死，何苦也！至乐无乐，至誉无誉。至乐活身，唯无为几存。天无为以之清，地无为以之宁。庄子妻死，鼓盆而歌。生人之累。褚小者不可以怀大，绠短者不可以汲深。命有所成而形有所适。以己养养鸟也，非以鸟养养鸟也。不一其能，不同其事。名止于实，义设于适。万物皆出于机，皆入于机。

篇旨概要：本篇论述了人生的快乐、意义、方法以及对待生死的态度。清代学者方潜评说本篇是："《老子》无为之旨而《逍遥游》之绪也。"可谓点题。"至乐"就是天下最大的快乐。天下有没有至乐？庄子说，有：至乐无乐。（最大的快乐就是无所谓快乐。无所谓快乐，也就无所谓忧苦。因此，也可以说，至乐无苦。）那么，如何达到至乐呢？庄子说，无为，无为而至乐。因为人生与忧苦相伴，如佛家所言，生老病死就是"苦"。有一位哲学家说过，人是向死而生，且与苦相伴。那么，如何才能摆脱诸多忧苦呢？看破，放下，忘记。庄子进而通过"庄子妻死，鼓盆而歌""庄子见空骷髅""列子见百岁骷髅"等几则故事，论述了生死一气、死优于生、万物皆出入于"机"（道），最后得出"至乐活身，无为几存。"清代刘凤苞对这句话作了解释："唯至乐乃足活身，则俗乐之伤身可见；唯无为方是至乐，则俗乐之无所不为可知。"（《南华雪心编》）明代释性；通曰："此篇言人有活生之道才谓之至乐，而非世俗以苦为乐者也。"（《南华发覆》）

庄子在本篇中对人生的追问"奚就奚去？奚乐奚恶？"与《列子·杨朱》对人生的困惑"人之生也，奚为哉？奚乐哉？"有异曲同工之妙。

我们身为人类，你是谁？是从哪里来？要到哪里去？人生有那些欢乐？有哪些苦楚？人活着是为了什么？有什么乐趣？这是人生永恒的话题。庄子说，要存身乐生；杨朱说，要从心而动、从性而游，不失当年之乐。当然，古人不可能有雷锋同志那样的精神境界："人的生命是有限的，可是为人民服务是无限的。我要把有限的生命投入到无限的为人民服务之中去。"（《雷锋日记》）是的，人毕竟不是猪，不能只有猪的快乐，还要有孟子所说的人之所以为人的"四心"：恻隐之心，羞恶之心，辞让之心，是非之心。（《孟子·公孙丑》）

　　天下有至乐无有哉？有可以活身者无有哉？今奚为奚据[①]？奚避奚处？奚就奚去？奚乐奚恶？夫天下之所尊者，富贵寿善也；所乐者，身安厚味美服好色音声也；所下者，贫贱夭恶也；所苦者，身不得安逸，口不得厚味，形不得美服，目不得好色，耳不得音声。若不得者，则大忧以惧，其为形也亦愚哉！夫富者，苦身疾作，多积财而不得尽用，其为形也亦外矣！夫贵者，夜以继日，思虑善否，其为形也亦疏矣！人之生也，与忧俱生。寿者昏昏，久忧不死，何苦也！其为形也亦远矣！烈士为天下见善矣，未足以活身。吾未知善之诚善邪，诚不善邪？若以为善矣，不足以活身；以为不善矣，足以活人。故曰："忠谏不听，蹲循勿争。"故夫子胥[②]争之，以残其形；不争，名亦不成。诚有善无有哉？

　　今俗之所为与其所乐，吾又未知乐之果乐邪？果不乐邪？吾观夫俗之所乐，举群趣者，誙誙然如将不得已，而皆曰乐者，吾未之乐也，亦未之不乐也，果有乐无有哉？吾以无为诚乐矣，又俗之所大苦也。故曰："至乐无乐，至誉无誉。"天下是非果未可定也。虽然，无为可以定是非。至乐活身，唯无为几存。请尝试言之：天无为以之清，地无为以之宁。故两

────────────

　　① 奚为奚据：为了什么，依据是什么？

　　② 子胥：伍子胥（公元前559年—公元前484年），本楚国人，春秋末期吴国大夫。曾多次劝谏吴王夫差杀勾践，夫差不听，却听信太宰伯嚭谗言，怀疑伍子胥阴谋倚托齐国反吴，派人送一把宝剑给伍子胥，令其自杀。伍子胥自杀前对门客说："请将我的眼睛挖出置于东门之上，我要看着吴国灭亡。"在伍子胥死后九年，吴国为越国偷袭所灭。

无为相合，万物皆化。芒乎忽乎，而无从出乎！忽乎芒乎，而无有象乎！万物职职，皆从无为殖。故曰："天地无为也而无不为也。"人也孰能得无为哉！

庄子妻死，惠子吊之，庄子则方箕踞①鼓盆而歌。惠子曰："与人居，长子、老、身死，不哭亦足矣，又鼓盆而歌，不亦甚乎！"庄子曰："不然。是其始死也，我独何能无慨然！察其始而本无生；非徒无生也，而本无形；非徒无形也，而本无气。杂乎芒忽之间，变而有气，气变而有形，形变而有生。今又变而之死。是相与为春秋冬夏四时行也。人且偃然寝于巨室②，而我嗷嗷然随而哭之，自以为不通乎命，故止也。"

支离叔与滑介叔观于冥伯之丘，昆仑之虚，黄帝之所休。俄而柳生其左肘，其意蹶蹶然恶之。支离叔曰："子恶之乎？"滑介叔曰："亡。予何恶？生者，假借也；假之而生生者，尘垢也。死生为昼夜。且吾与子观化而化及我，我又何恶焉？"

庄子之楚，见空骷髅，髐然有形③。撽以马捶④，因而问之，曰："夫子贪生失理而为此乎？将子有亡国之事、斧钺之诛⑤而为此乎？将子有不善之行，愧遗父母妻子之丑而为此乎？将子有冻馁之患而为此乎？将子之春秋故⑥及此乎？"于是语卒，援骷髅，枕而卧。夜半，骷髅见梦曰："子之谈者似辩士，视子所言，皆生人之累也，死则无此矣。子欲闻死之说乎？"庄子曰："然。"骷髅曰："死，无君于上，无臣于下，亦无四时之事，从然以天地为春秋，虽南面王乐，不能过也。"庄子不信，曰："吾使司命复生子形，为子骨肉肌肤，反子父母、妻子、闾里、知识，子欲之乎？"骷髅深矉蹙頞⑦曰："吾安能弃南面王乐，而复为人间之劳乎？"

---

① 箕踞（jī jù）：两脚张开，两膝微曲地坐着，形状像箕，是一种轻慢无礼的坐姿。

② 偃然寝于巨室：在天地之间躺着休息。

③ 髐（xiāo）然有形：髐，同髐。空枯得有点象人头骨的样子。

④ 撽（qiào）以马捶：捶，箠，马鞭子。用马鞭子敲打。

⑤ 斧钺（yuè）之诛：斧、钺，在古代指作战的兵器。斧钺，是古代酷刑中的一种，指用斧钺劈开头颅，使人致死。

⑥ 春秋故：自然年老而亡。

⑦ 深矉蹙頞（sǎng）：矉，眉，眉头。頞，额头，脑门。

颜渊东之齐，孔子有忧色。子贡下席而问曰："小子敢问：回东之齐，夫子有忧色，何邪？"孔子曰："善哉汝问。昔者管子有言，丘甚善之，曰：'褚①小者不可以怀大，绠短者不可以汲深。'夫若是者，以为命有所成而形有所适也，夫不可损益。吾恐回与齐侯言尧、舜、黄帝之道，而重以燧人、神农之言。彼将内求于己而不得，不得则惑，人惑则死。且汝独不闻邪？昔者海鸟止于鲁郊，鲁侯御而觞②之于庙，奏《九韶》以为乐，具太牢以为膳③。鸟乃眩视忧悲，不敢食一脔④，不敢饮一杯，三日而死。此以己养养鸟也，非以鸟养养鸟也。夫以鸟养养鸟者，宜栖之深林，游之坛陆，浮之江湖，食之鳅鲦，随行列而止，委蛇而处。彼唯人言之恶闻，奚以夫譊譊⑤为乎！咸池九韶之乐，张之洞庭之野，鸟闻之而飞，兽闻之而走，鱼闻之而下入，人卒闻之，相与还而观之。鱼处水而生，人处水而死。彼必相与异其好恶，故异也。故先圣不一其能，不同其事。名止于实，义设于适，是之谓条达而福持。"

列子行，食于道从，见百岁髑髅，攓蓬而指之曰："唯予与汝，知而未尝死、未尝生也。汝果养乎？予果欢乎？"

种有几，得水则为继，得水土之际，则为蛙蠙之衣，生于陵屯，则为陵舄，陵舄得郁栖则为乌足，乌足之根为蛴螬，其叶为蝴蝶。蝴蝶胥也，化而为虫，生于灶下，其状若脱，其名为鸲掇。鸲掇千日为鸟，其名为乾余骨。乾余骨之沫为斯弥，斯弥为食醯。颐辂生乎食醯，黄軦生乎九猷，瞀芮生乎腐蠸，羊奚比乎不笋，久竹生青宁，青宁生程，程生马，马生人，人又反入于机。万物皆出于机，皆入于机。

---

① 褚（chǔ）：口袋。

② 觞（shāng）：古代的一种盛酒器具。因其形状像爵，两侧有耳，就像鸟的双翼，故名"羽觞"。

③ 具太牢以为膳：古代帝王祭祀社稷时，牛、羊、猪三牲全备为"太牢"。古代祭祀所用牺牲，行祭前需先饲养于牢，故这类牺牲称为牢；又根据牺牲搭配的种类不同而有太牢、少牢之分。用太牢来做膳食。

④ 脔（luán）：切成小块的肉。

⑤ 譊譊（náo）：争辩，论辩，引申为喧闹嘈杂。海鸟最讨厌听到人的声音，为何还要《九韶》那嘈杂的音乐呐！

达生 第十九

经典内容：弃世则无累，无累则正平。形全精复，与天为一。天地者，万物之父母也。纯气之守。神全。圣人藏于天，故莫之能伤也。凡外重者内拙。善养生者，若牧羊然，视其后者而鞭之。不知所以然而然，命也。以天合天。忘适之适。彷徨乎尘垢之外，逍遥乎无事之业。以鸟养养鸟。

篇旨概要："达生"，通达生命，也指参透人生、不受世事牵累的处世态度。郭象对庄子"达生之情者，不务生之所无以为"的注释是："生之所无以为者，分外物也。"的确，人生的本质，在于思想的自由和人性的圆满；生命的根本，在内在的自我而不在外在的事物。那么，怎样才能"达生"呢？庄子认为要摒除各种外欲，要心神宁寂、事事释然。善游者忘水，善养生者忘外。因此，本篇的宗旨在于如何通达性命：通过无心、忘外、守气，达到全形、养神、达命。名利权色等身外之物，无不累形苦心。若要达生，则必须要学会"放弃"和"忘怀"，"弃世则无累""忘乎物，忘乎天，其名为忘己""忘其所忘"，进而达到神全精复、藏己于天、与天为一。

王雱曰："夫外形骸，忘彼我，全于无乐之至乐，则其于性命之情尽之矣。此庄子因而作《达生》篇。"（《南华真经新传》）杨起元曰："养生先要弃世，次全神守气；要志专，要能忘。"（《南华经品节》）方潜曰："《老子》致虚守静之旨，而《养生主》之秘也。"（《南华经解》）

　　达生之情者，不务生之所无以为；达命之情者，不务知之所无奈何。养形必先之以物，物有余而形不养者有之矣。有生必先无离形，形不离而生亡者有之矣。生之来不能却，其去不能止。悲夫！世之人以为养形足以存生，而养形果不足以存生，则世奚足为哉！虽不足为而不可不为者，其为不免矣！夫欲免为形者，莫如弃世。弃世则无累，无累则正平，正平则与彼更生，更生则几矣！事奚足弃而生奚足遗？弃事则形不劳，遗生则精不亏^①。夫形全精复，与天为一。天地者，万物之父母也。合则成体，散则成始。形精不亏，是谓能移。精而又精，反以相天。

子列子问关尹曰："至人潜行不窒，蹈火不热，行乎万物之上而不栗。请问何以至于此？"关尹曰："是纯气之守也，非知巧果敢之列。居，予语女。凡有貌象声色者，皆物也，物与物何以相远！夫奚足以至乎先！是色而已。则物之造乎不形，而止乎无所化。夫得是而穷之者，物焉得而止焉！彼将处乎不淫之度，而藏乎无端之纪，游乎万物之所终始。壹其性，养其气，合其德，以通乎物之所造。夫若是者，其天守全，其神无隙，物奚自入焉！夫醉者之坠车，虽疾不死。骨节与人同而犯害与人异，其神全也。乘亦不知也，坠亦不知也，死生惊惧不入乎其胸中，是故逆物而不慑。彼得全于酒而犹若是，而况得全于天乎？圣人藏于天，故莫之能伤也。复仇者，不折镆干；虽有忮心者，不怨飘瓦，是以天下平均^②。故无攻战之乱，无杀戮之刑者。由此道也。不开人之天，而开天之天；开天者德生，开人者贼生^③。不厌其天，不忽于人，民几乎以其真。"

仲尼适楚，出于林中，见佝偻者承蜩，犹掇之也^④。仲尼曰："子巧乎，有道邪？"曰："我有道也。五六月累丸二而不坠，则失者锱铢^⑤；累三而不坠，则失者十一；累五而不坠，犹掇之也。吾处身也，若橛株拘；吾执臂也，若槁木之枝。虽天地之大，万物之多，而唯蜩翼之知。吾不反不侧，不以万物易蜩之翼，何为而不得！"孔子顾谓弟子曰："用志不分，乃凝于神。

---

① 弃事则形不劳，遗生则精不亏：放弃一些世事，形体就不会那么劳累；遗忘生命，精神就不会那么亏损。（念念不忘，就难免费神）

② 复仇者，不折镆干；虽有忮（zhì）心者，不怨飘瓦，是以天下平均：忮，嫉妒，憎恨。复仇的人虽然曾经被良剑镆铘、干将所伤，但是也不会折断它们；心胸狭窄常怀憎恨之心的人，也不会怨恨砸伤自己的随风飘落的瓦片。如果人人都像镆干、飘瓦那样无心无情，天下就会平和宁静了。

③ 不开人之天，而开天之天，开天者德生，开人者贼生：不要开启人的心窍（情欲），而要开启天的命门（自然）；开启天性之门就能保持自然德性，开启人心之窍就会衍生祸害。

④ 佝偻（gōu lóu）者承蜩（tiáo），犹掇之也：佝偻，曲背。蜩，蝉。驼背者粘蝉，好像捡拾一样。

⑤ 锱铢（zī zhū）：旧制锱为一两的四分之一，铢为一两的二十四分之一。比喻极其微小的数量。

其佝偻丈人之谓乎！"

颜渊问仲尼曰："吾尝济乎觞深之渊，津人操舟若神。吾问焉曰：'操舟可学邪？'曰：'可。善游者数能[1]。若乃夫没人，则未尝见舟而便操之也[2]。'吾问焉而不吾告，敢问何谓也？"仲尼曰："善游者数能，忘水也；若乃夫没人之未尝见舟而便操之也，彼视渊若陵，视舟之覆，犹其车却也。覆却万方陈乎前而不得入其舍，恶往而不暇[3]！以瓦注者巧，以钩注者惮，以黄金注者昏[4]。其巧一也，而有所矜，则重外也。凡外重者内拙。"

田开之见周威公。威公曰："吾闻祝肾学生。吾子与祝肾游，亦何闻焉？"田开之曰："开之操拔篲以倚门庭[5]，亦何闻于夫子！"威公曰："田子无让！寡人愿闻之。"开之曰："闻之夫子曰：'善养生者，若牧羊然，视其后者而鞭之。'"威公曰："何谓也？"田开之曰："鲁有单豹者，岩居而水饮，不与民共利，行年七十而犹有婴儿之色，不幸遇饿虎，饿虎杀而食之。有张毅者，高门、悬薄[6]，无不走也，行年四十而有内热之病以死。豹养其内而虎食其外，毅养其外而病攻其内，此二子者，皆不鞭其后者也。"

仲尼曰："无入而藏，无出而阳，柴立其中央[7]。三者若得，其名必极。夫畏涂者，十杀一人，则父子兄弟相戒也，必盛卒徒而后敢出焉，不亦知乎！人之所取畏者，衽席之上，饮食之间，而不知为之戒者，过也。"

祝宗人玄端以临牢厕[8]，说彘曰："汝奚恶死？吾将三月豢汝，十日戒，

---

① 善游者数能：数，多次。会游泳的人经过几次训练就能够驾驶船只。

② 若乃夫没人，则未尝见舟而便操之也：至于那些能自由地游入水底的人，即使没有见过船，也能够巧妙地驾驶。

③ 覆却万方陈乎前而不得入其舍，恶往而不暇：万方，万种不测。舍，内心。暇，闲暇，自得。即使有千万种翻船、退车的景象呈现在眼前，内心也不会受到干扰，那还有什么不能闲暇自得的呢。

④ 以瓦注者巧，以钩注者惮，以黄金注者昏：用瓦片作赌注，心智会聪明；用钩带作赌注，心理就会有所害怕；用黄金作赌注，心志就会昏乱。

⑤ 操拔篲以倚门庭：拔篲，扫帚。整天拿着扫帚扫地，靠着门边伺候人，哪里学到先生的养生之道呐。

⑥ 高门、悬薄：高门，大户；悬薄，在门前悬挂帷帘，指小户人家。

⑦ 无入而藏，无出而阳，柴立其中央：阳，显现。柴，枯木。不要把自己有意隐藏起来，也不要把自己有意显露出来，而应当象木材一样凸立在天地之间。

⑧ 牢厕：猪圈。

三日齐，藉白茅，加汝肩尻乎雕俎之上，则汝为之乎？”为彘谋曰：“不如食以糠糟，而错之牢厕之中。”自为谋，则苟生有轩冕之尊，死得于腞、楯^①之上，聚偻之中，则为之。为彘谋则去之，自为谋则取之，所异彘者何也？

桓公田于泽，管仲御，见鬼焉。公抚管仲之手曰："仲父何见？"对曰："臣无所见。"公反，诶诒为病，数日不出。齐士有皇子告敖者，曰："公则自伤，鬼恶能伤公！夫忿滀之气，散而不反，则为不足；上而不下，则使人善怒；下而不上，则使人善忘；不上不下，中身当心，则为病。"桓公曰："然则有鬼乎？"曰："有。沈有履，灶有髻^②。户内之烦壤，雷霆处之；东北方之下者，倍阿鲑蠪跃之；西北方之下者，则泆阳处之。水有罔象，丘有峷，山有夔，野有彷徨，泽有委蛇。"公曰："请问委蛇之状何如？"皇子曰："委蛇，其大如毂，其长如辕，紫衣而朱冠。其为物也，恶闻雷车之声则捧其首而立。见之者殆乎霸。"桓公振然而笑曰："此寡人之所见者也。"于是正衣冠与之坐，不终日而不知病之去也。

纪渻子为王养斗鸡。十日而问："鸡已乎？"曰："未也，方虚矫而恃气。"十日又问，曰："未也，犹应向景^③。"十日又问，曰："未也，犹疾视而盛气。"十日又问，曰："几矣，鸡虽有鸣者，已无变矣，望之似木鸡矣，其德全矣。异鸡无敢应者，反走矣。"

孔子观于吕梁，县水三十仞，流沫四十里，鼋鼍^④鱼鳖之所不能游也。见一丈夫游之，以为有苦而欲死也。使弟子并流而拯之。数百步而出，被发行歌而游于塘下。孔子从而问焉，曰："吾以子为鬼，察子则人也。请问：蹈水有道乎？"曰："亡，吾无道。吾始乎故，长乎性，成乎命。与齐俱入，与汩偕出，从水之道而不为私焉。此吾所以蹈之也。"孔子曰："何谓始乎故，长乎性，成乎命？"曰："吾生于陵而安于陵，故也；长于水而安于水，性也；不知吾所以然而然，命也。"

---

① 腞楯（zhuàn shǔn）：古代运灵柩的车。

② 沈有履，灶有髻：沈，污水。污水中有鬼叫履，灶台上有鬼叫髻。

③ 向景：景，影。对鸡影有响应。

④ 鼋鼍（yuán tuó）：鼋，巨鳖；鼍，鳄。

梓庆削木为镰，镰成，见者惊犹鬼神。鲁侯见而问焉，曰："子何术以为焉？"对曰："臣，工人，何术之有！虽然，有一焉：臣将为镰，未尝敢以耗气也，必齐以静心。齐三日，而不敢怀庆赏爵禄；齐五日，不敢怀非誉巧拙；齐七日，辄然忘吾有四肢形体也。当是时也，无公朝，其巧专而外骨消，然后入山林，观天性形躯，至矣，然后成见镰，然后加手焉，不然则已。则以天合天，器之所以疑神者，其是与！"

东野稷以御见庄公，进退中绳，左右旋中规。庄公以为文弗过也。使之钩百而反。颜阖遇之，入见曰："稷之马将败。"公密而不应。少焉，果败而反。公曰："子何以知之？"曰："其马力竭矣而犹求焉，故曰败。"

工倕旋而盖规矩，指与物化而不以心稽，故其灵台①一而不桎。忘足，履之适也；忘腰，带之适也；知忘是非，心之适也；不内变，不外从，事会之适也；始乎适而未尝不适者，忘适之适也。

有孙休者，踵门而诧子扁庆子曰："休居乡不见谓不修，临难不见谓不勇。然而田原不遇岁，事君不遇世，宾于乡里，逐于州部，则胡罪乎天哉？休恶遇此命也？"扁子曰："子独不闻夫至人之自行邪？忘其肝胆，遗其耳目，芒然彷徨乎尘垢之外，逍遥乎无事之业，是谓为而不恃，长而不宰。今汝饰知以惊愚，修身以明污，昭昭乎若揭日月而行也。汝得全而形躯，具而九窍，无中道夭于聋盲跛蹇而比于人数亦幸矣，又何暇乎天之怨哉！子往矣！"孙子出，扁子入。坐有间，仰天而叹。弟子问曰："先生何为叹乎？"扁子曰："向者休来，吾告之以至人之德，吾恐其惊而遂至于惑也。"弟子曰："不然。孙子之所言是邪，先生之所言是邪，非固不能惑是；孙子所言非邪，先生所言是邪，彼固惑而来矣，又奚罪焉！"扁子曰："不然。昔者有鸟止于鲁郊，鲁君说之，为具太牢以飨之，奏九韶以乐之。鸟乃始忧悲眩视，不敢饮食。此之谓以己养养鸟也。若夫以鸟养养鸟者，宜栖之深林，浮之江湖，食之以委蛇，则平陆而已矣。今休，款启寡闻之民也，吾告以至人之德，譬之若载鼷以车马，乐鴳以钟鼓也，彼又恶能无惊乎哉！"

---

① 灵台：灵府，心灵之位。

山木　第二十

经典内容：无所可用。处乎材与不材之间。乘道德而浮游。与时俱化。物物而不物于物。洒心去欲，而游于无人之野。建德之国，其民愚而朴，少私而寡欲。猖狂妄行，蹈乎大方。独与道游于大莫之国。虚己以游世。直木先伐，甘井先竭。君子之交淡若水，小人之交甘若醴。君子淡以亲，小人甘以绝；彼无故以合者，则无故以离。无受天损易，无受人益难。见得而忘其形，见利而忘其真。恶者贵而美者贱。美者自美。行贤而去自贤之行，安往而不爱哉！

篇旨概要：本篇讨论的仍然是全身免患的处世之道。庄子通过几则寓言故事，风趣、形象、深刻地论述了"今处昏上乱相之间"、处世的不易和世事的多患。山木因为不材、无用而得以终其天年，家雁却因为不材、无用而被杀，而处于"材与不材之间，似之而非也"，又"未免乎累"。那么，为了生存，到底该怎么办呢？庄子说，要虚己、无为、"行贤而去自贤之行""与时俱化""以和为量"，从而找到一条通往"道德之乡"的路径，进而游心、游世。同时，庄子也指出了世俗之人见利忘义、见得忘形、见美忘真的危害性。《人间世》言无用就是大用。此篇进一步指出，仅仅被动地纯粹地"无用"还不行，还要积极地"与时俱化""虚己顺时"，以有用藏于无用、近无用而大有用，即"天"。

王雱曰："夫能达生之情而无为，无为则归于虚静寂寞而材全，材全则不薪乎用矣。此庄子因而作《山木》篇。"（《南华真经新传》）陆西星曰："此篇所论全身免患之道，最为详悉，正好与内篇《人间世》参看，其要只在虚己顺时，而去其自贤之心。熟读此者，可以经世务矣。"（《南华真经副墨》）方虚名曰："以有用藏于无用，只是个虚己不逐物、不恃美。"（《南华真经旁注》）

庄子行于山中，见大木枝叶盛茂。伐木者止其旁而不取也。问其故，曰："无所可用。"庄子曰："此木以不材得终天年。"夫子出于山，舍于故人之家。故人喜，命竖子①杀雁而烹之。竖子请曰："其一能鸣，其一不能鸣，请奚杀？"主人曰："杀不能鸣者。"明日，弟子问于庄子曰："昨日山中之木，以不材得终其天年；今主人之雁，以不材死。先生将何处？"庄子笑曰："周将处乎材与不材之间。材与不材之间，似之而非也，故未免乎累。若夫乘道德而浮游则不然，无誉无訾，一龙一蛇，与时俱化，而无肯专为。一上一下，以和为量，浮游乎万物之祖。物物而不物于物，则胡可得而累邪！此神农、黄帝之法则也。若夫万物之情，人伦之传则不然，合则离，成则毁，廉则挫，尊则议，有为则亏，贤则谋，不肖则欺。胡可得而必乎哉！悲夫，弟子志之，其唯道德之乡乎！"

市南宜僚见鲁侯，鲁侯有忧色。市南子曰："君有忧色，何也？"鲁侯曰："吾学先王之道，修先君之业；吾敬鬼尊贤，亲而行之，无须臾离居。然不免于患，吾是以忧。"市南子曰："君之除患之术浅矣！夫丰狐文豹，栖于山林，伏于岩穴，静也；夜行昼居，戒也；虽饥渴隐约，犹且胥疏于江湖之上而求食焉，定也②。然且不免于罔罗机辟之患，是何罪之有哉？其皮为之灾也。今鲁国独非君之皮邪？吾愿君刳形去皮，洒心去欲，而游于无人之野。南越有邑焉，名为建德之国，其民愚而朴，少私而寡欲；知作而不知藏，与而不求其报；不知义之所适，不知礼之所将。猖狂妄行，乃蹈乎大方。其生可乐，其死可葬。吾愿君去国捐俗，与道相辅而行。"

君曰："彼其道远而险，又有江山，我无舟车，奈何？"市南子曰："君无形倨，无留居③，以为君车。"君曰："彼其道幽远而无人，吾谁与为邻？吾无粮，我无食，安得而至焉？"市南子曰："少君之费，寡君之欲，虽无粮而乃足。君其涉于江而浮于海，望之而不见其崖，愈往而不知其所穷。

---

① 竖子：家童。

② 犹且胥疏于江湖之上而求食焉，定也：胥，且；胥，疏，远避。（虽然饥渴难耐）还是绕道到人迹罕至的江湖之上去觅食，以求心理安定。

③ 无形倨（jù），无留居：倨，傲慢；居，偏守。不要自恃傲慢，不要偏守一方。

送君者皆自崖而反。君自此远矣！故有人者累，见有于人者忧①。故尧非有人，非见有于人也。吾愿去君之累，除君之忧，而独与道游于大莫之国。方舟而济于河，有虚船来触舟，虽有偏心之人不怒。有一人在其上，则呼张歙之。一呼而不闻，再呼而不闻，于是三呼邪，则必以恶声随之。向也不怒而今也怒，向也虚而今也实。人能虚己以游世，其孰能害之！"

北宫奢为卫灵公赋敛以为钟，为坛乎郭门之外。三月而成上下之县。王子庆忌见而问焉曰："子何术之设？"奢曰："一之间，无敢设也。奢闻之：'既雕既琢，复归于朴。'侗乎其无识，傥乎其怠疑②。萃乎芒乎，其送往而迎来。来者勿禁，往者勿止。从其强梁，随其曲傅，因其自穷③。故朝夕赋敛而毫毛不挫，而况有大涂者乎！"

孔子围于陈蔡之间，七日不火食。大公任往吊之，曰："子几死乎？"曰："然。""子恶死乎？"曰："然。"任曰："予尝言不死之道。东海有鸟焉，其名曰意怠。其为鸟也，翂翂翐翐，而似无能；引援而飞，迫胁而栖；进不敢为前，退不敢为后；食不敢先尝，必取其绪。是故其行列不斥，而外人卒不得害，是以免于患。直木先伐，甘井先竭。子其意者饰知以惊愚，修身以明污，昭昭乎若揭日月而行，不不免也。昔吾闻之大成之人曰：'自伐④者无功，功成者堕，名成者亏。'孰能去功与名而还与众人！道流而不明居，得行而不名处；纯纯常常，乃比于狂；削迹捐势，不为功名。是故无责于人，人亦无责焉。至人不闻，子何喜哉！"孔子曰："善哉！"辞其交游，去其弟子，逃于大泽，衣裘褐，食杼栗，入兽不乱群，入鸟不乱行。鸟兽不恶，而况人乎！

孔子问子桑雽曰："吾再逐于鲁，伐树于宋，削迹于卫，穷于商周，围于陈蔡之间，吾犯此数患，亲友益疏，徒友益散，何与？"子桑雽曰："子

---

① 有人者累，见有于人者忧：有人民可统治，就会劳累；有才能被奴役，就会忧虑。
② 侗（tóng）乎其无识，傥（tǎng）乎其怠疑：侗，幼稚，无知；傥，无心的样子；怠疑，呆滞的样子。无识而无知，呆滞而无心。
③ 从其强梁，随其曲傅，因其自穷：强梁，力大强悍的人；傅，附；穷，困顿，尽情。顺从那些强悍不愿意出力的人，随顺那些捐助附助我的人，因任他们各自的性情。
④ 自伐：自夸。

独不闻假人之亡与？林回弃千金之璧，负赤子而趋。或曰：'为其布与？赤子之布寡矣；为其累与？赤子之累多矣。弃千金之璧，负赤子而趋，何也？'林回曰：'彼以利合，此以天属也。'夫以利合者，迫穷患害相弃也；以天属者，迫穷患害相收也。夫相收之与相弃亦远矣，且君子之交淡若水，小人之交甘若醴。君子淡以亲，小人甘以绝，彼无故以合者，则无故以离。"孔子曰："敬闻命矣！"徐行翔佯而归，绝学捐书，弟子无揖于前，其爱益加进。异日，桑雽又曰："舜之将死，真泠禹曰：'汝戒之哉！形莫若缘，情莫若率 ①。'缘则不离，率则不劳。不离不劳，则不求文以待形。不求文以待形，固不待物。"

庄子衣大布而补之，正緳系履 ② 而过魏王。魏王曰："何先生之惫邪？"庄子曰："贫也，非惫也。士有道德不能行，惫也；衣弊履穿，贫也，非惫也，此所谓非遭时也。王独不见夫腾猿乎？其得楠、梓、豫、章也，揽蔓其枝，而王长其间，虽羿、蓬蒙不能眄睨 ③ 也。及其得柘、棘、枳、枸之闲也，危行侧视，振动悼栗，此筋骨非有加急而不柔也，处势不便，未足以逞其能也。今处昏上乱相之间，而欲无惫，奚可得邪？此比干之见剖心，徵也夫！"

孔子穷于陈蔡之间，七日不火食。左据槁木，右击槁枝，而歌猋氏之风，有其具而无其数，有其声而无宫角。木声与人声，犁然有当于人之心。颜回端拱还目而窥之。仲尼恐其广己而造大也，爱己而造哀也，曰："回，无受天损易，无受人益难。无始而非卒也，人与天一也。夫今之歌者其谁乎！"回曰："敢问无受天损易。"仲尼曰："饥渴寒暑，穷桎不行，天地之行也，运物之泄也，言与之偕逝之谓也。为人臣者，不敢去之。执臣之道犹若是，而况乎所以待天乎？""何谓无受人益难？"仲尼曰："始用四达，爵禄并至而不穷，物之所利，乃非己也，吾命有在外者也。君子不为盗，贤人不为窃。吾若取之，何哉？故曰：鸟莫知于鹔鸸，目之所不宜处，不给视，

---

① 形莫若缘，情莫若率：缘，自然；率，天真。形体莫如因任自然，情感莫如天真率意。

② 布大衣而补之，正緳（xié）系履：大衣，粗布衣裳；緳，麻绳。穿着粗布而有补丁的衣裳，用麻绳系着鞋子。

③ 眄睨（miǎn nì）：斜视，轻慢。

虽落其实，弃之而走。其畏人也，而袭诸人间，社稷存焉尔。”“何谓无始而非卒？”仲尼曰：“化其万物而不知其禅之者，焉知其所终？焉知其所始？正而待之而已耳。”“何谓人与天一邪？”仲尼曰：“有人，天也；有天，亦天也。人之不能有天，性也。圣人晏然体逝而终矣！”

庄周游于雕陵之樊，睹一异鹊自南方来者，翼广七尺，目大运寸，感周之颡而集于栗林。庄周曰：“此何鸟哉！翼殷不逝，目大不睹。”蹇裳躩步，执弹而留之，睹一蝉方得美荫而忘其身，螳螂执翳而搏之，见得而忘其形。异鹊从而利之，见利而忘其真。庄周怵然曰：“噫！物固相累，二类相召也。”捐弹而反走，虞人逐而谇之。庄周反入，三月不庭。蔺且从而问之：“夫子何为顷间甚不庭乎？”庄周曰：“吾守形而忘身，观于浊水而迷于清渊。且吾闻诸夫子曰：‘入其俗，从其令。’今吾游于雕陵而忘吾身，异鹊感吾颡，游于栗林而忘真。栗林虞人以吾为戮，吾所以不庭也。”

阳子①之宋，宿于逆旅②。逆旅人有妾二人，其一人美，其一人恶③，恶者贵而美者贱。阳子问其故，逆旅小子对曰：“其美者自美，吾不知其美也；其恶者自恶，吾不知其恶也。”阳子曰：“弟子记之：行贤而去自贤之行，安往而不爱哉！”

田子方　第二十一

经典内容：人貌天虚，缘而葆真，清而容物。全德君子。哀莫大于心死。吾游心于物之初。阴阳成和而生物。至美至乐。得至美而游乎至乐，谓之至人。德配天地。无为而自然。来不可却，去不可止。得失之非我也。既以与人而己愈有。古之真人，知者不得悦，美人不得滥，盗人不得劫，伏羲、黄帝不得友。

---

① 阳子：阳子居，杨朱。

② 逆旅：野店，山里小店。

③ 恶（wù）：丑。

篇旨概要：此篇以人名为题，围绕一个"真"字，存真心、做真人、悟真道，体道情，"人貌天虚，缘而葆真"（真人的容貌若人，其心若天；顺应自然，保持纯真。）自然而然，得至美而游乎至乐。主张"无为寡欲"，同时批评了儒家所倡议的仁义、圣智的虚伪。

王雱曰："夫真人者，全至乐、达生理，以不材为材、无用为用，而不失真，此魏无择之师如此矣。此庄子因而作《田子方》篇。"（《南华真经新传》）陈深曰："此篇多有精密之语，正与内篇《大宗师》《德充符》出入同致。"（《庄子品节》）王夫之曰："此篇以忘言为宗，其要则《齐物论》'照之以天'者是也。"（"照之以天"当为"和之以天倪"）（《庄子解》）

田子方侍坐于魏文侯，数称溪公。文侯曰："溪公，子之师邪？"子方曰："非也，无择之里人也。称道数当，故无择称之。"文侯曰："然则子无师邪？"子方曰："有。"曰："子之师谁邪？"子方曰："东郭顺子。"文侯曰："然则夫子何故未尝称之？"子方曰："其为人也真。人貌而天虚，缘而葆真①，清而容物，物无道，正容以悟之，使人之意也消。无择何足以称之！"子方出，文侯傥然，终日不言。召前立臣而语之曰："远矣，全德之君子！始吾以圣知之言、仁义之行为至矣。吾闻子方之师，吾形解而不欲动，口钳而不欲言。吾所学者，直土梗耳！夫魏真为我累耳！"

温伯雪子适齐，舍于鲁。鲁人有请见者，温伯雪子曰："不可。吾闻中国之君子，明乎礼义而陋于知人心。吾不欲见也。"至于齐，反舍于鲁，是人也又请见，温伯雪子曰："往也蕲②见我，今也又蕲见我，是必有以振我也。"出而见客，入而叹。明日见客，又入而叹。其仆曰："每见之客也，必入而叹，何邪？"曰："吾固告子矣：中国之民，明乎礼义而陋乎知人心。昔之见我者，进退一成规，一成矩，从容一若龙，一若虎。其谏我也似子，

---

①人貌而天虚，缘而葆真：天虚，天心，自然虚灵的心；缘，顺着。真人的容貌若人，其心若天；顺应自然，保持纯真。

②蕲（qí）：祈求。

其道我也似父，是以叹也。"仲尼见之而不言。子路曰："吾子欲见温伯雪子久矣。见之而不言，何邪？"仲尼曰："若夫人者，目击而道存矣，亦不可以容声矣！"

颜渊问于仲尼曰："夫子步，亦步；夫子趋，亦趋；夫子驰，亦驰；夫子奔逸绝尘，而回瞠若乎后矣[①]！"夫子曰："回，何谓邪？"曰："夫子步，亦步也；夫子言，亦言也；夫子趋，亦趋也；夫子辩，亦辩也；夫子驰，亦驰也；夫子言道，回亦言道也；及奔逸绝尘而回瞠若乎后者，夫子不言而信，不比而周，无器而民滔乎前[②]，而不知所以然而已矣。"仲尼曰："恶！可不察与！夫哀莫大于心死，而人死亦次之。日出东方而入于西极，万物莫不比方。有目有趾者，待是而后成功。是出则存，是入则亡。万物亦然，有待也而死，有待也而生。吾一受其成形，而不化以待尽。效物而动，日夜无隙，而不知其所终。薰然其成形，知命不能规乎其前。丘以是日徂。吾终身与汝交一臂而失之，可不哀与？女殆著乎吾所以著也。彼已尽矣，而女求之以为有，是求马于唐肆[③]也。吾服女也甚忘，女服吾也亦甚忘。虽然，女奚患焉！虽忘乎故吾，吾有不忘者存[④]。"

孔子见老聃，老聃新沐，方将被发而干，慹然似非人[⑤]。孔子便而待之。少焉见，曰："丘也眩与？其信然与？向者先生形体掘若槁木，似遗物离人而立于独也。"老聃曰："吾游心于物之初[⑥]。"孔子曰："何谓邪？"曰："心困焉而不能知，口辟焉而不能言。尝为女议乎其将：至阴肃肃，至阳赫赫。肃肃出乎天，赫赫发乎地。两者交通成和而物生焉，或为之纪而莫见其形。消息满虚，一晦一明，日改月化，日有所为而莫见其功。生有所

---

①回瞠若乎后矣：回，颜渊的名，也称颜回。您绝尘而去，我颜回只能瞠着眼睛落在后面。

②不比而周，无器而民滔乎前：比，近；周，亲。器，权位；滔，蹈。没有与人接近，人们却自愿相亲；没有权位，人们却自愿归附。

③唐肆：空空的买卖马的市场。

④虽忘乎故吾，吾有不忘者存：故吾，旧我，过时的行迹；不忘者，天道赋予我的精神。

⑤慹（zhé）然似非人：慹，蛰，不动。老子凝神静气、一动不动，好像一桩木头。

⑥物之初：虚无之道。

乎萌，死有所乎归，始终相反乎无端，而莫知其所穷。非是也，且孰为之宗！"孔子曰："请问游是。"老聃曰："夫得是至美至乐也。得至美而游乎至乐，谓之至人①。"孔子曰："愿闻其方。"曰："草食之兽不疾易薮②，水生之虫不疾易水，行小变而不失其大常也，喜怒哀乐不入于胸次。夫天下也者，万物之所一也。得其所一而同焉，则四肢百体将为尘垢，而死生终始将为昼夜，而莫之能滑③，而况得丧祸福之所介乎！弃隶者若弃泥涂④，知身贵于隶也。贵在于我而不失于变。且万化而未始有极也，夫孰足以患心！已为道者解乎此。"孔子曰："夫子德配天地，而犹假至言以修心。古子君子，孰能脱焉！"老聃曰："不然。夫水之于汋也，无为而才自然矣；至人之于德也，不修而物不能离焉。若天之自高，地之自厚，日月之自明，夫何修焉！"孔子出，以告颜回曰："丘之于道也，其犹醯鸡与！微夫子之发吾覆也，吾不知天地之大全也。"

庄子见鲁哀公，哀公曰："鲁多儒士，少为先生方者。"庄子曰："鲁少儒。"哀公曰："举鲁国而儒服，何谓少乎？"庄子曰："周闻之，儒者冠圆冠者知天时，履句履⑤者知地形，缓佩玦者⑥事至而断。君子有其道者，未必为其服也；为其服者，未必知其道也。公固以为不然，何不号于国中曰：'无此道而为此服者，其罪死！'"于是哀公号之五日，而鲁国无敢儒服者。独有一丈夫，儒服而立乎公门。公即召而问以国事，千转万变而不穷。庄子曰："以鲁国而儒者一人耳，可谓多乎？"

百里奚爵禄不入于心，故饭牛而牛肥，使秦穆公忘其贱，与之政也。有虞氏死生不入于心，故足以动人。

---

① 至人：人之极，最完美的人，庄子的理想人物。

② 不疾易薮（sǒu）：疾，患；易，变化；薮，生长着很多草的湖泽，或人、物聚集的地方。吃草的动物不把变换多草的湖泽为忧患。

③ 滑（gǔ）：乱。

④ 弃隶者若弃泥涂：隶，仆隶，可引申为身外之物。丢弃奴仆像丢弃泥巴一样，因为明白自身比奴仆珍贵。

⑤ 履句履：前一个履，是动词，穿；句，矩，方。穿着方拖板鞋。

⑥ 缓佩玦（jué）者事至而断：缓，五色的条绳，这里作动词，系着。佩玦，半环形有缺口的佩玉。带佩玉的人，遇事能够决断。

宋元君将画图，众史皆至，受揖而立，舐笔和墨，在外者半。有一史后至者，儃儃然不趋，受揖不立，因之舍。公使人视之，则解衣般礴①，裸。君曰："可矣，是真画者也。"

文王观于臧，见一丈夫钓，而其钓莫钓，非持其钓，有钓者也，常钓也②。文王欲举而授之政，而恐大臣父兄之弗安也，欲终而释之，而不忍百姓之无天也。于是旦而属之大夫曰："昔者寡人梦，见良人黑色而髯，乘驳马而偏朱蹄，号曰：'寓而政于臧丈人，庶几乎民有瘳乎！'"诸大夫蹴然曰："先君王也。"文王曰："然则卜之。"诸大夫曰："先君之命，王其无它，又何卜焉。"遂迎臧丈人而授之政。典法无更，偏令无出。三年，文王观于国，则列士坏植散群，长官者不成德，斔斛不敢入于四竟。列士坏植散群，则尚同也；长官者不成德，则同务也，斔斛不敢入于四竟，则诸侯无二心也。文王于是焉以为大师，北面而问曰："政可以及天下乎？"臧丈人昧然而不应，泛然而辞，朝令而夜遁，终身无闻。颜渊问于仲尼曰："文王其犹未邪？又何以梦为乎？"仲尼曰："默，汝无言！夫文王尽之也，而又何论刺焉！彼直以循斯须也。"

列御寇为伯昏无人射，引之盈贯，措杯水其肘上，发之，适矢复沓，方矢复寓。当是时，犹象人也，伯昏无人曰："是射之射，非不射之射也③。尝与汝登高山，履危石，临百仞之渊，若能射乎？"于是无人遂登高山，履危石，临百仞之渊，背逡巡，足二分垂在外，揖御寇而进之。御寇伏地，汗流至踵。伯昏无人曰："夫至人者，上窥青天，下潜黄泉，挥斥八极，神气不变。今汝怵然有恂目之志，尔于中也殆矣夫！"

肩吾问于孙叔敖曰："子三为令尹而不荣华，三去之而无忧色。吾始也疑子，今视子之鼻间栩栩然，子之用心独奈何？"孙叔敖曰："吾何以过人哉！吾以其来不可却也，其去不可止也。吾以为得失之非我也，而无忧色而已矣。我何以过人哉！且不知其在彼乎？其在我乎？其在彼也亡乎

---

① 解衣般礴：脱掉衣裳，像簸箕一样肆意叉腿而坐。
② 其钓莫钓，非持其钓，有钓者也，常钓也：他虽然在垂钓，却不是真心在钓鱼；他不是握着鱼竿在钓鱼，而是别有所钓，经常就那么钓着。
③ 是射之射，非不射之射也：是有心的为射而射，不是忘怀无心的不射之射。

我，在我也亡乎彼①。方将踌躇，方将四顾，何暇至乎人贵人贱哉！"仲尼闻之曰："古之真人，知者不得说，美人不得滥，盗人不得劫，伏羲、黄帝不得友。死生亦大矣，而无变乎己，况爵禄乎！若然者，其神经乎大山而无介，入乎渊泉而不濡，处卑细而不惫，充满天地，既以与人己愈有。"

楚王与凡君坐，少焉，楚王左右曰"凡亡"者三。凡君曰："凡之亡也，不足以丧吾存。夫'凡之亡不足以丧吾存'，则楚之存不足以存存。由是观之，则凡未始亡而楚未始存也②。"

知北游 第二十二

经典内容：无思无虑始知道，无处无服始安道，无从无道始得道。为道者日损，损之又损，以至于无为。无为而无不为也。生也死之徒，死也生之始，孰知其纪！人之生，气之聚也；聚则为生，散则为死。通天下一气耳。万物一也。臭腐化为神奇，神奇复化为臭腐。天地有大美而不言，四时有明法而不议，万物有成理而不说。圣人者，原天地之美而达万物之理。至人无为。生非汝有，是天地之委和也；性命非汝有，是天地之委顺也。昭昭生于冥冥，有伦生于无形，精神生于道，形本生于精，而万物以形相生。君子之道。人生天地之间，若白驹之过隙，忽然而已。道不当名。无古无今，无始无终。古之人外化而内不化，今之人内化而外不化。圣人处物不伤物；不伤物者，物亦不能伤也。知遇而不知所不遇，知能能而不能所不能。

篇旨概要："知北游"读作"知，北游"。知，是庄子的寓言人物，北游指向北方游历；北方被叫做"玄"，指昏暗、幽远，因此北方也指不可知的地方。此篇围绕一个"无"字，借寓言人物"无穷"、"无为"、"无始"、"无有"等之口，以及东郭子和庄子之间的答辩，对"道"进行了

---

①其在彼也亡乎我，在我也亡乎彼：亡，无。世人所尊贵的如果是令尹之位，那就与我无关；世人所尊贵的如果是我，那就与令尹之位无关。

②凡未始亡而楚未始存：凡国不曾灭亡，楚国未曾存在。

追问和探讨，"所谓道，恶乎在？""子知道乎？"认为"道"是宇宙万物的本原，是虚无的，是不可知的，但是可以体悟；"知"是相对的；主张无为、无思、无知。在这里，庄子把老子至高无上的"道"现实化了、"污名"化了，说"道"是无处不在的，甚至存在于"屎尿"之中。庄子无愧为中国古代的尼采：尼采以怀疑主义的态度对传统权威给以了彻底的否定，宣称"上帝死了！"庄子则高举相对主义的旗帜，直言"道在屎尿里！"在2018年北京第二十四届世界哲学大会期间，非洲的一位学者提出了一个命题"神死之后，人怎么办？"——一个不争的事实是，尼采说"上帝死了"，结果上帝没死，尼采死了。那么，神为什么可以不死？

王雱曰："夫窈冥、寂寞、希夷、微妙者，至道之真体。体固不可以情求，不可以智窥，惟以无知而为得矣。。此庄子因而作《知北游》篇。"（《南华真经新传》）陆西星曰："此篇所论道妙，断言语，绝名相，混溟晦昧，迥出思议之表。读《南华》者，《知北游》最为肯綮，从此悟入，则大乘法藏，皆可迎刃而解矣。"（《南华真经副墨》）杨起元曰："通篇以无知无为无修立论。"（《南华经品节》）刘凤苞曰："前篇（田子方）通体发挥一'真'字，此篇通体摹写一'无'字。真者，道之本根；无者，道之化境。由真以返于无，即无以窥其真。一部《南华》，只此二字尽之矣。"（《南华雪心编》）这里的"无"，并不是什么都没有，甚至没意义，而是道的属性，它赋有生生的功能，可以生有，可以归无，无有、无无。

　　知北游于玄水之上，登隐弅之丘，而适遭无为谓焉。知谓无为谓①曰："予欲有问乎若：何思何虑则知道？何处何服则安道？何从何道则得道？"三问而无为谓不答也。非不答，不知答也。知不得问，反于白水之南，登狐阕之上，而睹狂屈焉。知以之言也问乎狂屈。狂屈曰："唉！予知之，将语若。"中欲言而忘其所欲言。知不得问，反于帝宫，见黄帝而问焉。黄帝曰："无思无虑始知道，无处无服始安道，无从无道始得道。"

　　知问黄帝曰："我与若知之，彼与彼不知也，其孰是邪？"黄帝曰；"彼

————————————

　　① 知谓无为谓：知，无为谓，是两个寓言人物。第一个谓，是动词，告知、对谁说。

无为谓真是也，狂屈似之，我与汝终不近也。夫知者不言，言者不知，故圣人行不言之教。道不可致，德不可至。仁可为也，义可亏也，礼相伪也。故曰：'失道而后德，失德而后仁，失仁而后义，失义而后礼。'礼者，道之华而乱之首也。故曰：'为道者日损，损之又损，以至于无为。无为而无不为也。'今已为物也，欲复归根，不亦难乎！其易也其唯大人乎！生也死之徒，死也生之始，孰知其纪！人之生，气之聚也。聚则为生，散则为死。若死生为徒，吾又何患！故万物一也。是其所美者为神奇，其所恶者为臭腐。臭腐化为神奇，神奇复化为臭腐。故曰：'通天下一气耳。'圣人故贵一。"知谓黄帝曰："吾问无为谓，无为谓不应我，非不应我，不知应我也；吾问狂屈，狂屈中欲告我而不我告，非不我告，中欲告而忘之也；今予问乎若，若知之，奚故不近？"黄帝曰："彼其真是也，以其不知也；此其似之也，以其忘之也；予与若终不近也，以其知之也。"狂屈闻之，以黄帝为知言。

天地有大美而不言，四时有明法而不议，万物有成理而不说。圣人者，原天地之美而达万物之理。是故至人无为，大圣不作，观于天地之谓也。今彼神明至精，与彼百化。物已死生方圆，莫知其根也，扁然而万物自古以固存。六合为巨，未离其内；秋毫为小，待之成体；天下莫不沉浮，终身不故；阴阳四时运行，各得其序；昏然若亡而存；油然不形而神；万物畜而不知，此之谓本根，可以观于天矣！

啮缺问道乎被衣，被衣曰："若正汝形，一汝视，天和将至；摄汝居，一汝度，神将来舍。德将为汝美，道将为汝居。汝瞳焉如新生之犊，而无求其故。"言未卒，啮缺睡寐。被衣大说，行歌而去之。曰："形若槁骸，心若死灰，真其实知，不以故自持。媒媒晦晦，无心而不可与谋。彼何人哉！"

舜问乎丞曰："道可得而有乎？"曰："汝身非汝有也，汝何得有夫道！"舜曰："吾身非吾有也，孰有之哉？"曰："是天地之委形也；生非汝有，是天地之委和也；性命非汝有，是天地之委顺也；孙子非汝有，是天地之委蜕也。故行不知所往，处不知所持，食不知所味，天地之强阳气也，又胡可得而有邪！"

孔子问于老聃曰："今日晏闲，敢问至道。"老聃曰："汝齐戒，疏瀹①而心，澡雪而精神，掊击而知。夫道杳然难言哉！将为汝言其崖略：夫昭昭生于冥冥，有伦生于无形，精神生于道，形本生于精，而万物以形相生。故九窍者胎生，八窍者卵生。其来无迹，其往无崖，无门无房，四达之皇皇也。邀于此者，四肢强，思虑恂达，耳目聪明。其用心不劳，其应物无方，天不得不高，地不得不广，日月不得不行，万物不得不昌，此其道与！且夫搏之不必知，辩之不必慧，圣人以断之矣！若夫益之而不加益，损之而不加损者，圣人之所保也。渊渊乎其若海，巍巍乎其终则复始也。运量万物而不匮，则君子之道，彼其外与！万物皆往资焉而不匮。此其道与！

"中国有人焉，非阴非阳，处于天地之间，直且为人，将反于宗。自本观之，生者，暗醷物也。虽有寿夭，相去几何？须臾之说也，奚足以为尧、桀之是非！果蓏有理，人伦虽难，所以相齿。圣人遭之而不违，过之而不守。调而应之，德也；偶而应之，道也。帝之所兴，王之所起也。

"人生天地之间，若白驹之过隙，忽然而已。注然勃然，莫不出焉；油然寥然，莫不入焉。已化而生，又化而死。生物哀之，人类悲之。解其天弢，堕其天囊。纷乎宛乎，魂魄将往，乃身从之。乃大归乎！不形之形，形之不形，是人之所同知也，非将至之所务也，此众人之所同论也。彼至则不论，论则不至；明见无值，辩不若默；道不可闻，闻不若塞：此之谓大得。"

东郭子问于庄子曰："所谓道，恶乎在？"庄子曰："无所不在。"东郭子曰："期而后可。"庄子曰："在蝼蚁。"曰："何其下邪？"曰："在稊稗②。"曰："何其愈下邪？"曰："在瓦甓。"曰："何其愈甚邪？"曰："在屎溺。"东郭子不应。庄子曰："夫子之问也，固不及质。正获之问于监市履狶也，每下愈况。汝唯莫必，无乎逃物。至道若是，大言亦然。周、遍、咸三者，异名同实，其指一也。尝相与游乎无何有之宫，同合而论，无所终穷乎！尝相与无为乎！澹而静乎！漠而清乎！调而闲乎！寥已吾志，

---

① 疏瀹（yuè）：疏浚，疏通。

② 稊稗（tí bài）：一种形似谷的草。

无往焉而不知其所至，去而来而不知其所止。吾已往来焉而不知其所终，彷徨乎冯闳，大知入焉而不知其所穷。物物者与物无际，而物有际者，所谓物际者也^①。不际之际，际之不际也。谓盈虚衰杀，彼为盈虚非盈虚，彼为衰杀非衰杀，彼为本末非本末，彼为积散非积散也。"

妸荷甘与神农同学于老龙吉。神农隐几，阖户昼瞑。妸荷甘日中奓户而入^②，曰："老龙死矣！"神农隐几拥杖而起，曝然放杖而笑，曰："天知予僻陋慢�，故弃予而死。已矣，夫子无所发予之狂言而死矣夫！"弇堈吊闻之，曰："夫体道者，天下之君子所系焉。今于道秋豪之端万分未得处一焉，而犹知藏其狂言而死，又况夫体道者乎！视之无形，听之无声，于人之论者，谓之冥冥，所以论道而非道也。"

于是泰清问乎无穷，曰："子知道乎？"无穷曰："吾不知。"又问乎无为，无为曰："吾知道。"曰："子之知道，亦有数乎？"曰："有。"曰："其数若何？"无为曰："吾知道之可以贵，可以贱，可以约，可以散，此吾所以知道之数也。"泰清以之言也问乎无始，曰："若是，则无穷之弗知与无为之知，孰是而孰非乎？"无始曰："不知深矣，知之浅矣；弗知内矣，知之外矣。"于是泰清中而叹曰："弗知乃知乎，知乃不知乎！孰知不知之知？"无始曰："道不可闻，闻而非也；道不可见，见而非也；道不可言，言而非也！知形形之不形乎！道不当名。"无始曰："有问道而应之者，不知道也；虽问道者，亦未闻道。道无问，问无应。无问问之，是问穷也；无应应之，是无内也。以无待问穷，若是者，外不观乎宇宙，内不知乎太初。是以不过乎昆仑，不游乎太虚。"

光曜问乎无有曰："夫子有乎？其无有乎？"光曜不得问，而孰视其状貌：杳然空然。终日视之而不见，听之而不闻，搏之而不得也。光曜曰："至矣，其孰能至此乎！予能有无矣，而未能无无也。及为无有矣，何从至此哉！"

大马之捶钩者，年八十矣，而不失豪芒。大马曰："子巧与！有道与？"曰："臣有守也。臣之年二十而好捶钩，于物无视也，非钩无察也。"是

---

① 物际：物的边际、涯际。

② 奓（shē）：奓，古同"奢"；读 zhà，开，打开。

用之者假不用者也，以长得其用，而况乎无不用者乎！物孰不资焉！

冉求问于仲尼曰："未有天地可知邪？"仲尼曰："可。古犹今也。"冉求失问而退。明日复见，曰："昔者吾问，'未有天地可知乎？'夫子曰：'可，古犹今也。'昔日吾昭然，今日吾昧然。敢问何谓也？"仲尼曰："昔之昭然也，神者先受之；今之昧然也，且又为不神者求邪！无古无今，无始无终。未有子孙而有子孙可乎？"冉求未对。仲尼曰："已矣，未应矣！不以生生死，不以死死生①。死生有待邪？皆有所一体。有先天地生者物邪？物物者非物，物出不得先物也，犹其有物也；犹其有物也无已！圣人之爱人也终无已者，亦乃取于是者也。"

颜渊问乎仲尼曰："回尝闻诸夫子曰：'无有所将，无有所迎。'回敢问其游。"仲尼曰："古之人外化而内不化，今之人内化而外不化，与物化者，一不化者也。安化安不化？安与之相靡？必与之莫多。狶韦氏之囿，黄帝之圃，有虞氏之宫，汤武之室。君子之人，若儒墨者师，故以是非相齑也，而况今之人乎！圣人处物不伤物。不伤物者，物亦不能伤也。唯无所伤者，为能与人相将迎。山林与，皋壤与，使我欣欣然而乐与！乐未毕也，哀又继之。哀乐之来，吾不能御，其去弗能止。悲夫，世人直为物逆旅耳！夫知遇而不知所不遇，知能能而不能所不能。无知不能者，固人之所不免也。夫务免乎人之所不免者，岂不亦悲哉！至言去言，至为去为。齐知之所知，则浅矣！"

庚桑楚　第二十三

经典内容：尊贤授能，先善与利。大乱之本，必生于尧、舜之间，其末存乎千世之后；千世之后，其必有人与人相食者也。和之至。行不知所之，居不知所为，与物委蛇而同其波，是卫生之经已。侻然而往，侗然而来。身若槁木之枝而心若死灰。人之所舍，谓之天民；天之所助，谓之天子。

---

① 不以生生死，不以死死生：以，因。不能因为还活着就让已经死的活过来，不能因为已经死了就让还活着的死去。该生而生，该死而死，生死自然。

至仁无亲，至信辟金。以天下为之笼，则雀无所逃。非以其所好笼之而可得者，无有也。

篇旨概要：此篇以老子的门徒庚桑楚之名为题，论述了学道、养生的思想，处无为、任自然、游无有，是对《养生主》有关思想的进一步阐述；其中"行不知所之，居不知所为，与物委蛇而同其波"的"卫生之经"，就是养生的原则。作者认为道的核心是"无有"，因此学道的关键是无为、无欲、无念，无心于功名、利禄、得失，甚至无心于自己，顺物自然，与物为一。

王雱曰："夫能达于至道之妙者，则处无为，任自然，不期于化而物自化。此庚桑楚之能若是矣，庄子因而作《庚桑楚篇》。"（《南华真经新传》）

老聃之役，有庚桑楚者，偏得老聃之道，以北居畏垒之山。其臣之画然知者去之，其妾之挈然仁者远之；拥肿之与居，鞅掌之为使①。居三年，畏垒大壤②。畏垒之民相与言曰："庚桑子之始来，吾洒然异之。今吾日计之而不足，岁计之而有余。庶几其圣人乎！子胡不相与尸而祝之，社而稷之乎③？"庚桑子闻之，南面而不释然。弟子异之。庚桑子曰："弟子何异于予？夫春气发而百草生，正得秋而万实成。夫春与秋，岂无得而然哉？天道已行矣。吾闻至人，尸居环堵之室，而百姓猖狂，不知所如往。今以畏垒之细民，而窃窃欲俎豆④予于贤人之间，我其杓人邪⑤？吾是以不释于老聃之言。"

弟子曰："不然。夫寻常之沟，巨鱼无所还其体，而鲵鰍为之制；步

---

① 臣之画（huò）然知者去之，其妾之挈（qiè）然仁者远之：画然，明察的样子；挈，契，信用，引申为自信；鞅掌，愚朴不仁的样子。他辞去众臣中明察智慧的人，远离众妾中自信仁爱的人；只留糊涂无知的跟他居住，只留随便不恭的供他役使。

② 壤：古同"穰"，五谷丰收。

③ 尸而祝之，社而稷之：设神位而祝祷，建宗庙而供奉。

④ 俎（zǔ）豆：俎，豆，都是盛放祭祀食物的器具，代指祭祀。

⑤ 杓（biāo）人：杓，标准，榜样。

仞之丘陵，巨兽无所隐其躯，而孽狐为之祥^①。且夫尊贤授能，先善与利，自古尧、舜以然，而况畏垒之民乎！夫子亦听矣！"庚桑子曰："小子来！夫函车之兽，介而离山，则不免于罔罟之患；吞舟之鱼，砀而失水，则蚁能苦之。故鸟兽不厌高，鱼鳖不厌深。夫全其形生之人，藏其身也，不厌深眇而已矣！且夫二子者，又何足以称扬哉！是其于辩也，将妄凿垣墙而殖蓬蒿也，简发而栉，数米而炊，窃窃乎又何足以济世哉！举贤则民相轧，任知则民相盗。之数物者，不足以厚民。民之于利甚勤，子有杀父，臣有杀君；正昼为盗，日中穴阫。吾语女：大乱之本，必生于尧、舜之间，其末存乎千世之后。千世之后，其必有人与人相食者也。"

南荣珠蹴然正坐曰："若珠之年者已长矣，将恶乎托业以及此言邪？"庚桑子曰："全汝形，抱汝生，无使汝思虑营营。若此三年，则可以及此言矣！"南荣珠曰："目之与形，吾不知其异也，而盲者不能自见；耳之与形，吾不知其异也，而聋者不能自闻；心之与形，吾不知其异也，而狂者不能自得。形之与形亦辟矣，而物或间之邪？欲相求而不能相得。今谓珠曰：'全汝形，抱汝生，勿使汝思虑营营。'珠勉闻道达耳矣！"庚桑子曰："辞尽矣，曰：奔蜂不能化藿蠋，越鸡不能伏鹄卵，鲁鸡固能矣！鸡之与鸡，其德非不同也。有能与不能者，其才固有巨小也。今吾才小，不足以化子。子胡不南见老子！"

南荣珠赢粮，七日七夜至老子所。老子曰："子自楚之所来乎？"南荣珠曰："唯。"老子曰："子何与人偕来之众也？"南荣珠惧然顾其后。老子曰："子不知吾所谓乎？"南荣珠俯而惭，仰而叹，曰："今者吾忘吾答，因失吾问。"老子曰："何谓也？"南荣珠曰："不知乎人谓我朱愚，知乎反愁我躯；不仁则害人，仁则反愁我身；不义则伤彼，义则反愁我己。我安逃此而可？此三言者，珠之所患者。愿因楚而问之。"老子曰："向吾见若眉睫之间，吾因以得汝矣。今汝又言而信之。若规规然若丧父母，揭竿而求诸海也，女亡人哉！惘惘乎，汝欲反汝情性而无由入，可怜哉！"

<hr>

① 孽狐：孽，孽。妖孽的狐狸。祥，善地。寻常的小沟，大鱼无法在里面转身，泥鳅却可以在其中回旋；低矮的丘陵，巨兽无法在其中藏身，妖孽的狐狸却把它当作宝地、在那里兴妖作怪。

南荣趎请入就舍，召其所好，去其所恶。十日自愁，复见老子。老子曰："汝自洒濯，熟哉郁郁乎！然而其中津津乎犹有恶也。夫寻擢者不可繁而捉，将内揵；内寻者不可缪而捉，将外揵；外内寻者，道德不能持，而况放道而行者乎！"南荣趎曰："里人有病，里人问之，病者能言其病，病者犹未病也。若趎之闻大道，譬犹饮药以加病也。趎愿闻卫生之经而已矣。"老子曰："卫生之经，能抱一乎！能勿失乎！能无卜筮而知吉凶乎！能止乎！能已乎！能舍诸人而求诸己乎！能侜然乎！能侗然乎！能儿子乎！儿子终日嗥而嗌不嗄，和之至也；终日握而手不掜，共其德也，终日视而目不瞚，偏不在外也。行不知所之，居不知所为，与物委蛇而同其波，是卫生之经已。"

南荣趎曰："然则是至人之德已乎？"曰："非也。是乃所谓冰解冻释者，能乎？夫至人者，相与交食乎地而交乐乎天，不以人物利害相撄，不相与为怪，不相与为谋，不相与为事，侜然而往，侗然而来。是谓卫生之经已。"曰："然则是至乎？"曰："未也。吾固告汝曰：'能儿子乎！'儿子动不知所为，行不知所之，身若槁木之枝而心若死灰。若是者，祸亦不至，福亦不来。祸福无有，恶有人灾也！"

宇泰定者，发乎天光。发乎天光者，人见其人。人有修者，乃今有恒。有恒者，人舍之，天助之。人之所舍，谓之天民；天之所助，谓之天子。

学者，学其所不能学也；行者，行其所不能行也；辩者，辩其所不能辩也。知止乎其所不能知，至矣！若有不即是者，天钧败之[①]。备物以将形，藏不虞以生心，敬中以达彼。若是而万恶至者，皆天也，而非人也，不足以滑成，不可内于灵台。灵台者有持，而不知其所持，而不可持者也。不见其诚己而发，每发而不当；业入而不舍，每更为失。为不善乎显明之中者，人得而诛之；为不善乎幽间之中者，鬼得而诛之。明乎人，明乎鬼者，然后能独行。券内者，行乎无名；券外者，志乎期费[②]。行乎无名者，唯庸

---

① 若有不即是者，天钧败之：天钧，天然的陶钧，指造化。如果有不这样做的，造化会阻挠、挫败他。

② 券内者，行乎无名；券外者，志乎期费：券，契合，务求。费，财用，期费，敛财。追求内在的人，做事不显露名迹；追求外在的人，目的在于聚敛财货。

有光；志乎期费者，唯贾人也。人见其跂，犹之魁然^①。与物穷者，物入焉；与物且者，其身之不能容，焉能容人！不能容人者无亲，无亲者尽人。兵莫憯于志，镆铘为下；寇莫大于阴阳，无所逃于天地之间。非阴阳贼之，心则使之也。

道通其分也，其成也毁也。所恶乎分者，其分也以备。所以恶乎备者？其有以备。故出而不反，见其鬼。出而得，是谓得死。灭而有实，鬼之一也。以有形者象无形者而定矣！出无本，入无窍，有实而无乎处，有长而无乎本剽，有所出而无窍者有实。有实而无乎处者，宇也；有长而无本剽者，宙也。有乎生，有乎死；有乎出，有乎入。入出而不见其形，是谓天门。天门者，无有也，万物出乎无有^②。有不能以有为有，必出乎无有，而无有一无有。圣人藏乎是。

古之人，其知有所至矣。恶乎至？有以为未始有物者，至矣，尽矣，弗可以加矣！其次以为有物矣，将以生为丧也，以死为反也，是以分已。其次曰始无有，既而有生，生俄而死。以无有为有，以生为体，以死为尻。孰知有无死生之一守者，吾与之为友。是三者虽异，公族也。昭景也，著戴也；甲氏也，著封也：非一也。

有生，黬也，披然曰移是。尝言移是，非所言也。虽然，不可知者也。腊者之有膍胲，可散而不可散也；观室者周于寝庙，又适其偃焉，为是举移是。请尝言移是。是以生为本，以知为师，因以乘是非；果有名实，因以己为质；使人以己为节，因以死偿节。若然者，以用为知，以不用为愚，以彻为名，以穷为辱。移是，今之人也，是蜩与学鸠同于同也。

蹍市人之足，则辞以放骜，兄则以妪，大亲则已矣。故曰：至礼有不人，至义不物，至知不谋，至仁无亲，至信辟金^③。

---

①人见其跂（qì），犹之魁然：跂，抬起脚后跟站着。人们看到他抬起脚跟站着，好像很魁伟。

②天门者，无有也，万物出乎无有：天门，大道之门；无有，以及无、有，都是道的属性。万物生于无有，无有就是大道。

③至礼有不人，至义不物，至知不谋，至仁无亲，至信辟金：不人，不分人我；不物，不分贵贱；无亲，没有偏爱；辟，避，出去。最高的礼不分彼此，最高的义不分贵贱，最高的智慧无须谋略，最高的仁爱没有偏爱，最高的信任无须金钱。

彻志之勃，解心之谬，去德之累，达道之塞。贵富显严名利六者，勃志也；容动色理气意六者，谬心也；恶欲喜怒哀乐六者，累德也；去就取与知能六者，塞道也。此四六者不荡胸中则正，正则静，静则明，明则虚，虚则无为而无不为也。

道者，德之钦也；生者，德之光也；性者，生之质。性之动谓之为，为之伪谓之失。知者，接也；知者，谋也。知者之所不知，犹睨也。动以不得已之谓德，动无非我之谓治，名相反而实相顺也①。

羿工乎中微而拙乎使人无己誉；圣人工乎天而拙乎人②；夫工乎天而俍乎人者，唯全人能之③。虽虫能虫，虽虫能天④。全人恶天，恶人之天，而况吾天乎人乎⑤！一雀适羿，羿必得之，威也。以天下为之笼，则雀无所逃。是故汤以庖人笼伊尹，秦穆公以五羊之皮笼百里奚。是故非以其所好笼之而可得者，无有也。

介者拸画，外非誉也⑥；胥靡登高而不惧，遗死生也。夫复謵不馈而忘人⑦，忘人，因以为天人矣。故敬之而不喜，侮之而不怒者，唯同乎天和者为然。出怒不怒，则怒出于不怒矣；出为无为，则为出于无为矣⑧。欲静则平气，欲神则顺心，有为也。欲当则缘于不得已，不得已之类，圣人之道。

---

① 动以不得已之谓德，动无非我之谓治，名相反而实相顺也：此处"无"或是"而"之误。不得不动的自然称谓天德，完全合乎我的天性的行为是人治，天德与人治名义相反、而在天道的落实上是一致的。

② 圣人工乎天而拙乎人：圣人擅长的是自然，而愚拙的是人为。

③ 夫工乎天而俍（liáng）乎人者，唯全人能之：俍，擅长。只有全人才能既擅于自然又擅于人为。

④ 虽虫能虫，虽虫能天：虫，飞禽走兽的总称。只有鸟兽才能安于为鸟兽，只有鸟兽才能契合天然。

⑤ 全人恶天，恶人之天，而况吾天乎人乎：全人哪里知道天然，哪里知道人为的天然，而且还是他自己划分的所谓天然人为呢！

⑥ 介者拸（chǐ）画，外非誉也：介者，独足的人；拸画，除去装饰。被砍去一只脚的人摈弃容饰，因为他已经不在乎非难和荣誉。

⑦ 夫复謵（xí）不馈而忘人：謵，用言语威吓。反复遭遇威胁而无心报复，这便是忘记了人道。忘记了人道，便成就了天道。

⑧ 出怒不怒，则怒出于不怒矣；出为无为，则为出于无为矣：不怒之怒，虽怒不怒；无为之为，虽为无为。

徐无鬼 第二十四

经典内容：爱民，害民之始也；为义偃兵，造兵之本也。钱财不积则贪者忧，权势不尤则夸者悲。天下非有公是也，而各是其所是，天下皆尧也。以德分人谓之圣，以财分人谓之贤。生无爵，死无谥，实不聚，名不立，此之谓大人。狗不以善吠为良，人不以善言为贤。抱德炀和，以顺天下，此谓真人。

篇旨概要：本篇以人名为题，主旨在于论述性命之情、人生的困惑。有人说，老子救世，庄子救人。庄子表面冷漠、有远离人世之行，其内心则极其关注作为个体的人的生命和生活，有救人的切心，只是其道家的方法有些异样。

王雱曰："夫能平心顺气，以道为务，而忘于贫贱穷达，则入于至人之域。此徐无鬼之能若是矣，庄子因而作《徐无鬼篇》。"（《南华真经新传》）此篇内容较杂，但新意屡出。因此，陆游说："此篇多有隐晦难解之语，如层峦叠嶂，争奇献怪。游涉此者，即可新耳目，长意见。读《庄子》到此，不得草草，三复愈有深味。"

徐无鬼因女商见魏武侯，武侯劳之曰："先生病矣，苦于山林之劳，故乃肯见于寡人。"徐无鬼曰："我则劳于君，君有何劳于我！君将盈嗜欲，长好恶，则性命之情病矣；君将黜嗜欲，擎好恶[①]，则耳目病矣。我将劳君，君有何劳于我！"武侯超然不对。少焉，徐无鬼曰："尝语君，吾相狗也：下之质，执饱而止，是狸德也；中之质，若视日；上之质，若亡其一。吾相狗又不若吾相马也。吾相马：直者中绳，曲者中钩，方者中矩，圆者中规。是国马也，而未若天下马也。天下马有成材，若恤其失，若丧其一。若是者，超轶绝尘，不知其所。"武侯大悦而笑。

----

① 黜（chù）嗜欲，擎（qiān）好恶：黜，罢免；擎，除去。除掉嗜欲和好恶。

徐无鬼出，女商曰："先生独何以说吾君乎？吾所以说吾君者，横说之则以《诗》、《书》、《礼》、《乐》，从①说之则以《金板》、《六韬》，奉事而大有功者不可为数，而吾君未尝启齿。今先生何以说吾君？使吾君说若此乎？"徐无鬼曰："吾直告之吾相狗马耳。"女商曰："若是乎？"曰："子不闻夫越之流人乎？去国数日，见其所知而喜；去国旬月，见所尝见于国中者喜；及期年也，见似人者而喜矣。不亦去人滋久、思人滋深乎？夫逃虚空者，藜、藋柱乎鼪、鼬之迳，踉位其空②，闻人足音跫然而喜矣，又况乎昆弟亲戚之声咳其侧者乎！久矣夫，莫以真人之言声咳吾君之侧乎！"

徐无鬼见武侯，武侯曰："先生居山林，食芋栗，厌葱韭，以宾寡人，久矣夫！今老邪？其欲干酒肉之味邪？其寡人亦有社稷之福邪？"徐无鬼曰："无鬼生于贫贱，未尝敢饮食君之酒肉，将来劳君也。"君曰："何哉！奚劳寡人？"曰："劳君之神与形。"武侯曰："何谓邪？"徐无鬼曰："天地之养也一，登高不可以为长，居下不可以为短。君独为万乘之主，以苦一国之民，以养耳目鼻口，夫神者不自许也。夫神者，好和而恶奸。夫奸，病也，故劳之。唯君所病之何也？"武侯曰："欲见先生久矣！吾欲爱民而为义偃兵，可乎？"徐无鬼曰："不可。爱民，害民之始也；为义寝兵，造兵之本也。君自此为之，则殆不成。凡成美，恶器也。君虽为仁义，几且伪哉！形固造形，成固有伐，变固外战。君亦必无盛鹤列于丽谯之间，无徒骥于缁坛之宫③，无藏逆于得，无以巧胜人，无以谋胜人，无以战胜人。夫杀人之士民，兼人之土地，以养吾私与吾神者，其战不知孰善？胜之恶乎在？君若勿已矣！修胸中之诚以应土地之情而勿撄。夫民死已脱矣，君将恶乎用夫偃兵哉！"

黄帝将见大槐乎具茨之山，方明为御，昌寓骖乘，张若习朋前马，昆

---

① 从：纵。

② 藜、藋（diào）柱乎鼪（shēng）、鼬（yòu）之迳，踉（liáng）位其空：鼪，鼬鼠，黄鼠狼；鼬，类似老鼠的一种小型食肉动物。茂盛的杂草丛生的野径，在其中踉跄而行。

③ 无盛鹤列于丽谯之间，无徒骥于缁坛之宫：鹤列，古代的一种兵阵；丽谯，楼名；徒骥，步兵骑兵；缁坛，宫名。不要陈大兵于高楼之下，不要集合兵骑在宫苑之前。

昏滑稽后车。至于襄城之野，七圣皆迷，无所问涂。适遇牧马童子，问涂焉，曰："若知具茨之山乎？"曰："然。""若知大槐之所存乎？"曰："然。"黄帝曰："异哉小童！非徒知具茨之山，又知大槐之所存。请问为天下。"小童曰："夫为天下者，亦若此而已矣，又奚事焉！予少而自游于六合之内，予适有瞀病，有长者教予曰：'若乘日之车而游于襄城之野。'今予病少痊，予又且复游于六合之外。夫为天下亦若此而已，予又奚事焉！"黄帝曰："夫为天下者，则诚非吾子之事，虽然，请问天下。"小童辞。皇帝又问。小童曰："夫为天下者，亦奚以异乎牧马哉！亦去其害马者而已矣！"黄帝再拜稽首，称天师而退。

　　知士无思虑之变则不乐；辩士无谈说之序则不乐；察士无凌淬之事则不乐：皆囿于物者也。招世之士兴朝；中民之士荣官；筋力之士矜难；勇敢之士奋患；兵革之士乐战；枯槁之士宿名；法律之士广治；礼教之士敬容；仁义之士贵际。农夫无草莱之事则不比；商贾无市井之事则不比；庶人有旦暮之业则劝；百工有器械之巧则壮。钱财不积则贪者忧，权势不尤则夸者悲，势物之徒乐变。遭时有所用，不能无为也，此皆顺比于岁，不物于易者也。驰其形性，潜之万物，终身不反，悲夫！

　　庄子曰："射者非前期而中谓之善射，天下皆羿也，可乎？"惠子曰："可。"庄子曰："天下非有公是也，而各是其所是，天下皆尧也，可乎？"惠子曰："可。"庄子曰："儒墨杨秉四，与夫子为五，果孰是邪？或者若鲁遽者邪？其弟子曰：'我得夫子之道矣！吾能冬爨鼎而夏造冰矣！'鲁遽曰：'是直以阳召阳，以阴召阴，非吾所谓道也。吾示子乎吾道。'于是为之调瑟，废一于堂，废一于室，鼓宫宫动，鼓角角动，音律同矣！夫或改调一弦，于五音无当也，鼓之，二十五弦皆动，未始异于声而音之君已！且若是者邪！"惠子曰："今夫儒墨杨秉，且方与我以辩，相拂以辞，相镇以声，而未始吾非也，则奚若矣？"庄子曰："齐人蹢于宋者，其命昏也不以完；其求唐钟也以束缚；其求唐子也而未始出域；有遗类矣夫！楚人寄而蹢昏者；夜半于无人之时而与舟人斗，未始离于岑而足以造于怨也。"

庄子送葬，过惠子之墓，顾谓从者曰："郢人垩慢其鼻端若蝇翼，使匠石斫之[①]。匠石运斤成风听而斫之，尽垩而鼻不伤，郢人立不失容。宋元君闻之，召匠石曰：'尝试为寡人为之。'匠石曰：'臣则尝能斫之。虽然，臣之质死久矣！'自夫子之死也，吾无以为质矣，吾无与言之矣！"

管仲有病，桓公问之曰："仲父之病病矣，可不谓云至于大病，则寡人恶乎属国而可？"管仲曰："公谁欲与？"公曰："鲍叔牙。"曰："不可。其为人絜廉，善士也；其于不己若者，不比之，又一闻人之过，终身不忘。使之治国，上且钩乎君，下且逆乎民。其得罪于君也将弗久矣！"公曰："然则孰可？"对曰："勿已，则隰朋可。其为人也，上忘而下畔，愧不若黄帝，而哀不己若者。以德分人谓之圣，以财分人谓之贤。以贤临人，未有得人者也；以贤下人，未有不得人者也。其于国有不闻也，其于家有不见也。勿已则隰朋可。"

吴王浮于江，登乎狙之山，众狙见之，恂然弃而走，逃于深蓁[②]。有一狙焉，委蛇攫抓，见巧乎王。王射之，敏给搏捷矢。王命相者趋射之，狙执死。王顾谓其友颜不疑曰："之狙也，伐[③]其巧，恃其便，以敖予，以至此殛也。戒之哉！嗟乎！无以汝色骄人哉！"颜不疑归而师董梧，以锄其色，去乐辞显，三年而国人称之。

南伯子綦[④]隐几而作，仰天而嘘。颜成子入见曰："夫子，物之尤也。形固可使若槁骸，心固可使若死灰乎？"曰："吾尝居山穴之口矣。当是时也，田禾一睹我，而齐国之众三贺之。我必先之，彼故知之；我必卖之，彼故鬻之[⑤]。若我而不有之，彼恶得而知之？若我而不卖之，彼恶得而鬻之？嗟乎！我悲人之自丧者；吾又悲夫悲人者；吾又悲夫悲人之悲者；其后日远矣！"

---

① 斫（zhuó）：大锄，引申为砍、伐。

② 蓁（zhēn）：荆棘丛生的样子；同"榛"。

③ 伐：夸。

④ 綦（qí）：青黑色；或，姓。

⑤ 鬻（yù）：卖。这里作买。

仲尼之楚，楚王觞之①。孙叔敖执爵而立。市南宜僚受酒而祭，曰："古之人乎！于此言已。"曰："丘也闻不言之言矣，未之尝言，于此乎言之：市南宜僚弄丸而两家之难解；孙叔敖甘寝秉羽而郢人投兵；丘愿有喙三尺。"彼之谓不道之道，此之谓不言之辩。故德总乎道之所一，而言休乎知之所不知，至矣。道之所一者，德不能同也。知之所不能知者，辩不能举也。名若儒墨而凶矣。故海不辞东流，大之至也。圣人并包天地，泽及天下，而不知其谁氏。是故生无爵，死无谥②，实不聚，名不立，此之谓大人。狗不以善吠为良，人不以善言为贤，而况为大乎！夫为大不足以为大，而况为德乎！夫大备矣莫若天地。然奚求焉，而大备矣！知大备者，无求，无失，无弃，不以物易己也。反己而不穷，循古而不摩，大人之诚！

子綦有八子，陈诸前，召九方歅③曰："为我相吾子，孰为祥。"九方歅曰："梱也为祥。"子綦瞿然喜曰："奚若？"曰："梱也，将与国君同食以终其身。"子綦索然出涕曰："吾子何为以至于是极也？"九方歅曰："夫与国君同食，泽及三族，而况父母乎！今夫子闻之而泣，是御福也。子则祥矣，父则不祥。"子綦曰："歅，汝何足以使之。而梱祥邪？尽于酒肉，入于鼻口矣，而何足以知其所自来！吾未尝为牧而牂生于奥，未尝好田而鹑生于宎，若勿怪，何邪？吾所与吾子游者，游于天地，吾与之邀乐于天，吾与之邀食于地。吾不与之为事，不与之为谋，不与之为怪。吾与之乘天地之诚而不以物与之相撄，斯不为也。吾与之一委蛇而不与之为事所宜。今也然有世俗之偿焉？凡有怪征者必有怪行。殆乎！非我与吾子之罪，几天与之也！吾是以泣也。"无几何而使梱之于燕，盗得之于道，全而鬻之则难，不若刖之则易④。于是乎刖而鬻之于齐，适当渠公之街，然身食肉而终。

啮缺遇许由曰："子将奚之？"曰："将逃尧。"曰："奚谓邪？"曰：

---

① 觞（shāng）：一种酒器，像爵。这里作动词，用酒招待。

② 谥（shì）：死后被赐予、追加的名号。

③ 歅（yān）：埋没，湮灭。又，读yīn，同洇。

④ 全而鬻之则难，不若刖（yuè）之则易：刖，古代的一种酷刑，断足。全身卖了比较难，不如砍掉一只脚卖容易。

"夫尧畜畜然仁，吾恐其为天下笑。后世其人与人相食与！夫民不难聚也，爱之则亲，利之则至，誉之则劝，致其以恶则散。爱利出乎仁义，捐仁义者寡，利仁义者众。夫仁义之行，唯且无诚，且假乎禽贪者器①。是以一人断制天下，譬之犹一见也。夫尧知贤人之利天下也，而不知其贼天下也。夫唯外乎贤者知之矣。"

有暖姝者，有濡需者，有卷娄者。所谓暖姝者，学一先生之言，则暖暖姝姝而私自说也，自以为足矣，而未知未始有物也。是以谓暖姝者也。濡需者，豕虱是也，择疏鬣，自以为广宫大囿。奎蹄曲隈，乳间股脚，自以为安室利处。不知屠者之一旦鼓臂布草操烟火，而己与豕俱焦也。此以域进，此以域退，此其所谓濡需者也。卷娄者，舜也。羊肉不慕蚁，蚁慕羊肉，羊肉膻也。舜有膻行，百姓悦之，故三徙成都，至邓之墟而十有万家。尧闻舜之贤，举之童土之地，曰："冀得其来之泽。"舜举童土之地，年齿长矣，聪明衰矣，而不得休归，所谓卷娄者也。是以神人恶众至，众至则不比，不比则不利也。故无所甚亲，无所甚疏，抱德炀和②，以顺天下，此谓真人。于蚁弃知，于鱼得计，于羊弃意。以目视目，以耳听耳，以心复心。若然者，其平也绳，其变也循。古之真人！以天待之，不以人入天，古之真人！

得之也生，失之也死；得之也死，失之也生：药也。其实堇也，桔梗也，鸡臃也，豕零也，是时为帝者也，何可胜言！

句践也以甲盾三千栖于会稽，唯种也能知亡之所以存，唯种也不知其身之所以愁。故曰：鸱目有所适，鹤颈有所节，解之也悲。故曰：风之过河也有损焉；日之过河也有损焉；请只风与日相与守河，而河以为未始其撄也，恃源而往者也。故水之守土也审，影之守人也审，物之守物也审。故目之于明也殆，耳之于聪也殆，心之于殉也殆，凡能其于府也殆，殆之成也不给改。祸之长也兹萃，其反也缘功，其果也待久。而人以为己宝，不亦悲乎！故有亡国戮民无已，不知问是也。故足之于地也践，虽践，恃

————————

① 假乎禽贪者器：被贪婪者利用为作恶的工具。

② 抱德炀（yáng）和：炀，炙燥。拥抱自然天德，炙灭虚伪人和。古代《谥法》说，"好内远礼曰炀，去礼远众曰炀，逆天虐民曰炀，好大殆政曰炀，薄情寡义曰炀，离德荒国曰炀。"

其所不碾而后善博也；人之于知也少，虽少，恃其所不知而后知天之所谓也。知大一，知大阴，知大目，知大均，知大方，知大信，知大定，至矣！大一通之，大阴解之，大目视之，大均缘之，大方体之，大信稽之，大定持之。

尽有天，循有照，冥有枢，始有彼。则其解之也似不解之者，其知之也似不知之也，不知而后知之。其问之也，不可以有崖，而不可以无崖。颉滑有实，古今不代，而不可以亏，则可不谓有大扬㩁乎！阖不亦问是已，奚惑然为！以不惑解惑，复于不惑，是尚大不惑。

则阳　第二十五

经典内容：以天为师。生而美者，人与之鉴，不告则不知其美于人也；圣人之爱人也，人与之名，不告则不知其爱人也。游心于无穷。自埋于民，自藏于畔。荣辱立然后睹所病，货财聚然后睹所争。古之君人者，以得为在民，以失为在己；以正为在民，以枉为在己。力不足则伪，知不足则欺，财不足则盗。万物殊理，道不私，故无名；无名故无为，无为而无不为。安危相易，祸福相生。穷则反，终则始。道者为之公。道不可有，有不可无。

篇旨概要：本篇以人名为题，内容庞杂，它借助一些故事，藉人物的对话肯定了恬淡、清虚、顺任自然的人生旨趣和生活态度，同时也对滞留人事、迷恋权势的人给予抨击，还论述了"道者为之公"的思想和体道的精髓；进而通过寓言故事蜗角触蛮之征等，说明一切是非、争夺的可笑和荒诞，因此启迪人们诸事应当看破看化，化己、化人、化物而出神入化。

王雱曰："夫不能守正性，冥至极，惑于傥来之物，而求进之不止，此则阳之所以若是矣。此庄子所以作《则阳》篇。"（《南华真经新传》）方虚名曰："人当求道，不可以名利役役。"（《南华真经旁注》）概括了该篇的核心要义。王夫之曰："杂篇唯《庚桑楚》、《徐无鬼》、《寓言》、《天下》四篇，为条贯之言；《则阳》、《外物》、《列御寇》三篇，皆杂引博喻，理则可通而文义不相属，故谓之杂。要其与内篇之指，皆有所合，非《骈拇》

诸篇之比也。"（《庄子解》）论述了《庄子》杂篇的特征及其与内篇的关系。

则阳游于楚，夷节言之于王，王未之见，夷节归。彭阳见王果曰："夫子何不谭我于王？"王果曰："我不若公阅休。"彭阳曰："公阅休奚为者邪？"曰："冬则擉鳖于江，夏则休乎山樊。有过而问者，曰：'此予宅也。'夫夷节已不能，而况我乎！吾又不若夷节。夫夷节之为人也，无德而有知，不自许，以之神其交，固颠冥乎富贵之地，非相助以德，相助消也。夫冻者假衣于春，暍者反冬乎冷风①。夫楚王之为人也，形尊而严，其于罪也，无赦如虎，非夫佞人、正德，其孰能桡焉！故圣人，其穷也使家人忘其贫，其达也使王公忘其爵禄而化卑。其于物也，与之为娱矣；其于人也，乐物之通而保己焉。故或不言而饮人以和，与人并立而使人化。父子之宜，彼其乎归居，而一闲其所施。其于人心者，若是其远也。故曰待公阅休。"

圣人达绸缪，周尽一体矣，而不知其然，性也。复命摇作而以天为师，人则从而命之也。忧乎知而所行恒无几时，其有止也若之何！生而美者，人与之鉴，不告则不知其美于人也。若知之，若不知之，若闻之，若不闻之，其可喜也终无已，人之好之亦无已，性也。圣人之爱人也，人与之名，不告则不知其爱人也。若知之，若不知之，若闻之，若不闻之，其爱人也终无已，人之安之亦无已，性也。

旧国旧都，望之畅然。虽使丘陵草木之缗②入之者十九犹之畅然，况见见闻闻者也，以十仞之台县众间者也。冉相氏得其环中以随成，与物无终无始，无几无时。日与物化者，一不化者也。阖尝舍之！夫师天而不得师天。与物皆殉。其以为事也，若之何！夫圣人未始有天，未始有人，未始有始，未始有物，与世偕行而不替，所行之备而不洫，其合之也，若之何！汤得其司御门，尹登恒为之傅之。从师而不囿，得其随成。为之司其名，之名嬴法，得其两见。仲尼之尽虑，为之傅之。容成氏曰："除日无岁，无内

---

①夫冻者假衣于春，暍（yē）者反冬乎冷风：暍，中暑。受冻的人希望借助春天如得到暖衣，中暑的人则希望回复到冬天而感受冷风。

②缗（mín）：古代穿铜钱用的绳子。

无外。"

魏莹与田侯牟约，田侯牟背之，魏莹怒，将使人刺之。犀首闻而耻之，曰：
"君为万乘之君也，而以匹夫从仇。衍请受甲二十万，为君攻之，虏其人
民，系其牛马，使其君内热发于背，然后拔其国。忌也出走，然后抶其背，
折其脊。"季子闻而耻之，曰："筑十仞之城，城者既十仞矣，则又坏之，
此胥靡之所苦也。今兵不起七年矣，此王之基也。衍，乱人也，不可听也。"
华子闻而丑之，曰："善言伐齐者，乱人也；善言勿伐者，亦乱人也；谓'伐
与不伐乱人也'者，又乱人也。"君曰："然则若何？"曰："君求其道
而已矣。"

惠子闻之，而见戴晋人。戴晋人曰："有所谓蜗者，君知之乎？"曰：
"然。""有国于蜗之左角者，曰触氏；有国于蜗之右角者，曰蛮氏。时
相与争地而战，伏尸数万，逐北，旬有五日而后反。"君曰："噫！其虚
言与？"曰："臣请为君实之。君以意在四方上下有穷乎？"君曰："无穷。"
曰："知游心于无穷，而反在通达之国，若存若亡乎？"君曰："然。"曰：
"通达之中有魏，于魏中有梁，于梁中有王，王与蛮氏有辩乎？"君曰：
"无辩。"客出而君惝然若有亡也。客出，惠子见。君曰："客，大人也，
圣人不足以当之。"惠子曰："夫吹筦也，犹有嗃也；吹剑者，吷而已矣。
尧、舜，人之所誉也。道尧、舜于戴晋人之前，譬犹一吷也。"

孔子之楚，舍于蚁丘之浆。其邻有夫妻臣妾登极者，子路曰："是稷
稷何为者邪？"仲尼曰："是圣人仆也。是自埋于民，自藏于畔。其声销，
其志无穷，其口虽言，其心未尝言。方且与世违，而心不屑与之俱。是陆
沉者也，是其市南宜僚邪？"子路请往召之。孔子曰："已矣！彼知丘之
著于己也，知丘之适楚也，以丘为必使楚王之召己也。彼且以丘为佞人也。
夫若然者，其于佞人也，羞闻其言，而况亲见其身乎！而何以为存！"子
路往视之，其室虚矣。

长梧封人问子牢曰："君为政焉勿卤莽，治民焉勿灭裂。昔予为禾，
耕而卤莽之，则其实亦卤莽而报予；芸而灭裂之，其实亦灭裂而报予。予

来年变齐，深耕而熟耨①之，其禾繁以滋，予终年厌飧。"庄子闻之曰："今人之治其形，理其心，多有似封人之所谓：遁其天，离其性，灭其情，亡其神，以众为。故卤莽其性者，欲恶之孽，为性蔺苇蒹葭始萌，以扶吾形，寻擢②吾性，并溃漏发，不择所出，漂疽疥痈，内热溲膏，是也。"

柏矩学于老聃，曰："请之天下游。"老聃曰："已矣！天下犹是也。"又请之，老聃曰："汝将何始？"曰："始于齐。"至齐，见辜人③焉，推而强之，解朝服而幕之，号天而哭之，曰："子乎！子乎！天下有大灾，子独先离之，曰：莫为盗，莫为杀人。荣辱立然后睹所病，货财聚然后睹所争。今立人之所病，聚人之所争，穷困人之身，使无休时。欲无至此得乎？古之君人者，以得为在民，以失为在己；以正为在民，以枉为在己。故一形有失其形者，退而自责。今则不然，匿为物而愚不识，大为难而罪不敢，重为任而罚不胜，远其涂而诛不至。民知力竭，则以伪继之。日出多伪，士民安取不伪。夫力不足则伪，知不足则欺，财不足则盗。盗窃之行，于谁责而可乎？"

遽伯玉行年六十而六十化，未尝不始于是之，而卒绌之以非也。未知今之所谓是之非五十九非也。万物有乎生而莫见其根，有乎出而莫见其门。人皆尊其知之所知，而莫知恃其知之所不知而后知，可不谓大疑乎！已乎！已乎！且无所逃。此所谓然与然乎！

仲尼问于太史大弢、伯尝骞、狶韦曰："卫灵公饮酒湛乐，不听国君之政；田猎毕弋，不应诸侯之际：其所以为灵公者何邪？"大弢曰："是因是也。"伯常骞曰："夫灵公有妻三人，同滥而浴。史鳅奉御而进，所搏币而扶翼④。其慢若彼之甚也，见贤人若此其肃也，是其所以为灵公也。"狶韦曰："夫灵公也，死卜葬于故墓，不吉；卜葬于沙丘而吉。掘之数仞，

---

① 耨（nòu）：古代锄草的农具。这里作动词，除草。

② 擢（zhuó）：拔除。

③ 辜人：肢体分裂暴露于市的囚尸，指受车裂之刑者。

④ 所搏币而扶翼：所，在浴所；搏币，接过币帛；扶翼，扶着肩膀。表示卫灵公敬重贤者。

得石椁焉，洗而视之，有铭焉，曰：'不冯其子，灵公夺而里之。^①'夫灵公之为灵也久矣！之二人何足以识之。"

少知问于大公调曰："何谓丘里之言？"大公调曰："丘里者，合十姓百名而以为风俗也，合异以为同，散同以为异。今指马之百体而不得马，而马系于前者，立其百体而谓之马也。是故丘山积卑而为高，江河合水而为大，大人合并而为公^②，是以自外入者，有主而不执；由中出者，有正而不距。四时殊气，天不赐，故岁成；五官殊职，君不私，故国治；文武大人不赐，故德备；万物殊理，道不私，故无名。无名故无为，无为而无不为。时有终始，世有变化，祸福淳淳^③，至有所拂者而有所宜；自殉殊面，有所正者有所差。比于大泽，百材皆度^④；观于大山，木石同坛。此之谓丘里之言。"少知曰："然则谓之道足乎？"大公调曰："不然，今计物之数，不止于万，而期曰万物者，以数之多者号而读之也。是故天地者，形之大者也；阴阳者，气之大者也；道者，为之公。因其大而号以读之则可也，已有之矣，乃将得比哉！则若以斯辩，譬犹狗马，其不及远矣。"

少知曰："四方之内，六合之里，万物之所生恶起？"大公调曰："阴阳相照相盖相治，四时相代相生相杀。欲恶去就，于是桥起。雌雄片合，于是庸有。安危相易，祸福相生，缓急相摩，聚散以成。此名实之可纪，精微之可志也。随序之相理，桥运之相使，穷则反，终则始，此物之所有。言之所尽，知之所至，极物而已。睹道之人，不随其所废，不原其所起，此议之所止。"少知曰："季真之莫为，接子之或使。二家之议，孰正于其情，孰偏于其理？"大公调曰："鸡鸣狗吠，是人之所知。虽有大知，不能以言读其所自化，又不能以意其所将为。斯而析之，精至于无伦，大至于不可围^⑤。或之使，莫之为，未免于物而终以为过。或使则实，莫为则虚。

---

① 不冯其子，灵公夺而里之：冯，凭。不能仰仗子孙保护，被卫灵公夺取居住。

② 大人合并而为公：得道之人合并了众人的利益而为公义（也有人译为：合并了万物之异而归于大同）。

③ 淳淳（chún）：循环的样子。

④ 比于大泽，百材皆度：在大泽中相与为邻，各种树木都能根植生长。

⑤ 精至于无伦，大至于不可围：精，细小；伦，轮廓。小到无形，大到无边。

有名有实，是物之居；无名无实，在物之虚。可言可意，言而愈疏。未生不可忌，已死不可阻。死生非远也，理不可睹。或之使，莫之为，疑之所假。吾观之本，其往无穷；吾求之末，其来无止。无穷无止，言之无也，与物同理。或使莫为，言之本也，与物终始。道不可有，有不可无。道之为名，所假而行。或使莫为，在物一曲，夫胡为于大方！言而足，则终日言而尽道；言而不足，则终日言而尽物。道，物之极，言默不足以载。非言非默，议有所极。"

外物　第二十六

　　经典内容： 外物不可必。忠未必信，孝未必爱。吾失我常与，我无所处。知有所困，神有所不及也。无用之为用也。心有天游。与天同游。游世而不僻，顺人而不失己。得鱼而忘筌，得意而忘言。

　　篇旨概要： 首句"外物不可必"，揭示了本篇的主旨，身外之物如福祸、荣辱等没有定准，凡事不可强求，倡导顺应自然，反对矫饰妄为，主张养生处世应当虚心应物、虚己应世。的确，在"天下无道，圣人生焉；方今之时，仅免刑焉""昏上乱相"之世，面对"我无所处"的现实，借用潘金莲的话说，当然"奴心不美"。那么，怎么办呢？如果像圣人、神人、至人那样心如死灰，无名、无功、无己，当然令人敬仰，可是平民百姓还是想情有所怀、心有所游、身有所处，庄子说，那你就因任自然、与天同游、顺人而不失己吧。

　　关于此篇的主题，历代学者评论不一。王雱曰："夫大道散而万事起，万事起而祸福荣辱之端交来，而不可议其必然矣。庄子因而作《外物篇》。"（《南华真经新传》）杨慎曰："是篇以《外物》命题，总见不可外求意。中言辙鱼、垂钓、老莱、白龟，反复言恃知不若亡知。至末'筌蹄'之论，言以物还之物而已。行文无一字不生峭。"（《升庵集》）方人杰曰："此篇开口大意，是道甚来，曰'外物不可必'，一语尽之矣。吾受命于天，此身之中，空空洞洞，本此以游于世，当有自然之学，自然之教，得意忘言，得言忘象，以无用之躯壳，成此有用之神功，其妙为何如哉！若夫五官百骸，忠孝名节，总是外物，当其不可必也。以圣贤之精诚，而不免诛戮之厄，是故外物虽多，无补于身，西江水何益乎？无得于趣，东海鱼何益乎？每获于学，含珠诗何益乎？以大圣人而犹谆谆于去矜去智，况数定不可改移，身死不可再活，外物不可必如此，岂可不知虚之为用，以游于世乎！此一篇之大意也。"（《庄骚读本》）

外物不可必[1]，故龙逢诛，比干戮，箕子狂，恶来死，桀、纣亡。人主莫不欲其臣之忠，而忠未必信，故伍员流于江，苌弘死于蜀，藏其血三年而化为碧。人亲莫不欲其子之孝，而孝未必爱，故孝己忧而曾参悲[2]。木与木相摩则然，金与火相守则流，阴阳错行，则天地大骇，于是乎有雷有霆，水中有火，乃焚大槐。有甚忧两陷而无所逃。蜷蜳（chén dūn）不得成，心若县于天地之间，慰㦖沈屯，利害相摩，生火甚多，众人焚和，月固不胜火，于是乎有溃然而道尽。

庄周家贫，故往贷粟于监河侯。监河侯曰："诺。我将得邑金，将贷子三百金，可乎？"庄周忿然作色曰："周昨来，有中道而呼者，周顾视车辙，中有鲋鱼[3]焉。周问之曰：'鲋鱼来，子何为者耶？'对曰：'我，东海之波臣也。君岂有斗升之水而活我哉！'周曰：'诺，我且南游吴越之王，激西江之水而迎子，可乎？'鲋鱼忿然作色曰：'吾失我常与，我无所处。吾得斗升之水然活耳。君乃言此，曾不如早索我于枯鱼之肆。'"

任公子为大钩巨缁，五十犗以为饵，蹲乎会稽，投竿东海，旦旦而钓，期年而不得鱼[4]。已而大鱼食之，牵巨钩，锠没而下骛，扬而奋鬐，白波若山，海水震荡，声侔[5]鬼神，惮赫千里。任公子得若鱼，离而腊之，自制河以东，苍梧以北，莫不厌[6]若鱼者。已而后世辁（quān）才讽说之徒，皆惊

---

① 外物不可必：必，必然。外物发展的结果并不总是必然的。

② 孝己忧而曾参悲：孝己，殷高宗之子，遭后母之难，忧苦而死。曾参至孝，父母憎之，常遭父母殴打，邻乎死地，故悲泣也。

③ 鲋（fù）鱼：鲫鱼。

④ 缁（zī）：黑色，细丝线。犗（jiè）：阉割过的牛。期年：满一年。

⑤ 侔（móu）：齐，相。这里引申为仿若。

⑥ 厌：饱食。

而相告也。夫揭竿累，趋灌渎，守鲵鲋，其于得大鱼难矣！饰小说以干县令，其于大达亦远矣。是以未尝闻任氏之风俗，其不可与经于世亦远矣！

儒以《诗》《礼》发冢，大儒胪传①曰："东方作矣，事之若何？"小儒曰："未解裙襦，口中有珠。""《诗》固有之曰：'青青之麦，生于陵陂。生不布施，死何含珠为？'接其鬓，压其顪，儒以金椎控其颐，徐别其颊，无伤口中珠。"

老莱子之弟子出薪，遇仲尼，反以告，曰："有人于彼，修上而趋下，末偻②而后耳，视若营四海，不知其谁氏之子。"老莱子曰："是丘也，召而来。"仲尼至。曰："丘，去汝躬矜与汝容知，斯为君子矣。"仲尼揖而退，蹙然改容而问曰："业可得进乎？"老莱子曰："夫不忍一世之伤，而骜万世之患。抑固窭邪？亡其略弗及邪？惠以欢为骜，终身之丑，中民之行进焉耳！相引以名，相结以隐。与其誉尧而非桀，不知两忘而闭其所誉。反无非伤也，动无非邪也，圣人踌躇以兴事，以每成功。奈何哉，其载焉终矜尔！"

宋元君夜半而梦人被发窥阿门，曰："予自宰路之渊，予为清江使河伯之所，渔者余且得予。"元君觉，使人占之，曰："此神龟也。"君曰："渔者有余且乎？"左右曰："有。"君曰："令余且会朝。"明日，余且朝。君曰："渔何得？"对曰："且之网得白龟焉，其圆五尺。"君曰："献若之龟。"龟至，君再欲杀之，再欲活之。心疑，卜之。曰："杀龟以卜吉。"乃刳龟，七十二钻而无遗筴③。仲尼曰："神龟能见梦于元君，而不能避余且之网；知能七十二钻而无遗筴，不能避刳肠之患。如是则知有所困，神有所不及也。虽有至知，万人谋之。鱼不畏网而畏鹈鹕。去小知而大知明，去善而自善矣。婴儿生，无石师而能言，与能言者处也。"

惠子谓庄子曰："子言无用。"庄子曰："知无用而始可与言用矣。

①胪（lú）传：胪，传语、陈述。胪传，传说。

②末偻（lǚ）：偻，脊背弯曲。上身长下身短，脊背微曲，耳朵贴着后脑，形容孔子的形象。

③乃刳（kū）龟，七十二钻而无遗筴：刳，从中间破开挖空。钻，占卜。筴，卜筮所用的蓍草。于是刳开神龟，用龟骨占了七十二卦，没有一次不灵验的。

天地非不广且大也，人之所用容足耳，然则侧足而垫之，致黄泉，人尚有用乎？"惠子曰："无用。"庄子曰："然则无用之为用也明矣。"

庄子曰："人有能游，且得不游乎^①！人而不能游，且得游乎！夫流遁之志，决绝之行，噫，其非至知厚德之任与！覆坠而不反，火驰而不顾。虽相与为君臣，时也。易世而无以相贱。故曰：至人不留行焉^②。夫尊古而卑今，学者之流也。且以狶韦氏之流观今之世，夫孰能不波！唯至人乃能游于世而不僻，顺人而不失己。彼教不学，承意不彼。

目彻为明，耳彻为聪，鼻彻为颤，口彻为甘，心彻为知，知彻为德。凡道不欲壅，壅则哽，哽而不止则跈^③，跈则众害生。物之有知者恃息。其不殷，非天之罪也。天之穿之，日夜无降，人则顾塞其窦。胞有重阆，心有天游^④。室无空虚，则妇姑勃溪；心无天游，则六凿相攘。大林丘山之善于人也，亦神者不胜。

德溢乎名，名溢乎暴，谋稽乎弦，知出乎争，柴生乎守，官事果乎众宜。春雨日时，草木怒生，铫耨于是乎始修，草木之倒植者过半，而不知其然。

静默可以补病，眦搣可以休老，宁可以止遽。虽然，若是劳者之务也，非佚者之所未尝过而问焉；圣人之所以骇天下^⑤，神人未尝过而问焉；贤人所以骇世，圣人未尝过而问焉；君子所以骇国，贤人未尝过而问焉；小人所以合时，君子未尝过而问焉。"

演门有亲死者，以善毁爵为官师，其党人毁而死者半。尧与许由天下，许由逃之；汤与务光天下，务光怒之；纪他闻之，帅弟子而踆于窾水，诸侯吊之。三年，申徒狄因以踣河。

筌者所以在鱼，得鱼而忘筌；蹄者所以在兔，得兔而忘蹄；言者所以在意，得意而忘言。吾安得夫忘言之人而与之言哉！

---

① 人有能游，且得不游乎：一个人如果能够悠游自适，怎么能不自得呢！

② 至人不留行焉：至人不固执于自己的所作所为。

③ 跈（zhěn）：通抮，反乱。

④ 胞有重阆（làng），心有天游：重，多；阆，门高，空旷。心胸空旷，心灵就能够与天同游。

⑤ 骇（hài）天下：骇，古同"骇"。做了惊骇天下的事。

寓言　第二十七

经典内容：寓言十九，重言十七，卮言日出，和以天倪。寓言十九，藉外论之；重言十七，所以已言也。非吾罪也，人之罪也。人而无人道，是之谓陈人。物固有所然，物固有所可；无物不然，无物不可。大白若辱，盛德若不足。

篇旨概要：本篇以篇首"寓言"二字命名，叙述了寓言、重言、卮言的功用和本书的写作特色和体例，以及学道的过程和应持的态度。《庄子》阐述道理和主张，常假托于故事人物，其寓言的方法是一大特色，其中有假亦寓真。

王雱曰："夫天下之世俗，惑于异学而不知圣人之大道，必假言辞而论之矣。此庄子因而作《寓言》篇。"（《南华真经新传》）陈深说："此篇多庄语。"（《庄子品节》）所言皆是。又，王夫之曰："此篇与《天下》篇乃全书之序例。"（《庄子解》）胡方也说："此篇书之自序。"因为这两篇描述了写作的方法、体例和主要内容。

寓言十九，重言十七，卮言日出，和以天倪①。寓言十九，藉外论之。亲父不为其子媒，亲父誉之，不若非其父者也。非吾罪也，人之罪也。与己同则应，不与己同则反。同于己为是之，异于己为非之。重言十七，所以已言也。是为耆艾，年先矣，而无经纬本末以期年耆者，是非先也。人而无以先人，无人道也。人而无人道，是之谓陈人②。卮言日出，和以天倪，因以曼衍，所以穷年。不言则齐，齐与言不齐，言与齐不齐也。故曰无言。言无言：终始言，未尝言；终始不言，未尝不言。有自也而可，有自也而不可；有自也而然，有自也而不然。恶乎可？可于可；恶乎不可？不可于不可。

---

①寓言十九，重言十七，卮（zhī）言日出，和以天倪：重言，庄重的言语，先哲时贤的言论；七，当为一；卮言，支离无首无尾的言论；和，合；天倪，自然。寓言占全书的十分之九，重言占十分之七（一），卮言天天有、时时有，这合乎自然。

②陈人：陈旧的人，老朽的人。

物固有所然，物固有所可。无物不然，无物不可。非卮言日出，和以天倪，孰得其久！万物皆种也，以不同形相禅，始卒若环，莫得其伦，是谓天均。天均者，天倪也①。

庄子谓惠子曰："孔子行年六十而六十化。始时所是，卒而非之。未知今之所谓是之非五十九年非也。"惠子曰："孔子勤志服知也。"庄子曰："孔子谢之矣，而其未之尝言。孔子云：夫受才乎大本，复灵以生。鸣而当律，言而当法。利义陈乎前，而好恶是非直服人之口而已矣。使人乃以心服而不敢蘁，立定天下之定。已乎，已乎！吾且不得及彼乎！"

曾子再仕而心再化，曰："吾及亲仕，三釜而心乐；后仕，三千钟而不洎②，吾心悲。"弟子问于仲尼曰："若参者，可谓无所县其罪乎？"曰："既已县矣！夫无所县者，可以有哀乎？彼视三釜、三千钟，如观雀蚊蚋虻相过乎前也。"

颜成子游谓东郭子綦曰："自吾闻子之言，一年而野，二年而从，三年而通，四年而物，五年而来，六年而鬼入，七年而天成，八年而不知死、不知生，九年而大妙。生，有为，死也。劝公以其死也有自也，而生阳也，无自也。而果然乎？恶乎其所适，恶乎其所不适？天有历数，地有人据，吾恶乎求之？莫知其所终，若之何其无命也？莫知其所始，若之何其有命也？有以相应也，若之何其无鬼邪？无以相应也，若之何其有鬼邪？"

众罔两问于景③曰："若向也俯而今也仰，向也括而今也被发；向也坐而今也起；向也行而今也止：何也？"景曰："叟叟也，奚稍问也④！予有而不知所以。予，蜩甲也，蛇蜕也，似之而非也。火与日，吾屯也；阴与夜，吾代也。彼，吾所以有待邪，而况乎以有待者乎！彼来则我与之来，彼往则我与之往，彼强阳⑤则我与之强阳。强阳者，又何以有问乎！"

①天均者，天倪也：天齐（无始无终，无差无别），是自然的本分。均，齐。

②洎（jì）：到，及。这里指满意。

③罔两问于景：罔两，影子外围颜色较淡的部分。景，影。罔两问影子。因为影子随人而动，缺乏固守，罔两不解，故问。

④叟叟也，奚稍问也：叟叟，无心运动的样子。区区小事，何须问呢？

⑤强阳：徜徉，闲游。运动的样子。

阳子居南之沛，老聃西游于秦。邀于郊，至于梁而遇老子。老子中道仰天而叹曰："始以汝为可教，今不可也。"阳子居不答。至舍，进盥漱巾栉，脱履户外，膝行而前，曰："向者弟子欲请夫子，夫子行不闲，是以不敢；今闲矣，请问其过。"老子曰："而睢睢盱盱①，而谁与居！大白若辱，盛德若不足。"阳子居蹴然变容曰："敬闻命矣！"其往也，舍者迎将，其家公执席，妻执巾栉，舍者避席，炀者避灶。其反也，舍者与之争席矣！

让王　第二十八

经典内容：无以天下为者，可以托天下也。日出而作，日入而息，逍遥于天地之间，而心意自得。不以所用养害所养。尊生者，虽贵富不以养伤身，虽贫贱不以利累形。君乎，君乎，独不可以舍我乎！王子搜非恶为君也，恶为君之患也。两臂重于天下也。恶富贵。道之真以治身，其绪余以为国家，其土苴以治天下。帝王之功，圣人之余事也，非所以完身养生也。不忍为。天子不得臣，诸侯不得友。养志者忘形，养形者忘利，致道者忘心。知足者，不以利自累；审自得者，失之而不惧；行修于内者，无位而不怍。身在江海之上，心居乎魏阙之下。重生则利轻。通于道之谓通，穷于道之谓穷。内省而不穷于道，临难而不失其德。知者谋之，武者遂之，仁者居之，古之道也。非其义也，不受其禄；无道之世，不践其土。高节戾行，独乐其志，不事于世。

篇旨概要："让王"，即禅让王位，这是古代的一种让贤的思想。本篇的主旨在于宣扬安贫乐道、洁身自好、隐居避世、全身乐生；阐述重生、重内轻外，主张不可因外物而妨害生命。庄子认为，对于真正的轻物重生的高洁之士，"高节戾行，独乐其志，不事于世""天子不得臣，诸侯不得友；养志者忘形，养形者忘利，致道者忘心。"其中"轻物重生"的观点历来多有指斥，认为与庄子思想不合，但其间亦有相通之处。

---

① 睢（jū）睢盱盱：睢，古代一种吃鱼的水鸟。睢睢盱盱，目光直盯着，很在意什么。

苏轼曰："然余尝疑《盗跖》《渔父》，则若真诋孔子者。至于《让王》《说剑》，皆浅陋不入于道。"（《庄子祠堂记》）苏轼认为庄子并不是真正地挪揄、贬低、诋毁孔子，并怀疑《盗跖》《渔父》《让王》《说剑》四篇非庄子所作，是"昧者剿之，以入其言"穿插在《寓言》和《列御寇》两篇之间的，甚至《寓言》和《列御寇》本就是一篇。

尧以天下让许由，许由不受。又让子州支伯，子州支伯曰："以我为天子，犹之可也。虽然，我适有幽忧之病，方且治之，未暇治天下也。"夫天下至重者也，而不以害其生，又况他物乎！唯无以天下为者可以托天下也。舜让天下于子州支伯，子州支伯曰："予适有幽忧之病，方且治之，未暇治天下也。"故天下大器也，而不以易生。此有道者之所以异乎俗者也。舜以天下让善卷，善卷曰："余立于宇宙之中，冬日衣皮毛，夏日衣葛絺。春耕种，形足以劳动；秋收敛，身足以休息。日出而作，日入而息，逍遥于天地之间，而心意自得。吾何以天下为哉！悲夫，子之不知余也。"遂不受。于是去而入深山，莫知其处。舜以天下让其友石户之农。石户之农曰："卷卷乎后之为人，葆力之士也[1]。"以舜之德为未至也。于是夫负妻戴，携子以入于海，终身不反也。

大王檀父居豳[2]，狄人攻之。事之以皮帛而不受，事之以犬马而不受，事之以珠玉而不受。狄人之所求者土地也。大王檀父曰："与人之兄居而杀其弟，与人之父居而杀其子，吾不忍也。子皆勉居矣！为吾臣与为狄人臣奚以异。且吾闻之：不以所用养害所养。"因杖策而去之。民相连而从之。遂成国于岐山之下。夫大王檀父可谓能尊生矣。能尊生者，虽贵富不以养伤身，虽贫贱不以利累形。今世之人居高官尊爵者，皆重失之。见利轻亡其身，岂不惑哉！

越人三世弑[3]其君，王子搜患之，逃乎丹穴，而越国无君。求王子搜而

①卷卷乎后之为人，葆力之士也：卷卷，勤劳用力的样子；葆力，劳力者，而非养德者。您做国君为民辛劳不息，是个勤劳用力的人（而非有德之士）。

②豳（bīn）：古都邑名，在今陕西彬县。

③弑（shì）：古代称子杀父、臣杀君为"弑"。

不得，从之丹穴。王子搜不肯出，越人薰之以艾。乘以王舆。王子搜援绥登车，仰天而呼曰："君乎，君乎，独不可以舍我乎！"王子搜非恶为君也，恶为君之患也。若王子搜者，可谓不以国伤生矣！此固越人之所欲得为君也。

韩魏相与争侵地，子华子见昭僖侯，昭僖侯有忧色。子华子曰："今使天下书铭于君之前，书之言曰：'左手攫①之则右手废，右手攫之则左手废。然而攫之者必有天下。'君能攫之乎？"昭僖侯曰："寡人不攫也。"子华子曰："甚善！自是观之，两臂重于天下也，身亦重于两臂。韩之轻于天下亦远矣！今之所争者，其轻于韩又远。君固愁身伤生以忧戚不得也。"僖侯曰："善哉！教寡人者众矣，未尝得闻此言也。"子华子可谓知轻重矣！

鲁君闻颜阖得道之人，使人以币先焉。颜阖守陋闾，苴布之衣，而自饭牛②。鲁君之使者至，颜阖自对之。使者曰："此颜阖之家与？"颜阖对曰："此阖之家也。"使者致币。颜阖对曰："恐听者谬而遗使者罪，不若审之。"使者还，反审之，复来求之，则不得已！故若颜阖者，真恶富贵也。

故曰：道之真以治身，其绪余以为国家，其土苴③以治天下。由此观之，帝王之功，圣人之余事也，非所以完身养生也。今世俗之君子，多为身弃生以殉物，岂不悲哉！凡圣人之动作也，必察其所以之与其所以为。今且有人于此，以随侯之珠，弹千仞之雀，世必笑之。是何也？则其所用者重而所要者轻也。夫生者岂特随侯之重哉？

子列子穷，容貌有饥色。客有言之于郑子阳者，曰："列御寇，盖有道之士也，居君之国而穷，君无乃为不好士乎？"郑子阳即令官遗之粟。子列子见使者，再拜而辞。使者去，子列子入，其妻望之而拊心曰："妾闻为有道者之妻子，皆得佚乐。今有饥色，君过而遗先生食，先生不受，岂不命邪？"子列子笑，谓之曰："君非知我也，以人之言而遗我粟；至其罪我也，又且以人之言，此吾所以不受也。"其卒，民果作难而杀子阳。

楚昭王失国，屠羊说走而从于昭王。昭王反国，将赏从者，及屠羊说。

---

① 攫（jué）：抓，取，夺。

② 饭牛：喂牛。

③ 苴（jū）：草。

屠羊说曰："大王失国，说失屠羊。大王反国，说已反屠羊。臣之爵禄已复矣，又何赏之言。"王曰："强之。"屠羊说曰："大王失国，非臣之罪，故不敢伏其诛；大王反国，非臣之功，故不敢当其赏。"王曰："见之。"屠羊说曰："楚国之法，必有重赏大功而后得见。今臣之知不足以存国，而勇不足以死寇。吴军入郢，说畏难而避寇，非故随大王也。今大王欲废法毁约而见说，此非臣之所以闻于天下也。"王谓司马子綦曰："屠羊说居处卑贱而陈义甚高，子其为我延之以三旌之位。"屠羊说曰："夫三旌之位，吾知其贵于屠羊之肆也；万钟之禄，吾知其富于屠羊之利也。然岂可以贪爵禄而使吾君有妄施之名乎？说不敢当，愿复反吾屠羊之肆。"遂不受也。

原宪居鲁，环堵之室，茨以生草，蓬户不完，桑以为枢而瓮牖，二室褐以为塞，上漏下湿，匡坐而弦。子贡乘大马，中绀而表素，轩车不容巷，往见原宪。原宪华冠蹝履，杖藜而应门。子贡曰："嘻！先生何病？"原宪应之曰："宪闻之，无财谓之贫，学而不能行谓之病。今宪贫也，非病也。"子贡逡巡而有愧色。原宪笑曰："夫希世而行，比周而友，学以为人，教以为己，仁义之慝，舆马之饰，宪不忍为也。"

曾子居卫，缊袍无表，颜色肿哙，手足胼胝，三日不举火，十年不制衣。正冠而缨绝，捉衿而肘见，纳履而踵决。曳履而歌《商颂》，声满天地，若出金石。天子不得臣，诸侯不得友。故养志者忘形，养形者忘利，致道者忘心矣。

孔子谓颜回曰："回，来！家贫居卑，胡不仕乎？"颜回对曰："不愿仕。回有郭外之田五十亩，足以给饘[1]粥；郭内之田十亩，足以为丝麻；鼓琴足以自娱；所学夫子之道者足以自乐也。回不愿仕。"孔子愀然变容，曰："善哉，回之意！丘闻之：'知足者，不以利自累也；审自得者，失之而不惧；行修于内者，无位而不怍[2]。'丘诵之久矣，今于回而后见之，是丘之得也。"

中山公子牟谓瞻子曰："身在江海之上，心居乎魏阙之下，奈何？"

---

① 饘（zhān）：稠。

② 怍（zuò）：惭愧。

瞻子曰："重生。重生则利轻。"中山公子牟曰："虽知之，未能自胜也。"
瞻子曰："不能自胜则从，神无恶乎^①！不能自胜而强不从者，此之谓重伤。
重伤之人，无寿类矣！"魏牟，万乘之公子也，其隐岩穴也，难为于布衣之士，
虽未至乎道，可谓有其意矣！

孔子穷于陈蔡之间，七日不火食，藜羹不糁，颜色甚惫，而弦歌于室。
颜回择菜，子路、子贡相与言曰："夫子再逐于鲁，削迹于卫，伐树于宋，
穷于商周，围于陈蔡。杀夫子者无罪，藉夫子者无禁。弦歌鼓琴，未尝绝
音，君子之无耻也若此乎^②？"颜回无以应，入告孔子。孔子推琴，喟然而
叹曰："由与赐，细人^③也。召而来，吾语之。"子路、子贡入。子路曰：
"如此者，可谓穷矣！"孔子曰："是何言也！君子通于道之谓通，穷于
道之谓穷。今丘抱仁义之道以遭乱世之患，其何穷之为？故内省而不穷于道，
临难而不失其德。天寒既至，霜露既降，吾是以知松柏之茂也。陈蔡之隘，
于丘其幸乎。"孔子削然反琴而弦歌，子路扢然执干而舞。子贡曰："吾
不知天之高也，地之下也。"古之得道者，穷亦乐，通亦乐，所乐非穷通也。
道德于此，则穷通为寒暑风雨之序矣。故许由娱于颍阳，而共伯得乎丘首。

舜以天下让其友北人无择，北人无择曰："异哉，后之为人也，居于
畎^④亩之中，而游尧之门。不若是而已，又欲以其辱行漫我。吾羞见之。"
因自投清泠之渊。

汤将伐桀，因卞随而谋，卞随曰："非吾事也。"汤曰："孰可？"曰：
"吾不知也。"汤又因瞀光而谋，瞀光曰："非吾事也。"汤曰："孰可？"
曰："吾不知也。"汤曰："伊尹何如？"曰："强力忍垢，吾不知其他也。"
汤遂与伊尹谋伐桀，克之。以让卞随，卞随辞曰："后之伐桀也谋乎我，
必以我为贼也；胜桀而让我，必我为贪也。吾生乎乱世，而无道之人再来
漫我以其辱行，吾不忍数闻也！"乃自投椆水而死。汤又让瞀光，曰："知

---

① 不能自胜则从，神无恶乎：胜，克制。既然不能克制情欲，那就放任它，这样，
心理还会产生厌恶吗？

② 君子之无耻也若此乎：君子也能够这样不以穷困为耻辱吗？

③ 细人：见识浅短的人。

④ 畎（quǎn）：田地之间的沟。

者谋之，武者遂之，仁者居之，古之道也。吾子胡不立乎？"瞀光辞曰："废上，非义也；杀民，非仁也；人犯其难，我享其利，非廉也。吾闻之曰：'非其义也，不受其禄；无道之世，不践其土。'况尊我乎！吾不忍久见也。"乃负石而自沈于庐水。

昔周之兴，有士二人处于孤竹，曰伯夷、叔齐。二人相谓曰："吾闻西方有人，似有道者，试往观焉。"至于岐阳，武王闻之，使叔旦往见之。与盟曰："加富二等，就官一列。"血牲而埋之。二人相视而笑，曰："嘻，异哉！此非吾所谓道也。昔者神农之有天下也，时祀尽敬而不祈喜；其于人也，忠信尽治而无求焉。乐与政为政，乐与治为治。不以人之坏自成也，不以人之卑自高也，不以遭时自利也。今周见殷之乱而遽为政，上谋而下行货，阻兵而保威，割牲而盟以为信，扬行以悦众，杀伐以要利。是推乱以易暴也。吾闻古之士，遭治世不避其任，遇乱世不为苟存。今天下暗，周德衰，其并乎周以涂吾身也，不如避之，以絜吾行。"二子北至于首阳之山，遂饿而死焉。若伯夷、叔齐者，其于富贵也，苟可得已，则必不赖。高节戾行，独乐其志，不事于世。此二士之节也。

盗跖　第二十九

经典内容：贪得忘亲。心如涌泉，意如飘风。无耻者富，多信者显。势为天子，未必贵也；穷为匹夫，未必贱也。贵贱之分，在行之美恶。小盗者拘，大盗者为诸侯。诸侯之门，义士存焉。小人殉财，君子殉名。无为小人，反殉而天；无为君子，从天之理。知为为而不知所以为。贵为天子，富有天下。势为天子，而不以贵骄人；富有天下，而不以财戏人。害于性，故辞而不受。不以美害生，不以事害己。

篇旨概要：盗跖，即大盗柳下跖，相传他姓展，名雄，因家居柳下，统治者诬称为"盗跖"，称他为"柳下跖"。春秋后期，社会矛盾激化，以致出现"盗贼公行"的局面。而在众多劳动者反抗统治者的斗争中，柳下跖领导的奴隶起义是北方规模较大的一次。《庄子·胠箧》曾经提出"盗亦有道乎？"的问题，明确回答，有道："夫妄意室中之藏，圣也；入先，勇也；出后，义也；知可否，智也；分均，仁也。"这不亚于儒家的仁义圣智。

文中藉大盗盗跖与大圣孔子之间的辩难，提出了"孰为盗"的尖锐问题，是盗跖，还是盗丘？批判了儒家儒学的虚伪和危害，并高言"无耻者富，多信者显""势为天子，未必贵也；穷为匹夫，未必贱也。贵贱之分，在行之美恶""小盗者拘，大盗者为诸侯"等，惊世骇俗。其中表层有纵欲主义思想（近于《列子·杨朱》的思想），深层则有阐述《齐物论》相对主义的思想。因此，包括韩愈、苏东坡等人都认为此篇非庄子所著。

王雱曰："夫达生之暂聚，不役富贵利禄而自适其天性，此盗跖如此而已矣。庄子因而作《盗跖》篇。"（《南华真经新传》）用魏晋玄学家的思想表达，盗跖的人生哲学就是"自然即名教"。陶浚宣曰："盖盗窃仁义以取天下之财，皆是满苟得与无足一类人物，而盗跖独不屑为假托仁义以欺天下后世一顾。世人之论盗跖，则色然而骇，若遇苟得、无足之人，则争为称誉。使人皆知富贵势利之不可忽，若此则天下无是非，人心无向背。使圣人而遇盗跖，诘之以盗窃仁义者之所为几，何不使天下人皆致疑于仁义之为害有甚于盗跖者？……庄子之用意，全在替圣人发泄胸中之隐痛，而千古之读《庄子》者，但以庄子为盗跖张目，是则可笑之甚者矣！"（《华南经讲义》）陶浚宣可谓读人之所未读。

孔子与柳下季为友，柳下季之弟名曰盗跖。盗跖从卒九千人，横行天下，侵暴诸侯。穴室枢户，驱人牛马，取①人妇女。贪得忘亲，不顾父母兄弟，不祭先祖。所过之邑，大国守城，小国入保，万民苦之。孔子谓柳下季曰："夫为人父者，必能诏其子；为人兄者，必能教其弟。若父不能诏其子，兄不能教其弟，则无贵父子兄弟之亲矣。今先生，世之才士也，弟为盗跖，为天下害，而弗能教也，丘窃为先生羞之。丘请为先生往说之。"柳下季曰："先生言为人父者必能诏其子，为人兄者必能教其弟，若子不听父之诏，

---

① 取：娶。

弟不受兄之教，虽今先生之辩，将奈之何哉？且跖之为人也，心如涌泉，意如飘风，劲足以距敌，辩足以饰非。顺其心则喜，逆其心则怒，易辱人以言。先生必无往。"孔子不听，颜回为御，子贡为右，往见盗跖。

　　盗跖乃方休卒徒太山之阳，脍人肝而餔之。孔子下车而前，见谒者曰："鲁人孔丘，闻将军高义，敬再拜谒者。"谒者入通。盗跖闻之大怒，目如明星，发上指冠，曰："此夫鲁国之巧伪人孔丘非邪？为我告之：尔作言造语，妄称文、武，冠枝木之冠，带死牛之胁，多辞缪说，不耕而食，不织而衣，摇唇鼓舌，擅生是非，以迷天下之主，使天下学士不反其本，妄作孝弟^①，而侥幸于封侯富贵者也。子之罪大极重，疾走归！不然，我将以子肝益昼餔之膳。"孔子复通曰："丘得幸于季，愿望履幕下。"谒者复通。盗跖曰："使来前！"孔子趋而进，避席反走，再拜盗跖。盗跖大怒，两展其足，案剑瞋目，声如乳虎，曰："丘来前！若所言顺吾意则生，逆吾心则死。"

　　孔子曰："丘闻之，凡天下有三德：生而长大，美好无双，少长贵贱见而皆说之，此上德也；知维天地，能辩诸物，此中德也；勇悍果敢，聚众率兵，此下德也。凡人有此一德者，足以南面称孤矣。及将军兼此三者，身长八尺二寸，面目有光，唇如激丹，齿如齐贝，音中黄钟，而名曰盗跖，丘窃为将军耻不取焉。将军有意听臣，臣请南使吴越，北使齐鲁，东使宋卫，西使晋楚，使为将军造大城数百里，立数十万户之邑，尊将军为诸侯，与天下更始，罢兵休卒，收养昆弟，共祭先祖。此圣人才士之行，而天下之愿也。"

　　盗跖大怒曰："丘来前！夫可规以利而可谏以言者，皆愚陋恒民之谓耳。今长大美好，人见而悦之者，此吾父母之遗德也。丘虽不吾誉，吾独不自知邪？且吾闻之，好面誉人者，亦好背而毁之。今丘告我以大城众民，是欲规我以利而恒民畜我也，安可久长也！城之大者，莫大乎天下矣。尧、舜有天下，子孙无置锥之地；汤、武而天子，后世绝灭。非以其利大故邪？且吾闻之，古者禽兽多而人少，于是民皆巢居以避之。昼拾橡栗，暮栖木上，

---

　　① 弟（tì）：悌，敬重兄长，顺从长辈。

故命之曰'有巢氏之民'。古者民不知衣服，夏多积薪，冬则炀之，故命之曰'知生之民'。神农之世，卧则居居，起则于于①。民知其母，不知其父，与麋鹿共处，耕而食，织而衣，无有相害之心。此至德之隆也。然而黄帝不能致德，与蚩尤战于涿鹿之野，流血百里。尧、舜作，立群臣，汤放其主，武王杀纣。自是以后，以强陵弱，以众暴寡。汤、武以来，皆乱人之徒也。今子修文、武之道，掌天下之辩，以教后世。缝衣浅带，矫言伪行，以迷惑天下之主，而欲求富贵焉。盗莫大于子，天下何故不谓子为盗丘，而乃谓我为盗跖？子以甘辞说子路而使从之。使子路去其危冠，解其长剑，而受教于子。天下皆曰'孔丘能止暴禁非'，其卒之也，子路欲杀卫君而事不成，身菹于卫东门之上，是子教之不至也。子自谓才士圣人邪，则再逐于鲁，削迹于卫，穷于齐，围于陈蔡，不容身于天下。子教子路菹此患，上无以为身，下无以为人，子之道岂足贵邪？世之所高，莫若黄帝。黄帝尚不能全德，而战涿鹿之野，流血百里。尧不慈，舜不孝，禹偏枯，汤放其主，武王伐纣，文王拘羑里②。此六子者，世之所高也。孰论之，皆以利惑其真而强反其情性，其行乃甚可羞也。世之所谓贤士：伯夷、叔齐。伯夷、叔齐辞孤竹之君，而饿死首阳之山，骨肉不葬。鲍焦饰行非世，抱木而死。申徒狄谏而不听，负石自投于河，为鱼鳖所食。介子推至忠也，自割其股以食文公。文公后背之，子推怒而去，抱木而燔③死。尾生与女子期于梁下，女子不来，水至不去，抱梁柱而死。此六子者，无异于磔犬流豕、操瓢而乞者，皆离名轻死，不念本养寿命也。士之所谓忠臣者，莫若王子比干、伍子胥。子胥沉江，比干剖心。此二子者，世谓忠臣也，然卒为天下笑。自上观之，至于子胥、比干，皆不足贵也。丘之所以说我者，若告我以鬼事，则我不能知也；若告我以人事者，不过此矣，皆吾所闻知也。今吾告子以人之情：目欲视色，耳欲听声，口欲察味，志气欲盈。人上寿百岁，中寿

---

① 卧则居居，起则于于：居居，安静的样子；于于，自得的样子。居（偃卧）则安闲，行（起身）则自得。

② 羑（yǒu）里：古地名，在今河南省安阳汤阴县北4.5公里的羑里城遗址；羑水经城北东流。

③ 燔（fán）：焚烧。

八十，下寿六十，除病瘦、死丧、忧患，其中开口而笑者，一月之中不过四五日而已矣。天与地无穷，人死者有时。操有时之具，而托于无穷之间，忽然无异骐骥之驰过隙也。不能说其志意、养其寿命者，皆非通道也。丘之所言，皆吾之所弃也。亟去走归，无复言之！子之道狂狂汲汲①，诈巧虚伪事也，非可以全真也，奚足论哉！"

孔子再拜趋走，出门上车，执辔②三失，目芒然无见，色若死灰，据轼低头，不能出气。归到鲁东门外，适遇柳下季。柳下季曰："今者阙然，数日不见，车马有行色，得微往见跖邪？"孔子仰天而叹曰："然！"柳下季曰："跖得无逆汝意若前乎？"孔子曰："然。丘所谓无病而自灸也。疾走料虎头，编虎须，几不免虎口哉！"

子张问于满苟得曰："盍不为行？无行则不信，不信则不任，不任则不利。故观之名，计之利，而义真是也。若弃名利，反之于心，则夫士之为行，不可一日不为乎！"满苟得曰："无耻者富，多信者显。夫名利之大者，几在乎无耻而信。故观之名，计之利，而信真是也。若弃名利，反之于心，则夫士之为行，抱其天乎！"子张曰："昔者桀、纣贵为天子，富有天下。今谓臧聚③曰：'汝行如桀、纣。'则有作色，有不服之心者，小人所贱也。仲尼、墨翟，穷为匹夫，今谓宰相曰：'子行如仲尼、墨翟。'则变容易色，称不足者，士诚贵也。故势为天子，未必贵也；穷为匹夫，未必贱也。贵贱之分，在行之美恶。"满苟得曰："小盗者拘，大盗者为诸侯。诸侯之门，义士存焉。昔者桓公小白杀兄入嫂，而管仲为臣；田成子常杀君窃国，而孔子受币。论则贱之，行则下之，则是言行之情悖战于胸中也，不亦拂乎！故《书》曰：'孰恶孰美，成者为首，不成者为尾。'"

子张曰："子不为行，即将疏戚无伦，贵贱无义，长幼无序。五纪六位，将何以为别乎？"满苟得曰："尧杀长子，舜流母弟，疏戚有伦乎？汤放桀，武王杀纣，贵贱有义乎？王季为适，周公杀兄，长幼有序乎？儒者伪

---

① 狂狂汲汲（jí）：汲，从井中打水，形容心情急切、努力追求。

② 辔（pèi）：驾驭牲口的嚼子和缰绳。

③ 臧聚：臧，奴仆；聚，驺，养马者。

辞，墨子兼爱，五纪六位，将有别乎？且子正为名，我正为利。名利之实，不顺于理，不监于道。吾日与子讼于无约，曰：'小人殉财，君子殉名，其所以变其情、易其性则异矣；乃至于弃其所为而殉其所不为，则一也。'故曰：无为小人，反殉而天；无为君子，从天之理。若枉若直，相而天极。面观四方，与时消息。若是若非，执而圆机。独成而意，与道徘徊。无转而成，将弃而天。比干剖心，子胥抉眼，忠之祸也；直躬证父①，尾生溺死，信之患也；鲍子立干，申子不自理，廉之害也；孔子不见母，匡子不见父，义之失也。此上世之所传、下世之所语以为士者，正其言，必其行，故服其殃、离其患也。"

无足问于知和曰："人卒未有不兴名就利者。彼富则人归之，归则下之，下则贵之。夫见下贵者，所以长生安体乐意之道也。今子独无意焉，知不足邪？意知而力不能行邪？故推正不忘邪？"知和曰："今夫此人，以为与己同时而生，同乡而处者，以为夫绝俗过世之士焉，是专无主正，所以览古今之时、是非之分也。与俗化世，去至重，弃至尊，以为其所为也。此其所以论长生安体乐意之道，不亦远乎！惨怛之疾，恬愉之安，不监于体；怵惕之恐，欣欢之喜，不监于心。知为为而不知所以为。是以贵为天子，富有天下，而不免于患也。"

无足曰："夫富之于人，无所不利。穷美究执，至人之所不得逮，贤人之所不能及。侠人之勇力而以为威强，秉人之知谋以为明察，因人之德以为贤良，非享国而严若君父。且夫声色滋味权势之于人，心不待学而乐之，体不待象而安之。夫欲恶避就，固不待师，此人之性也。天下虽非我，孰能辞之！"知和曰："知者之为，故动以百姓，不违其度，是以足而不争，无以为，故不求。不足故求之，争四处而不自以为贪；有余故辞之，弃天下而不自以为廉。廉贪之实，非以迫外也，反监之度。势为天子，而不以贵骄人；富有天下，而不以财戏人。计其患，虑其反，以为害于性，故辞而不受也。非以要名誉也。尧、舜为帝而雍，非仁天下也，不以美害生；

---

① 直躬证父：《吕氏春秋·当务》载：楚有直躬者，其父窃羊而谒之上，上执而将诛之。直躬请代之。将诛矣，告吏曰："父窃羊而谒之，不亦信乎？父诛而代之，不亦孝乎？信且孝而诛之，国将有不诛者乎？"荆王闻之，乃不诛也。

善尧、许由得帝而不受，非虚辞让也，不以事害己。此皆就其利、辞其害，而天下称贤焉，则可以有之，彼非以兴名誉也。"

无足曰："必持其名，苦体绝甘，约养以持生，则亦久病长厄而不死者也。"知和曰："平为福，有余为害者，物莫不然，而财其甚者也。今富人耳营钟鼓管籥之声，口慊于刍豢醪醴之味，以感其意，遗忘其业，可谓乱矣；骇溺于冯气，若负重行而上也，可谓苦矣；贪财而取慰，贪权而取竭，静居则溺，体泽则冯，可谓疾矣；为欲富就利，故满若堵耳而不知避，且冯而不舍，可谓辱矣；财积而无用，服膺而不舍，满心戚醮，求益而不止，可谓忧矣；内则疑劫请之贼，外则畏寇盗之害，内周楼疏，外不敢独行，可谓畏矣。此六者，天下之至害也，皆遗忘而不知察。及其患至，求尽性竭财单以反一日之无故，而不可得也。故观之名则不见，求之利则不得。缭意体而争此，不亦惑乎！"

说剑　第三十

经典内容：天子之剑，制以五行，论以刑德，开以阴阳，持以春夏，行以秋冬；此剑一用，匡诸侯，天下服矣。天下无敌。和民意，安四乡。

篇旨概要：此篇以意命题。说剑，即论剑，论述了天子之剑、诸侯之剑、庶人之剑三种不同的"剑"有不同的功用，说剑论政。通过庄子说服赵文王停止斗剑的寓言故事，说明国君当以天下、国家为重，并论述了治天下的思想，即天子当以大而无形的天子之剑治世，顺天道、和民意、安四乡、治天下。

王雱曰："夫天下国家者，圣人之利器，而其用必在于善藏，而其权不可示人矣。此庄子因而作《说剑》篇。"（《南华真经新传》）张位曰："举大明小，讽谏之例，通篇一意。（《南华标略》）"因为文中赵文王在庄子后，因此本篇当为庄子后学所撰。曹础基先生认为，此篇当为战国策士、纵横家的言论。

昔赵文王喜剑，剑士夹门而客三千余人，日夜相击于前，死伤者岁百余人。好之不厌。如是三年，国衰。诸侯谋之。太子悝患之，募左右曰："孰能说王之意止剑士者，赐之千金。"左右曰："庄子当能。"

太子乃使人以千金奉庄子。庄子弗受，与使者俱往，见太子曰："太子何以教周，赐周千金？"太子曰："闻夫子明圣，谨奉千金，以币从者。夫子弗受，悝尚何敢言。"庄子曰："闻太子所欲用周者，欲绝王之喜好也。使臣上说大王，而逆王意，下不当太子，则身刑而死，周尚安所事金乎？使臣上说大王，下当太子，赵国何求而不得也！"太子曰："然。吾王所见，唯剑士也。"庄子曰："诺。周善为剑。"太子曰："然吾王所见剑士，皆蓬头，突鬓，垂冠，曼胡之缨，短后之衣，嗔目而语难，王乃悦之。今夫子必儒服而见王，事必大逆。"庄子曰："请治剑服。"治剑服三日，乃见太子。太子乃与见王。王脱白刃待之。

庄子入殿门不趋，见王不拜。王曰："子欲何以教寡人，使太子先？"曰："臣闻大王喜剑，故以剑见王。"王曰："子之剑何能禁制？"曰："臣之剑十步一人，千里不留行。"王大悦之，曰："天下无敌矣。"庄子曰："夫为剑者，示之以虚，开之以利，后之以发，先之以至。愿得试之。"王曰："夫子休，就舍待命，令设戏，请夫子。"

王乃校剑士七日，死伤者六十余人，得五六人，使奉剑于殿下，乃召庄子。王曰："今日试使士敦剑。"庄子曰："望之久矣！"王曰："夫子所御杖，长短何如？"曰："臣之奉皆可。然臣有三剑，唯王所用。请先言而后试。"王曰："愿闻三剑。"曰："有天子剑，有诸侯剑，有庶人剑。"王曰："天子之剑何如？"曰："天子之剑，以燕溪石城为锋，齐岱为锷，晋魏为脊，周宋为镡，韩魏为铗，包以四夷，裹以四时，绕以渤海，带以常山，制以五行，论以刑德，开以阴阳，持以春夏，行以秋冬。此剑直之无前，举之无上，案之无下，运之无旁。上决浮云，下绝地纪。此剑一用，匡诸侯，天下服矣。此天子之剑也。"文王芒然自失，曰："诸侯之剑何如？"曰："诸侯之剑，以知勇士为锋，以清廉士为锷，以贤良士为脊，以忠圣士为镡，以豪杰士为夹。此剑直之亦无前，举之亦无上，案之亦无下，运之亦无旁。上法圆天，以顺三光；下法方地，以顺四时；中和民意，以安四乡。此剑一用，如雷霆之震也，四封之内，无不宾服而听从君命者矣。此诸侯之剑也。"王曰："庶人之剑何如？"曰："庶人之剑，蓬头突鬓，垂冠，曼胡之缨，短后之衣，嗔目而语难，相击于前，上斩颈领，下决肝肺。此庶人之剑，无异于斗鸡，一旦名已绝矣，无所用于国事。今大王有天子之位而好庶人之剑，臣窃为大王薄之。"王乃牵而上殿，宰人上食，王三环之。庄子曰："大王安坐定气，剑事已毕奏矣！"于是文王不出宫三月，剑士皆服毙其处也。

渔父　第三十一

经典内容：苦心劳形，以危其真。自正，治之美也。处阴以休影，处静以息迹。真者，精诚之至也。法天贵真，不拘于俗。

篇旨概要：本篇以寓言故事人物"渔父"名字命名，通过这位隐者、有道之士、捕鱼老人对孔子的批评，指斥了儒家仁义礼乐"苦心劳形，以危其真"的人生观，并借此阐述了道家"法天贵真，不拘于俗"的原始自然主义思想。诚如宋代黄震对庄子非儒思想的评价：庄子以不羁之材，"眇末宇宙，戏薄圣贤。"（《黄氏日抄》）庄子对圣人孔子的戏弄，可谓千古一绝。

王雱曰："夫能忘忧、葆真，脱于世俗之拘系而乐于江海之游者，此唯林渔父若是矣。庄子因而作《渔父》篇。"（《南华真经新传》）吴伯与曰："渔父之讥孔子，只在太多事，而谆谆欲还之于真。"（《庄子因然》）以上评论合符庄子本篇效法自然、贵乎本性的"法天贵真"的思想。

孔子游乎缁帷之林，休坐乎杏坛之上。弟子读书，孔子弦歌鼓琴。奏曲未半，有渔父者，下船而来，鬓眉交白，被发揄袂，行原以上，距陆而止，左手据膝，右手持颐以听。曲终而招子贡、子路二人俱对。客指孔子曰："彼何为者也？"子路对曰："鲁之君子也。"客问其族。子路对曰："族孔氏。"

客曰："孔氏者何治也？"子路未应，子贡对曰："孔氏者，性服忠信，身行仁义，饰礼乐，选人伦。上以忠于世主，下以化于齐民，将以利天下。此孔氏之所以治也。"又问曰："有土之君与？"子贡曰："非也。""侯王之佐与？"子贡曰："非也。"客乃笑而还行，言曰："仁则仁矣，恐不免其身。苦心劳形，以危其真。呜呼！远哉，其分于道也。"

子贡还，报孔子。孔子推琴而起，曰："其圣人与？"乃下求之，至于泽畔，方将杖拏而引其船，顾见孔子，还乡①而立。孔子反走，再拜而进。客曰："子将何求？"孔子曰："曩②者先生有绪言而去，丘不肖，未知所谓，窃待于下风，幸闻咳唾之音，以卒相丘也。"客曰："嘻！甚矣，子之好学也！"孔子再拜而起，曰："丘少而修学，以至于今，六十九岁矣，无所得闻至教，敢不虚心！"

客曰："同类相从，同声相应，固天之理也，吾请释吾之所有而经子之所以。子之所以者，人事也。天子诸侯大夫庶人，此四者自正，治之美也；四者离位而乱莫大焉。官治其职，人忧其事，乃无所陵。故田荒室露，衣食不足，征赋不属，妻妾不和，长少无序，庶人之忧也；能不胜任，官事不治，行不清白，群下荒怠，功美不有，爵禄不持，大夫之忧也；廷无忠臣，国家昏乱，工技不巧，贡职不美，春秋后伦，不顺天子，诸侯之忧也；阴阳不和，寒暑不时，以伤庶物，诸侯暴乱，擅相攘伐，以残民人，礼乐不节，财用穷匮，人伦不饬，百姓淫乱，天下有司之忧也。今子既上无君侯有司之势，而下无大臣职事之官，而擅饰礼乐，选人伦，以化齐民，不泰多事乎？且人有八疵，事有四患，不可不察也。非其事而事之，谓之摠③；莫之顾而进之，谓之佞；希意道言，谓之谄；不择是非而言，谓之谀；好言人之恶，谓之谗；析交离亲，谓之贼；称誉诈伪以败恶人，谓之慝；不择善否，两容颊适，偷拔其所欲，谓之险。此八疵者，外以乱人，内以伤身，君子不友，明君不臣。所谓四患者，好经大事，变更易常，以挂功名，谓之叨；专知擅事，

①乡：向。

②曩：此前。

③摠（zōng）：总。指做了不该做的事。

侵人自用，谓之贪；见过不更，闻谏愈甚，谓之狠；人同于己则可，不同于己，虽善不善，谓之矜。此四患也。能去八疵，无行四患，而始可教已。"

孔子愀然而叹，再拜而起，曰："丘再逐于鲁，削迹于卫，伐树于宋，围于陈蔡。丘不知所失，而离此四谤者，何也？"客凄然变容曰："甚矣，子之难悟也！人有畏影恶迹而去之走者，举足愈数而迹愈多，走愈疾而影不离身，自以为尚迟，疾走不休，绝力而死。不知处阴以休影，处静以息迹，愚亦甚矣！子审仁义之间，察同异之际，观动静之变，适受与之度，理好恶之情，和喜怒之节，而几于不免矣。谨修而身，慎守其真，还以物与人，则无所累矣。今不修之身而求之人，不亦外乎！"

孔子愀然曰："请问何谓真？"客曰："真者，精诚之至也。不精不诚，不能动人。故强哭者，虽悲不哀；强怒者，虽严不威；强亲者，虽笑不和。真悲无声而哀，真怒未发而威，真亲未笑而和。真在内者，神动于外，是所以贵真也。其用于人理也，事亲则慈孝，事君则忠贞，饮酒则欢乐，处丧则悲哀。忠贞以功为主，饮酒以乐为主，处丧以哀为主，事亲以适为主。功成之美，无一其迹矣；事亲以适，不论所以矣；饮酒以乐，不选其具矣；处丧以哀，无问其礼矣。礼者，世俗之所为也；真者，所以受于天也，自然不可易也。故圣人法天贵真，不拘于俗。愚者反此。不能法天而恤于人，不知贵真，禄禄而受变于俗，故不足。惜哉，子之早湛于人伪而晚闻大道也！"孔子又再拜而起曰："今者丘得遇也，若天幸然。先生不羞而比之服役而身教之。敢问舍所在也，请因受业而卒学大道。"客曰："吾闻之，可与往者，与之至于妙道；不可与往者，不知其道。慎勿与之，身乃无咎。子勉之，吾去子矣，吾去子矣！"乃刺船而去，延缘苇间。

颜渊还车，子路授绥，孔子不顾，待水波定，不闻拏声而后敢乘。子路旁车而问曰："由得为役久矣，未尝见夫子遇人如此其威也。万乘之主，千乘之君，见夫子未尝不分庭抗礼，夫子犹有倨①傲之容。今渔父杖拏逆立，而夫子曲要②磬折，言拜而应，得无太甚乎！门人皆怪夫子矣，渔人何以得

---

① 倨（jù）：不逊，傲慢。

② 要：腰。

此乎！"孔子伏轼①而叹，曰："甚矣，由之难化也！湛于礼仪有间矣，而朴鄙之心至今未去。进，吾语汝：夫遇长不敬，失礼也；见贤不尊，不仁也。彼非至人，不能下人。下人不精，不得其真，故长伤身。惜哉！不仁之于人也，祸莫大焉，而由独擅之。且道者，万物之所由也。庶物失之者死，得之者生。为事逆之则败，顺之则成。故道之所在，圣人尊之。今渔父之道，可谓有矣，吾敢不敬乎！"

列御寇　第三十二

经典内容：巧者劳而知者忧，无能者无所求，饱食而敖游，泛若不系之舟，虚而敖游者也！圣人安其所安，不安其所不安；众人安其所不安，不安其所安。知道易，勿言难。古之人，天而不人。圣人以必不必，故无兵；众人以不必必之，故多兵。兵，恃之则亡。无何有之乡。水流乎无形，发泄乎太清。舐痔者。施于人而不忘，非天布也，商贾不齿。人心险于山川，难于知天。其就义若渴者，其去义若热。君子九观：君子远使之而观其忠，近使之而观其敬，烦使之而观其能，卒然问焉而观其知，急与之期而观其信，委之以财而观其仁，告之以危而观其节，醉之以酒而观其则，杂之以处而观其色。以不平平，其平也不平；以不征征，其征也不征。

篇旨概要：本篇以篇首人物"列御寇"名字命名。列御寇，简称列子，有《列子》一书。《吕氏春秋·不二》说"子列子贵虚"，有人更进一步归纳出"列子贵虚轻死"。列子是道家的重要代表人物，与杨朱一样，其思想近于老子，因此学界有老、杨、列、庄之说，即老子、杨朱、列子、庄子之道家传承序列。《庄子·逍遥游》有列子"御风而行"、在天空中遨游半月而后返的描述；列子被仙化了。也可见《庄子》作者对列子的推崇。

本篇由多个故事夹杂着议论组合而成，内容繁杂，且无内在联系，主要是阐述虚己、忘我而与物同一的思想，说明人生在世不应追求外在

---

① 轼（shì）：古代车厢前面用作扶手的横木。

的事物、自是自大自我，更不应该居功自傲、得意忘形，否则就会给自己带来祸害。曹础基先生总结此篇为"虚无宁静，安于所安，生无为、死不葬，任其自然。"王雱曰："夫知道达德，而外不能遗形忘己而与物同，则未为至人而已矣。此庄子因而作《列御寇》之篇。"（《南华真经新传》）王夫之曰："此篇之旨，大率以内解为主，以葆光不外炫为实，以去明而养神为要。"（《庄子解》）所评中肯。

列御寇之齐，中道而反，遇伯昏瞀①人。伯昏瞀人曰："奚方而反？"曰："吾惊焉。"曰："恶乎惊？"曰："吾尝食于十浆而五浆先馈。"伯昏瞀人曰："若是则汝何为惊已？"曰："夫内诚不解，形谍成光，以外镇人心，使人轻乎贵老，而赍②其所患。夫浆人特为食羹之货，无馀之赢，其为利也薄，其为权也轻，而犹若是，而况于万乘之主乎！身劳于国而知尽于事。彼将任我以事，而效我以功。吾是以惊。"伯昏瞀人曰："善哉观乎！汝处已，人将保汝矣！"无几何而往，则户外之履满矣。伯昏瞀人北面而立，敦杖，蹩之乎颐。离有间，不言而出。宾者以告列子，列子提履，跣③而走，暨乎门，曰："先生既来，曾不发药乎？"曰："已矣，吾固告汝曰：人将保汝。果保汝矣！非汝能使人保汝，而汝不能使人无保汝也，而焉用之感豫出异也。必且有感，摇而本才④，又无谓也。与汝游者，又莫汝告。彼所小言，尽人毒也⑤。莫觉莫悟，何相孰也！巧者劳而知者忧，无能者无所求，饱食而敖游，泛若不系之舟，虚而敖游者也！"

郑人缓也，呻吟裘氏之地。只三年而缓为儒。河润九里，泽及三族，使其弟墨。儒墨相与辩，其父助翟⑥。十年而缓自杀。其父梦之曰："使而

① 瞀（mào）：目眩，眼花。
② 赍（jī）：抱着，带着；馈赠；旅行所带的东西。
③ 跣（xiǎn）：赤足。
④ 本才：本性。
⑤ 彼所小言，尽人毒也：那些同游者所说的巧言细语，都是毒害人的。
⑥ 翟：墨子，这里指墨家、墨家学派。

子为墨者，予也。阖胡尝视其良^①？既为秋柏之实矣。”夫造物者之报人也，不报其人而报其人之天。彼故使彼。夫人以己为有以异于人，以贱其亲。齐人之井，饮者相捽^②也。故曰：“今之世皆缓也。”自是，有德者以不知也，而况有道者乎！古者谓之遁天之刑^③。

圣人安其所安，不安其所不安^④；众人安其所不安，不安其所安。

庄子曰："知道易，勿言难。知而不言，所以之天也。知而言之，所以之人也。古之人，天而不人。

朱坪慢学屠龙于支离益，单^⑤千金之家，三年技成而无所用其巧。

圣人以必不必，故无兵；众人以不必必之，故多兵。顺于兵，故行有求。兵，恃之则亡。小夫之知，不离苞苴竿牍，敝精神乎蹇浅，而欲兼济导物，太一形虚。若是者，迷惑于宇宙，形累不知太初。彼至人者，归精神乎无始，而甘瞑乎无何有之乡。水流乎无形，发泄乎太清。悲哉乎！汝为知在毫毛，而不知大宁。"

宋人有曹商者，为宋王使秦。其往也，得车数乘。王说^⑥之，益车百乘。反于宋，见庄子，曰："夫处穷闾厄巷，困窘织屦，槁项黄首者，商之所短也；一悟万乘之主，而从车百乘者，商之所长也。"庄子曰："秦王有病召医。破痈溃痤者得车一乘，舐痔者得车五乘，所治愈下，得车愈多。子岂治其痔邪？何得车之多也？子行矣！"

鲁哀公问于颜阖曰："吾以仲尼为贞干，国其有瘳乎？"曰："殆哉圾^⑦乎！仲尼方且饰羽而画，从事华辞。以支为旨，忍性以视民，而不知不信。受乎心，宰乎神，夫何足以上民！彼宜女与？予颐与？误而可矣！今使民离实学伪，非所以视民也。为后世虑，不若休之。难治也！施于人而不忘，

---

① 良：埌（làng），旷远，这里指坟墓。

② 捽（zuó）：揪着，抓着。

③ 遁天之刑：逃避了自然天理的刑罚。

④ 圣人安其所安，不安其所不安：圣人安于自然之理，不安于人为自是。

⑤ 单（dān）：殚，竭尽。

⑥ 说：悦。

⑦ 圾：同"岌"，危险。

非天布也，商贾不齿。虽以事齿之，神者弗齿。为外刑者，金与木也；为内刑者，动与过也。宵人之离外刑者，金木讯之；离内刑者，阴阳食之。夫免乎外内之刑者，唯真人能之。”

孔子曰：“凡人心险于山川，难于知天。天犹有春秋冬夏旦暮之期，人者厚貌深情。故有貌愿而益，有长若不肖，有顺怀而达，有坚而缦，有缓而钎。故其就义若渴者，其去义若热。故君子远使之而观其忠，近使之而观其敬，烦使之而观其能，卒然问焉而观其知，急与之期而观其信，委之以财而观其仁，告之以危而观其节，醉之以酒而观其侧，杂之以处而观其色。九征至，不肖人得矣。”

正考父一命而伛，再命而偻^①，三命而俯，循墙而走，孰敢不轨！如而夫者，一命而吕钜^②，再命而于车上舞，三命而名诸父。孰协唐、许^③？

贼莫大乎德有心而心有睫，及其有睫也而内视，内视而败矣！凶德有五，中德为首。何谓中德？中德也者，有以自好也，而吡^④其所不为者。穷有八极，达有三必，形有六府。美、髯、长、大、壮、丽、勇、敢，八者俱过人也，因以是穷。缘循、偃佒、困畏，不若人三者俱通达。知慧外通，勇动多怨，仁义多责。达生之情者傀^⑤，达于知者肖^⑥；达大命者随，达小命者遭。

人有见宋王者，锡^⑦车十乘，以其十乘骄稚庄子。庄子曰：“河上有家贫，恃苇萧而食者，其子投于渊，得千金之珠。其父谓其子曰：‘取石来锻之！夫千金之珠，必在九重之渊而骊龙颔下。子能得珠者，必遭其睡也。使骊龙而寤，子尚奚微之有哉！’今宋国之深，非直九重之渊也；宋王之猛，非直骊龙也。子能得车者，必遭其睡也；使宋王而寤，子为齑^⑧粉夫。”

---

① 正考父一命而伛（gōu），再命而偻（lǔ）：孔子的先祖正考父第一次被任命为士时曲着背，第二次被任命为卿时弯着腰，以示恭敬。

② 吕钜：骄傲自大的样子。吕、钜，大。

③ 孰协唐许：协，比，同。谁能够比得上唐尧、许由呢。

④ 吡（pǐ）：诋毁；斥责。

⑤ 傀（kuǐ）：伟，大。

⑥ 肖：小。

⑦ 锡：赏赐。

⑧ 齑（jī）：细碎。

或聘于庄子，庄子应其使曰："子见夫牺牛乎？衣以文绣，食以刍叔①，及其牵而入于太庙，虽欲为孤犊，其可得乎！"

庄子将死，弟子欲厚葬之。庄子曰："吾以天地为棺椁，以日月为连璧，星辰为珠玑，万物为赍送。吾葬具岂不备邪？何以加此！"弟子曰："吾恐乌鸢②之食夫子也。"庄子曰："在上为乌鸢食，在下为蝼蚁食，夺彼与此，何其偏也！"

以不平平，其平也不平；以不征征，其征也不征。明者唯为之使，神者征之。夫明之不胜神也久矣，而愚者恃其所见入于人，其功外也，不亦悲乎！

天下　第三十三

经典内容：不离于宗，谓之天人；不离于精，谓之神人；不离于真，谓之至人。以礼为行，以乐为和。《诗》以道志，《书》以道事、《礼》以道行，《乐》以道和，《易》以道阴阳，《春秋》以道名分。内圣外王。泛爱兼利。不累于俗，不饰于物。情欲寡浅。公而不党，易而无私。齐万物以为首。以本为精，以物为粗，以有积为不足，澹然独与神明居。知其白，守其辱，为天下谷。人皆取先，己独取后；人皆取实，己独取虚；人皆求福，己独曲全。常宽容于物，不削于人。以天下为沈浊，不可与庄语。独与天地精神往来，而不敖倪于万物。不谴是非，以与世俗处。上与造物者游，而下与外死生、无终始者为友。至大无外，谓之大一；至小无内，谓之小一。日方中方倪，物方生方死。泛爱万物，天地一体。白狗黑。孤驹未尝有母。一尺之捶，日取其半，万世不竭。逐万物而不反，是穷响以声，形与影竞走也。

篇旨概要：本篇"以义名篇"，评说天下诸子。有人说"寓言"是庄子自序，"天下"是《庄子》后序，是庄子后学对当时有较大影响的儒家、

---

① 刍叔（chú shū）：刍菽，刍豆。
② 鸢（yuān）：老鹰。

墨家、邻墨近道的宋钘尹文学派、彭蒙田骈慎到黄老学派、道家老子、庄子、名家惠施等诸家古今道术渊源流别的评判，犹如《尸子·广泽》、《荀子·非十二子》、《吕氏春秋·不二》、《淮南子·要略》、司马谈《论六家要指》、《汉书·艺文志·诸子略》等，在肯定了其学说优点的同时，也指出了他们自是而相非、自好而相恶，皆难免独断、偏颇，是大道被分裂为方术的体现。其中保存了名家、惠施的一些经典言论，很有史料价值，有学者认为应当是《庄子·惠施》；而对庄子思想和精神的高度概括也较为贴切，并言庄子是老子思想的继承者，给予了庄子很高的评价。它开启了我国古代学派学术史研究的先河；它对六艺思想的高度概括，有很高的理论水平；它首次提出的"内圣外王"的思想，为后世儒家的修身治国的政治伦理提供了方法、指明了方向。

陆西星曰："《天下》篇，《庄子》后序也。历叙古今道术渊源之所自，而以自己承之，即《孟子》终篇之意。"（《南华真经副墨》）胡方曰："此篇以庄子冠诸家，读《庄子》者之题词，如后人之书后也。"（《庄子辩证》）这也不失为一家之说。

天下之治方术者多矣，皆以其有为不可加矣！古之所谓道术者，果恶乎在？曰："无乎不在。"曰："神何由降？明何由出？""圣有所生，王有所成，皆原于一。"不离于宗，谓之天人；不离于精，谓之神人；不离于真，谓之至人。以天为宗，以德为本，以道为门，兆于变化，谓之圣人；以仁为恩，以义为理，以礼为行，以乐为和，薰然慈仁，谓之君子；以法为分，以名为表，以操为验，以稽为决，其数一二三四是也，百官以此相齿；以事为常，以衣食为主，蕃息畜藏，老弱孤寡为意，皆有以养，民之理也。

古之人其备乎！配神明，醇天地，育万物，和天下，泽及百姓，明于本数，系于末度，六通四辟，小大精粗，其运无乎不在。其明而在数度者，旧法、世传之史尚多有之；其在于《诗》、《书》、《礼》、《乐》者，邹鲁之士、缙绅先生，多能明之。《诗》以道志，《书》以道事、《礼》以道行，《乐》以道和，《易》以道阴阳，《春秋》以道名分。其数散于天下而设于中国者，百家之学时或称道之。

天下大乱，贤圣不明，道德不一。天下多得一察焉以自好。譬如耳目鼻口，皆有所明，不能相通。犹百家众技也，皆有所长，时有所用。虽然不该不遍，一曲之士也。判天地之美，析万物之理，察古人之全，寡能备于天地之美，称神明之容。是故内圣外王之道，黯而不明，郁而不发，天下之人各为其所欲焉以自为方。悲夫！百家往而不反，必不合矣！后世之学者，不幸不见天地之纯，古人之大体，道术将为天下裂。

不侈于后世，不靡于万物，不晖于数度，以绳墨自矫，而备世之急。古之道术有在于是者，墨翟、禽滑厘，闻其风而说之。为之太过，已之大循。作为《非乐》，命之曰《节用》。生不歌，死无服。墨子泛爱兼利而非斗，其道不怒。又好学而博，不异，不与先王同，毁古之礼乐。黄帝有《咸池》，尧有《大章》，舜有《大韶》，禹有《大夏》，汤有《大镬》，文王有《辟雍》之乐，武王、周公作《武》。古之丧礼，贵贱有仪，上下有等。天子棺椁七重，诸侯五重，大夫三重，士再重。今墨子独生不歌，死无服，桐棺三寸而无椁，以为法式。以此教人，恐不爱人；以此自行，固不爱己。未败墨子道，虽然，歌而非歌，哭而非哭，乐而非乐，是果类乎？其生也勤，其死也薄，其道大觳。使人忧，使人悲，其行难为也。恐其不可以为圣人之道，反天下之心，天下不堪。墨子虽能独任，奈天下何！离于天下，其去王也远矣！

墨子称道曰："昔禹之湮洪水，决江河而通四夷九州也。名川三百，支川三千，小者无数。禹亲自操橐耜①，而九杂天下之川。腓无胈②，胫无毛，沐甚雨，栉疾风，置万国。禹，大圣也。而形劳天下也如此。"使后世之墨者，多以裘褐为衣，以跂蹻为服，日夜不休，以自苦为极，曰："不能如此，非禹之道也，不足谓墨。"相里勤之弟子，五侯之徒，南方之墨者苦获、已齿、邓陵子之属，俱诵《墨经》，而倍谲不同，相谓别墨。以坚白同异之辩相訾，以奇偶不仵之辞相应，以巨子为圣人。皆愿为之尸，冀得为其后世，至今不决。墨翟、禽滑厘之意则是，其行则非也。将使后世

---

① 橐耜（tuó sì）：橐，盛土的器具；耜，铲土的器具。

② 腓（féi）无胈（bá）：腓，亦称"腓肠肌"，俗称"腿肚子"；胈，毛发。

之墨者，必自苦以腓无胈、胫无毛，相进而已矣。乱之上也，治之下也。虽然，墨子真天下之好也，将求之不得也，虽枯槁不舍也，才士也夫！

不累于俗，不饰于物，不苟于人，不忮于众，愿天下之安宁以活民命，人我之养，毕足而止，以此白心。古之道术有在于是者，宋鈃、尹文闻其风而悦之。作为华山之冠以自表，接万物以别宥为始。语心之容，命之曰："心之行。"以聏合欢，以调海内，请欲置之以为主。见侮不辱，救民之斗，禁攻寝兵，救世之战。以此周行天下，上说下教。虽天下不取，强聒而不舍者也。故曰：上下见厌而强见也。虽然，其为人太多，其自为太少，曰："请欲固置五升之饭足矣。"先生恐不得饱，弟子虽饥，不忘天下，日夜不休。曰："我必得活哉！"图傲乎救世之士哉！曰："君子不为苛察，不以身假物。"以为无益于天下者，明之不如已也。以禁攻寝兵为外，以情欲寡浅为内。其小大精粗，其行适至是而止。

公而不当①，易而无私，决然无主，趣物而不两，不顾于虑，不谋于知，于物无择，与之俱往。古之道术有在于是者，彭蒙、田骈、慎到，闻其风而悦之。齐万物以为首，曰："天能覆之而不能载之，地能载之而不能覆之，大道能包之而不能辩之。"知万物皆有所可，有所不可。故曰："选则不遍，教则不至，道则无遗矣。"是故慎到弃知去己，而缘不得已。泠汰于物②，以为道理。曰："知不知，将薄知而后邻伤之者也。"謑髁③无任，而笑天下之尚贤也；纵脱无行，而非天下之大圣；椎拍辊断，与物婉转；舍是与非，苟可以免。不师知虑，不知前后，魏然而已矣。推而后行，曳而后往。若飘风之还，若羽之旋，若磨石之隧，全而无非，动静无过，未尝有罪。是何故？夫无知之物，无建己之患，无用知之累，动静不离于理，是以终身无誉。故曰："至于若无知之物而已，无用贤圣，夫块不失道。"豪杰相与笑之曰："慎到之道，非生人之行，而至死人之理，适得怪焉。"田骈亦然，学于彭蒙，得不教焉。彭蒙之师曰："古之道人，至于莫之是、

---

① 当：党，结党营私。
② 泠汰（líng tài）于物：于物听从放任。
③ 謑髁（xǐ kē）：不端正。

莫之非而已矣。其风窢^①然，恶可而言。"常反人，不见观，而不免于鲵断^②。其所谓道非道，而所言之韪不免于非。彭蒙、田骈、慎到不知道。虽然，概乎皆尝有闻者也。

以本为精，以物为粗，以有积为不足，澹然独与神明居。古之道术有在于是者，关尹、老聃闻其风而悦之。建之以常无有，主之以太一。以濡弱谦下为表，以空虚不毁万物为实。关尹曰："在己无居，形物自著。其动若水，其静若镜，其应若响。惚乎若亡，寂乎若清。同焉者和，得焉者失。未尝先人而常随人。"老聃曰："知其雄，守其雌，为天下溪；知其白，守其辱，为天下谷。"人皆取先，己独取后。曰："受天下之垢。"人皆取实，己独取虚。"无藏也故有余。"岿然而有余。其行身也，徐而不费。无为也而笑巧。人皆求福，己独曲全。曰："苟免于咎。"以深为根，以约为纪。曰："坚则毁矣，锐则挫矣。"常宽容于物，不削于人，可谓至极。关尹、老聃乎，古之博大真人哉！

寂漠无形，变化无常，死与？生与？天地并与？神明往与？芒乎何之？忽乎何适？万物毕罗，莫足以归。古之道术有在于是者，庄周闻其风而悦之。以谬悠之说，荒唐之言，无端崖之辞，时恣纵而不傥，不以觭见^③之也。以天下为沈浊，不可与庄语。以卮言为曼衍，以重言为真，以寓言为广。独与天地精神往来，而不敖倪于万物，不谴是非，以与世俗处。其书虽瑰玮而连犿无伤也，其辞虽参差而諔诡^④可观。彼其充实，不可以已。上与造物者游，而下与外死生、无终始者为友。其于本也，宏大而辟，深闳而肆；其于宗也，可谓调适而上遂矣。虽然，其应于化而解于物也，其理不竭，其来不蜕，芒乎昧乎，未之尽者。

惠施多方，其书五车，其道舛驳^⑤，其言也不中。历物之意，曰："至大无外，谓之大一；至小无内，谓之小一。无厚不可积也，其大千里。天

---

① 窢（huò）：逆风声；迅速。

② 鲵（huàn）断：无圭角貌也。虽复立法施化，而未能大齐万物，故不免於鲵断也。

③ 觭（jī）见：觭，奇，偏；见，现。

④ 諔（chù）诡：奇异。

⑤ 舛（chuǎn）驳：错乱，杂乱，参差不齐。

与地卑，山与泽平。日方中方睨，物方生方死。大同而与小同异，此之谓'小同异'；万物毕同毕异，此之谓'大同异'。南方无穷而有穷。今日适越而昔来。连环可解也。我知天之中央，燕之北、越之南是也。泛爱万物，天地一体也。"

惠施以此为大，观于天下而晓辩者，天下之辩者相与乐之。卵有毛。鸡三足。郢①有天下。犬可以为羊。马有卵。丁子②有尾。火不热。山出口。轮不辗地。目不见。指不至，至不绝。龟长于蛇。矩不方，规不可以为圆。凿不围枘③。飞鸟之景④未尝动也。镞矢之疾，而有不行不止之时。狗非犬。黄马骊牛三。白狗黑。孤驹未尝有母。一尺之捶，日取其半，万世不竭。辩者以此与惠施相应，终身无穷。

桓团、公孙龙辩者之徒，饰人之心，易人之意，能胜人之口，不能服人之心，辩者之囿⑤也。惠施日以其知与人之辩，特与天下之辩者为怪，此其柢⑥也。

然惠施之口谈，自以为最贤，曰："天地其壮乎，施存雄而无术！"南方有倚人焉，曰黄缭，问天地所以不坠不陷，风雨雷霆之故。惠施不辞而应，不虑而对，遍为万物说；说而不休，多而无已，犹以为寡，益之以怪。以反人为实，而欲以胜人为名，是以与众不适也。弱于德，强于物，其涂隩⑦矣。由天地之道观惠施之能，其犹一蚊一虻之劳者也，其于物也何庸！夫充一尚可，曰愈贵道，几矣！惠施不能以此自宁，散于万物而不厌，卒以善辩为名。惜乎！惠施之才，骀荡⑧而不得，逐万物而不反，是穷响以声，形与影竞走也。悲夫！

① 郢：楚国都城，天下之一隅。
② 丁子：刚掉尾巴的小青蛙。
③ 枘（ruì）：榫（sǔn）头，用以插入另一部分的榫眼，使两部分连接起来。
④ 景：影。论述了鸟与其影的相对静止状态。
⑤ 囿（yòu）：古代养动物的园子，引申为局限。
⑥ 柢（dǐ）：树根，根基。
⑦ 涂隩（yù）：道路弯曲。涂，途；隩，河岸弯曲的地方。
⑧ 骀（dài）荡：使人舒畅；放纵，无所局限、拘束。

参考文献

【晋】郭象注、【唐】成玄英疏：《庄子注疏》，中华书局 2011 年 1 月版。

【清】郭庆藩撰、王孝鱼点校:《庄子集释》,中华书局 2013 年 3 月版。

《二十二子·庄子·郭象注 陆德明音义》，上海古籍出版社 1986 年 3 月版。

【清】王夫之：《庄子通·庄子解》，中华书局 2009 年 5 月版。

王叔岷：《庄子校诠》，中华书局 2007 年 6 月版。

钱穆：《庄子纂笺》，生活·读书·新知 三联书店 2010 年 4 月版。

李申：《白话庄子》，岳麓书社 1990 年 4 月版。

曹础基：《庄子浅注》，中华书局 1982 年 10 月版。

陈鼓应：《庄子今注今译》，中华书局 2009 年 2 月版。

方勇：《庄子译注》，中华书局 2010 年 6 月版。

黄山文化书院 编：《庄子与中国文化》，安徽人民出版社 1990 年 10 月版。

杨国荣：《庄子的思想世界》，北京大学出版社 2006 年 10 月版。

崔大华：《庄学研究》，人民出版社 1992 年 7 月版。

张松辉：《庄子研究》，人民出版社 2009 年 12 月版。

王博：《庄子哲学》，北京大学出版社 2013 年 8 月版。

郑开：《庄子哲学讲记》，广西人民出版社 2016 年 6 月版。

刘笑敢:《庄子哲学及其演变》,中国人民大学出版社 2010 年 12 月版。

方勇：《庄子纂要》，学苑出版社 2012 年 3 月版。

方勇：《子藏·庄子书目提要》，国家图书馆出版社 2015 年 5 月版。

方勇：《庄子学史》，人民出版社 2008 年 10 月版。

熊铁基：《中国庄学史》，福建人民出版社 2009 年 12 月版。

高深、王德龙：《安徽庄学史》，科技出版社 2017 年 7 月版。

刘固盛、刘韶军、肖海燕：《近代中国老庄学》，福建人民出版社 2014 年 1 月版。

陆建华：《新道家与当代中国新哲学：以老庄为核心的阐释》，安徽大学出版社 2016 年 3 月。

后 记

关于儒家孔孟和道家老庄，笔者认为，儒家是积极地入世，道家是消极地隐世，因而孔子有"知其不可而为之"之志，庄子有"知其不可而不为"之心。（《庄子·人间世》："知其不可得也而强之，又一惑也，故莫若释之而不推。"《庄子·天地》："知其不可奈何而安之若命，德之至也。"）儒家学派创始人孔子是万世师表，是仁学的鼻祖，但是在人格上，孟子比孔子伟岸；在思想上，孟子比孔子丰富、深邃、雄辩。道家人物老子不仅是道家学派创始人，还是道教的始祖，被尊为"太上老君"；在人格上，老子磊落，庄子光明；在思想上，庄子没有老子深刻，但是在人生哲学上，庄子比老子彻底、丰富、多彩——老子是凡事"不争"，不争而争；庄子是凡事"不取"，不取不与。因此，比之孔子、老子，笔者更欣赏孟子、庄子。

有人说，有一千个读者就有一千个哈姆雷特，而且都认为自己心中的哈姆雷特就是莎士比亚笔下的那个哈姆雷特。

人们读《庄子》，也难免心中有一个自己的"庄子"，甚至会认为自己比任何人更理解庄子。诗人海子的《思念前生》一诗中，就有一句话"也许庄子就是我"。

作为古人，庄子无法拒绝"被理解"，更无法拒绝"被诠释"。但是，在阅读《庄子》时，应当尊敬《庄子》，尊重历史，不可过度地诠释。

钱穆先生说《庄子》是衰世之作。

是的，生于衰世，庄子有一颗衰世之心，但是他绝非衰世之人，更非"丧己于物，失性于俗"的"倒置之民"。

通览《庄子》，只要"涉身阅读"，就能感觉到庄子那颗"麻凉"的哀世之心，但是在那颗哀世之心里面，庄子更赋含着一颗热切的救人之心。

关于老庄的哲学思想，有人说，老子救世，庄子救人。

庄子救人，是从自救、救心开始的，确切地说是从"自我免救"即自我免于拯救开始的。

人生在世，首先应当做到：我不失心，我未失人。

所幸我们没有生活在庄子所生活的那个时代，亟需明哲保身、"存身""全生"的智慧，但是依然存在需要"救心"的时代命题。

庄子为我们提供了一剂有些另类的"救心"的处方。

庄子并没有远去。

庄子精神不死：打开《庄子》，他还活着。

这一年多来，由于家里杂事频频，感觉能静下心来阅读《庄子》都是一种奢侈；由于没有静心、博览、深思，因此书稿不成系统，有蜻蜓点水、匆忙赶稿之嫌，其中的"庄子无己与杨朱为我思想比较"一节就是以前曾经发表过的论文，有点愧对庄子。

安徽大学哲学系陆建华教授对本书的初稿提出了具体的修改意见。

本书的出版，还得到了安徽人民出版社领导、编辑的大力支持。

在此一并表示衷心地感谢！

后

记